SOUTHEAST EUROPEAN STUDIES

VOL. 3

巴尔干研究

（第三辑）

梁占军／主编

世界知识出版社

图书在版编目（CIP）数据

巴尔干研究．第三辑／梁占军主编．--北京：世界知识出版社，2023.10
ISBN 978-7-5012-6568-8

Ⅰ．①巴… Ⅱ．①梁… Ⅲ．①巴尔干半岛—历史—研究 Ⅳ．①K540.7

中国版本图书馆 CIP 数据核字（2022）第 210312 号

责任编辑	狄安略
责任出版	赵 玥
责任校对	张 琨

书　名	巴尔干研究（第三辑） Baergan Yanjiu（Disanji）
主　编	梁占军

出版发行	世界知识出版社
地址邮编	北京市东城区干面胡同 51 号（100010）
网　址	www.ishizhi.cn
电　话	010-65233645（市场部）
经　销	新华书店
印　刷	北京虎彩文化传播有限公司
开本印张	720 毫米×1020 毫米　1/16　14⅛印张
字　数	273 千字
版次印次	2023 年 10 月第一版　2023 年 10 月第一次印刷
标准书号	ISBN 978-7-5012-6568-8
定　价	80.00 元

《巴尔干研究》

出版单位：首都师范大学文明区划研究中心

主　　编：梁占军

副 主 编：李建军

学术顾问（以姓氏笔画为序）：
马细谱　武　寅　徐　蓝　钱乘旦

编 委 会（以姓氏笔画为序）：
王洪起　孔凡君　刘文明　刘作奎　朱晓中
张　丽　赵　刚　柯　静　高　歌　梁占军
Alexandre Kostov　Božo Repe　Florian Bieber
Ivan Ilchev　Ljubodrag Dimić　Tvrtko Jakovina

特约编辑：Zvonimir Stopić

目　录

历史研究

现实热点

史料编译

书　评

机构介绍

新书速递

历史研究

革命性是如何被消解的
——以加夫里洛·普林西普为例

[波黑] 索尼娅·杜伊莫维奇（Sonja Dujmović）　撰，
洪羽青 译

内容提要　本文试图探讨萨拉热窝事件的革命性是如何在当代讨论中消失的。作者考察了加夫里洛·普林西普的个人行为如何成为集体记忆的一部分，如何被压缩进宗教和国家集体主义的范畴内，以及在这种压缩的框架中，身份认同如何被重新定义并释放出新的意义。

关 键 词　萨拉热窝事件；加夫里洛·普林西普；革命性；政治工具化

作者简介　索尼娅·杜伊莫维奇，波黑萨拉热窝大学历史研究所资深副研究员

译者简介　洪羽青，南开大学历史学院 2019 级博士研究生

历史学的任务包括努力填补关于过去的空白，使当代人更容易接触并理解过去，以便更好地建设当下、构建未来。同时，历史学界也充分认识到这项任务无法圆满实现。在所有光荣的过往（往往是负担）、历程、事件和人物中，总有一些焦点事件闪耀着挑衅性的光芒，耐人寻味，以至于几乎每一代历史学家都会再次回到这里，重新审视关于它们的知识。其中之一就是一个无法一言以蔽之的事件，其复杂性远超其他历史事件。这一事件的标志就是 1914 年 6 月加夫里洛·普林西普（Gavrilo Princip）在萨拉热窝街头射杀了奥匈帝国王位继承人弗朗茨·费迪南（Franc Ferdinand）大公。这一事件在一个月内从这座波斯尼亚城市波及维也纳、贝尔格莱德，然后波及欧洲和其他大陆的首都，成为

第一次世界大战这一无人预知的人类灾难的导火索。不管人们用何种方法试图为萨拉热窝"洗去污点"，这座城市依然与战争的开端有着千丝万缕的联系。

根据当时的法律，此次事件的重要人物——未成年人加夫里洛·普林西普的行动不再仅仅是他个人的行为，也不仅成为警察的职责所在和在场的萨拉热窝市民的兴趣点，也成为世界各地无数政府官员、政治家、王室人物和军方首脑、数百万不相干之人踏入战争的起始点。因此，在此事件发生的百年之后，它依然能引发好奇心，成为学界的研究主题。许多学者致力于解决萨拉热窝事件背后的复杂谜团，因此有关这一主题的著作和文本数量庞大得令人难以置信，其中掺杂着真实的或想象的论述，以及各种有意或无意的意图。这方面的论述之多，与围绕普林西普本人的论述之少形成了鲜明的对照。我们可以构建起不同的解读，勾连起各个事件并从中得出结论。但这些论述无论作出何种努力，都有一个共同点：没有一个全面的视角，总是遵循一种限制性的、非此即彼的方法。然而，随着时间的推移，每一种解读都为这个复杂的问题增添了新的内容，而且这个过程仍在持续。但神奇的是，这些论述、这些解读并没有阻止新问题的产生。

以下就是问题之一：这种不可阻挡的、本质上是自杀性的姿态——寄望于改变"青年波斯尼亚"（Mlada Bosna）组织所代表的青年群体的社会地位，更寄望于改变整个波黑、整个农民群体的社会地位，改变这种独裁的国家框架，改变列强强加的殖民压力——这种行为的革命性为何会遭到质疑？除了普林西普身为塞族人的身份，还有什么导致人们怀疑他当时的革命意图，怀疑那种由青年、进步思想和热情所推动的革命，怀疑那种他为之牺牲了生命的革命？那么，这场暗杀行动的革命性质是如何、从何处，又为何被消解的呢？

这种观点源于杂志和文件中的表述。在第一次世界大战后幸存的战士、退伍军人或公民组成的地方委员会的名称中，不断出现"遗骨"（kosti）一词。这些委员会因转移遗骨问题而组建。由于战后重新划分了边界，牺牲的士兵以及其他在战争期间死亡的人的遗骸散落在不同的战场上，埋在故土以外的乱葬岗和墓地里。这些组织先是寻找、在公墓中收集遗骨，然后再将同胞的遗骨转移回祖国，以进行仪式性的下葬活动和公开的纪念活动。通过宣传来呼吁"永远纪念"这些受害者，以及他们特殊而具有奉献性的死亡及其英雄主义，有助于加强国民与新建立的国家的集体利益之间的荣誉感。这些都是利用死亡、遗骨而形成的意识形态矩阵，新的政治和宗教精英有意识地利用国民的牺牲来建构集体记忆。

　　因此，这些行动并不是塞尔维亚人、克罗地亚人和斯洛文尼亚人王国的排他性行动，而是战后欧洲大趋势的组成部分，还是所有战争终结以及伴随而来的和解进程的组成部分。因此，1918 年 4 月 28 日死于捷克城市特雷津（Terezin）的加夫里洛·普林西普的遗骨被转移，也属于这个大框架。然而，他作为刺客、政治革命者的"荣耀"身份是另一个令人对此事感兴趣的原因：个人行为是如何成为集体记忆的一部分，如何被压缩进宗教和国家集体主义的范畴内，以及身份认同是如何在这种压缩的框架中被重新定义的？通过转移遗骨，将他们重新埋葬在一个集体坟墓之中，又是如何释放对当局有利的信息？对这个过程进行解构，也许也是为之前提出的问题找到答案的方法。

　　几个世纪以来，遗骨的象征意义，它对神话性、宗教性祭拜仪式的依附，还有神圣艺术在人们视野中的不断出现，增强了信徒的敬畏心理，一边提醒他们生命的短暂，但又承载了不朽的核心——人类精神不可摧毁的部分的意义。这种超越一切的不朽的象征性体现以及与之相关的对遗骨的敬畏，引发了这样一个问题：与这种意义作斗争是否可能，是否合理，是否合宜，是否存在强大、神圣到足以对抗如此不朽的宏伟力量的东西？

　　这个问题的答案是否定的。那个年代的欧洲青年所认同的政治学说使他们以为弑君可以作为承担道德责任和解决社会和政治压迫的方法，但是这是错的，不能成为革命的理念。年轻人那么向往成熟的"马奇尼耶夫斯基式"的无政府主义，同时又那么分裂地依赖着自己民族的自由主义传统，更重要的是，他们面对着当时奥匈帝国的严格管制，根本没有结社的可能，革命的力量无法聚合。20 世纪头十年里的青年一代被前辈们的火热演讲感染，受奥匈帝国大学的先进思想激励，开始寻求自己的道路。普林西普本人沐浴在这些思想下，很乐意以生命为代价换来不朽之物。精神渲染进一步引出了这样的结论：死亡即不朽，比活着更有意义，其他革命者也是这样想的。普林西普在特雷津的神秘地牢的墙壁上留下了具有类似含义的诗句，而反抗奥匈帝国君主制的重要先驱之一——萨拉热窝的哈吉·洛约（Hadži Lojo）也曾被关押于此。

　　加夫里洛·普林西普对刺杀行动渴望已久，并和他的同志们一起策划了这场行动。这激起了波斯尼亚和黑塞哥维那社会所有社会团体的反应，不过他只得到了所谓的下层阶级、诗人、知识分子和青年的支持，而他对抗奥匈帝国的方式（体现在对王位继承人的处理上）则立即受到了政要和教会高层的谴责。在 1914 年 7 月的暗杀事件后，塞尔维亚民族族群，包括塞尔维亚社会领袖、塞尔维亚的政治精英和议员，其中还有所有四位都主教，都立即表态与这种"令人发指的行为"保持距离。神职人员审慎地判断此事件的性质，并更加雄辩地对其加以指责。例如，巴尼亚卢卡都主教瓦西里耶·波波维奇（Vasilije Popović）在大公和大公妃的追悼会上面对其信众污蔑普林西普：

> 一个不虔诚的、令人发指的行为被魔鬼般地执行，我们所有人……在我们自己家里……从一个被我们这个绝望的国家的不虔诚和被破坏性思想感染的孩子的诅咒之手中坠落……我们在这里悲伤，思想离开了我们，力量背叛了我们，就像父母突然听到自己的孩子做了一些令人发指的、可耻的和令人厌恶的行为时，就会失去意识一样，因为父母自己都在诅咒和谴责。但是，这不是我们的孩子，这不是我们的同类，这是堕落者，这是背叛者。那个无意识的孩子的头脑中循环着的，是那些不虔诚的、破坏性的和无政府主义的思想，而非我们善良和虔诚的人的思想……

随着事态的发展、战争的爆发，1914 年 7 月 31 日，萨拉热窝与 100 位著名的塞族人通过代表宣誓他们的忠诚，表示他们准备"为我们的最高统治者、最纯洁的家园和我们的祖国作出一切牺牲"。这个例子被波斯尼亚和黑塞哥维那其他城市的塞族人效仿：莫斯塔尔、比哈奇、图兹拉、布戈伊诺、特拉夫尼克、泽尼察、巴尼亚卢卡、布尔奇科等。通过这种方式，他们不仅与普林西普的行为保持距离，而且还将他从塞族族群中驱逐出去。

战后，也就是暗杀事件六年后的 1920 年，普林西普的死亡以不可抗的方式迫使波黑所有社会和民族群体乃至个人再次违背他的意愿，声明他们如今与普林西普这个名字的意义的关系。这就发生在从捷克斯洛伐克转移他的遗骨以及他和同伴的葬礼上。

在那一刻，在第一次世界大战带来的整个战场上数百万人的死亡之后，出现了一个问题：如何处理那些在警察记录中记录了他们的陈述的人的尸体和理念。这些人，这些以需要为集体的利益作出自我牺牲为道德准则的人，他们的思想表达遍布战前报纸专栏中的文字。对这些人来说，马萨里克（Masaryk）所说的"小打小闹"是不够的，"需要血的味道来唤醒她"。这些人不仅是有革命思想的爱国者、理想主义者和民族主义者，他们有推翻制度的想法和无政府主义的萌芽，他们在谋杀统治者的想法上追随欧洲无政府主义思潮，作为对社会、社会不公、保守主义和原始主义的非常坚定的批评者，他们不顾一切制度，试图通过一条捷径来解决本民族的所有社会和民族问题。对"青年波斯尼亚"来说，到达萨拉热窝的悲剧来客并不是他们唯一的目标。他们"不仅打算杀死费迪南和总督波特约雷克（Potjorek），还打算杀死教会首领和议会中的市民代表……"对革命青年来说，普林西普"与那些主动或被动地维护残酷和不公正的人相比，他是一个圣人，即使他的抗议除了自己的生命还献祭了他人的生命"。在不应该强调战争爆发的责任之时，在新问题震撼着新建立的社会之时，在革命的浪潮还在席卷工人阶级之时，行刺之人虽然肉身已经消亡，但因为其理念和"普林西普"这个名字已经在全世界广为人知，他们依然活着。

这一时期，欧洲大国在利益的驱使下举行了谈判长达两年的巴黎和会（1918 年 1 月 18 日至 1920 年 1 月 21 日）。报纸专栏中充斥着关于领导层的政策和建立苏联社会主义国家的条件的不祥消息，这增加了人们对"苏维埃帝国主义"的恐惧。同时，正如第一次选举的结果所显示的那样，社会民主党（socijaldemokratska partija）在国内的影响越来越大，这给年轻的、刚成立一年半的政府带来了困扰。就在葬礼举行之前，他们在 1920 年 6 月 20 日至 25 日举行了"社会党（共产党）武科瓦尔大会"（Vukovarski kongres socijalističke partije/komunista），这揭示了已经深深存在于欧洲国家社会民主力量队伍中的革命和改良主义概念之间的冲突。在此之前，第三国际执行委员会主席季诺维耶夫（Zinovjev）发表了公告，其中呼吁巴尔干-多瑙河国家的劳动群众进行无产阶级革命。在这个场合，执政的激进党的报纸呼吁波斯尼亚社会民主党及其代表斯莱滕·雅克希奇（Sreten Jakšić）："波斯尼亚的共产主义者应该清晰地表达自己是否赞同他们的领导人的这个方案和策略。不能摇摆立场。我们的公众和整个民族应该清楚地知道谁是这个国家的敌人，谁的目标是通过革命建立无产阶级专政和苏维埃共和国。这种革命必须通过人头落地、血流成河才能成功。"我们不能忘记，德国革命也加剧了 1920 年震撼欧洲的深刻的社会动荡。德国革命最大的影响是引起了柏林和众多德国城市的罢工，巴黎也在 1920 年春天受到了布尔什维克革命和社会主义国家建设的影响。

在塞尔维亚人、克罗地亚人和斯洛文尼亚人王国之内，贝尔格莱德大学的学生极力表达了他们的不满，随后铁路工人也进行了大罢工。对社会条件不满、有革命思想和目标的工人成了所有欧洲政府的主要敌人，被军队和警察所对付。一切有革命"意味"的东西都被禁止，引起当局的反应和严苛报复。因此，普林西普的革命内涵被从各个方面压制，避免让关于他的记忆融入社会集体和终极反叛的统一体之中。在所有有关革命之物被严格禁止的时候，这群青年波斯尼亚党人就没有可能成为革命的英雄。

在政治精英的圈子里，"消解"刺杀行动的革命性质开始得更早。在1920年春天——普林西普的同志被绞死五周年时，政界和塞尔维亚东正教高层参加了在三个被绞死的刺客的坟墓旁举行的纪念会。官方报纸的说明表示，这是为了宣传当时的国家意识形态的概念——"三个名字的民族"的统一："那个时代的三个人，用三种方式构成一个时代的结束……他们的死亡为我们的生活奠定了一个伟大的基础。"除了实现"我们崇高的民族意识形态"，官方报纸还进一步指出，"那三位英雄的头颅，作为我们（三个民族）统一的第一道血淋淋的伤口而倒下……那三个灵魂融为一体，成为我们三个民族灵魂融合为一的象征"。在这个简短的介绍之后，还强调了英雄们重聚的象征意义，即他们回到了一个"团结的集体身体"。对索科尔运动（Sokolski pokret）①的详细讨论以及将它同刺杀行动的联系凝聚了战后人民团结及其联合力量的意识形态。

然而，这次集会同时提醒当局注意青年的激进思想可能产生的危险，并激起了当局的快速反应。四天后，政府仿照奥匈帝国颁发公文，规定对"中学和职业学校的学生社团进行管制"。公文表示："政府认为，高中青年应该完全受到保护，不受政治冲突的影响……不能允许外部因素作用于青年，一方面分散他们对主要任务——教育的注意力，另一方面利用他们实现自己的目标，而这些目标总是与学校的目标不一致。"在另一份公文中还有如下说法："在解放前，我们的公众特别是新闻界肩负着的民族责任，就是在革命大潮中调动青年一代。对奥匈帝国皇帝的崇拜和对奥匈帝国的威胁……如此之大……以至于必须调动一切力量来打破这种致命的影响……这种一战前的做法，如果在解放前是必要的，那么在解放后的今天同样会给我们的国家带来危险。今天，我们有了自己的民族学校，其范围包括……通过消除青年灵魂中剩余的有害因素，创造独特的一代。因此，学校必须大力排斥来自外部的任何影响……"因此，导言中总结道："我们认为，中学教师协会……不让学校青年公开批评学校和教师的工作，是完全合理有益的行为……"这意味着国家不鼓励学生批判社会。无数政府工作人员、教授已经忘记了自己年轻时参加学生社团的经历，他们将自己的立场完全融入了新的国家体制。当局为防止青年的"不良活动"所做的

---

① 1848年，处于奥匈帝国统治下的斯拉夫主义者在布拉格召开了代表大会，此后泛斯拉夫运动以各种形式出现。1862年，提倡体育和武装自卫的团体"索科尔"（Sokol，雄鹰）体育协会成立，其团歌《嘿，斯拉夫人!》在二战后成为南斯拉夫国歌。——译者注

尝试，无疑是因为害怕普林西普那一代人所爆发出的意识形态力量，因为他们那一代人对奥匈帝国有的是抵抗。然而，众所周知，政府的干预并没有取得效果，审慎的批判也没有取得成果。不过，正是这几代人以及他们的后人，在未来把基于自由主义思潮的革命推向了高潮。

波黑索科尔委员会在1919年4月27日举行的大会上达成一致意见：委员会应采取主动，以便"在最适当的时候将埋葬在萨拉热窝的三位索科尔英雄的遗骨转移到应许之地"，"三位英雄的遗骨在特雷津被挖掘出来，并准备转移；其他三位被埋在梅勒斯多夫（Melersdorf）的英雄的遗骨还没有做任何处理"。因此，教区召集所有文化机构的代表和其他知名人士在军官宿舍开会，并于1920年2月8日成立了"遗骨转移委员会"（Odbor za prenoskostiju）。该委员会将进行重要的准备工作，提出"我们不会让英雄埋骨于别人的土地上，即便那是我们的友好国家、兄弟国家的土地"，并强调会作出一切努力，"以便将他们的遗骨转移到广袤的新祖国的发源地"。该委员会还强调，"有必要为转移现在遗落在捷克共和国的所有刺客的遗骨树立一个大纪念碑，还要采取更密集的行动"。十天后，他们的第一次讲话面向"塞尔维亚、克罗地亚和斯洛文尼亚的兄弟们，以及塞尔维亚、克罗地亚和斯洛文尼亚的姐妹们"，呼吁人们给委员会捐款。随后，这一委员会更名为"转移圣维特日①英雄遗骨委员会"（Odbor za prenos kostiju vidovdanskih heroja）。时任波斯尼亚地区政府总统阿塔纳西耶·索拉（Atanasije Šola）和委员会成员都是地区有名望的人和索科尔委员会成员，由他们来负责转移他们同志的遗骨是最合理的。虽然说"这是每个有觉悟的塞尔维亚人、克罗地亚人和斯洛文尼亚人的首要职责，他们知道如何准确评估他们的事业的重要性"，以及"委员会的职能只是准备性的，大型仪式委员会将随后在遗骨转移正式开始前建立"，但他们强调委员会"绝不是被迫而形成的，只是需要它有一个有效的头衔来从事这项伟大而杰出的民族性工作，让人们充满虔诚和真挚地认可。个人的政治信念与此绝对无关。这件事是如此具有神圣性和普遍性，试图把这一事业归入党派斗争也是一种罪恶"。然而，在当局的支持下，这些举措——发出倡议、建立委员会、在耶利切瓦大街（Jelićeva）28号的"塞尔维亚之家"举办会议以及塞尔维亚社会的支持，已经成功地把普林西普及其同志纳入了一个民族的塞尔维亚集体之中，将"圣维特

---

① 圣维特日是纪念1389年6月28日爆发的塞尔维亚帝国反抗奥斯曼帝国的科索沃战役的节日，同时6月28日也是萨拉热窝事件爆发的日期。——译者注

日圣殿"作为一个塞尔维亚全国性的集体机构，并将普林西普等"保留"在其中。

从那时起到 1920 年 7 月的葬礼那天，总理人选发生了变化，米兰·斯尔什基奇（Milan Srškić）取代了阿塔纳西耶·索拉，激进党取代了民主党，不过上述委员会的主席职位一直空缺。在此期间，政府一边用纪念活动庆祝托马什·马萨里克（哲学家、政治家，捷克斯洛伐克首任总统）诞辰 70 周年，另一边又用严厉的"政治"手段打压真正的社会反抗、铁路工人的罢工运动。然而，萨拉热窝当局还想把刺杀行动的发生地点打造成旅游景点，这种不一致性难免令人费解。

在委员会的呼吁没有达到预期的效果后，它警告道："如果我们对这些英雄的遗骨持疏忽和冷漠的态度，把他们遗落在他处，遗落在不恰当之地，一种不可磨灭的耻辱将烙印在我们整个社会上。"此外，一个来自哈季奇（Hadžić）的委员在萨拉热窝筹集了 5 万第纳尔资金以支持这一行动。一个月后，在 6 月中旬，报道称，转移准备工作已经几乎完成。在布拉格的斯凯尔里奇（Skerlić）基金会的青年与学者的帮助下，埋葬在布拉格附近特雷津的遗骨以及埋葬在维也纳附近梅勒斯多夫的三位农民和刺杀行动的助手的遗骨都已被挖出并被转移。"我们的全部六位殉道者，正躺在特制的棺椁里，等待着在布拉格庆祝活动结束后由我们的索科尔队员护送回故土。"王国政府随后于 1920 年 6 月 25 日向友好国家捷克斯洛伐克派出高级代表团，并为转移遗骨特别排除了波斯尼亚地方政府的低级别特使。

将普林西普及其同志列入"圣殿"的舆论工作在这之前就已经完成。这种将普林西普的民族价值的"迅速"吸纳和对其新身份的认同，更进一步说，对民族-宗教层面的建构，其重要性毋庸置疑。此后，它进一步被融入集体层面的民族-宗教大框架甚至其他框架，都不再有障碍。普林西普前不久才刚被"开除教籍"，如今又"回归"到这样一个象征性的宗教-民族集体，其行动潜在的革命性质实际上被消解了，而青年波斯尼亚党人的革命性质也被这些行动的神圣化给消解了。

可以确定，这场葬礼的日期是 7 月 7 日。这是东正教日历中的"圣约翰日"，而圣约翰在传统中的形象一向是"谦逊地生活，以草药、虫子、蝗虫和蜜蜂为食，以山羊毛长袍为衣"，谦逊、诚实和纯真，过着静修生活，也是天启的预言者。普林西普不再被遗弃，他和同伴们都成为集体的一部分，所以报道的结尾得出这样的结论：他们得到了国家所有社会阶层的支持。"青年一代被师长教导，被商人帮助，被索科尔人振作，被苦难滋养。我们国家的各阶层和各界人士的精神不都在这九位烈士英雄的身上呈现了吗？各阶层和各界人士，为了同一个目标，为了庆祝我们的首次胜利欢聚在一起。"这是"从我们的痛苦中雕琢出的僵硬严肃的脸孔，这副脸孔不来自西方，而是来自巴尔干，它在痛苦中强壮，在爱中壮丽……"

在这个地方，有时可以很精确地设定族群的边界，有时也可以轻易地扩大这一边界。"我们刚刚为科索沃的圣维特日、巴尔干战争的圣维特日吟唱，用荣耀为它加冕，圣维特日又在1914年再次降临。米洛什①的灵魂在加夫里洛的身体里苏醒，他再次为整个民族，为所有塞尔维亚人、克罗地亚人和斯洛文尼亚人的痛苦而复仇，而言说。圣维特日的圣殿在扩大，因为它需要接纳新的复仇者。圣殿的光芒也在愈发闪耀，因为一批新的英雄，头戴光辉和胜利的花环，进入这一圣地，守护我们的荣光。圣殿会越来越广阔。""在我们强大而有力的王国的所有地区，将响起圣维特日的歌声；在每一个被英雄的骨血捍卫独立家园的人民家里，都会听到这歌声，歌颂着圣维特日的英雄。"上述民族圣殿的扩展与政治层面宣传的"三部落民族"的统一思想（即普林西普所表达的南斯拉夫主义）相一致，但它大大强调了这种统一的力量来自哪里，荣耀归属于谁。

为了避免任何混淆，当时执政党阵营的一份报纸——激进的《塞尔维亚之言》（Srpska Riječ）以名为《我们英雄的遗骨：记忆与回忆》的文章确认普林西普"通过了考验"："就在那个时候（1914年圣维特日之后），强大的大炮开始轰鸣，宣布威胁塞尔维亚的人到来，他想要战争……就像基督在十字架上一样，普林西普也经历了这个过程……在1389年的圣维特日，塞尔维亚帝国消失了，而在1914年的圣维特日，也就是普林西普的那个圣维特日，又预言了强盛的奥匈帝国的衰落。米洛什·奥比利奇在科索沃杀死了穆拉德苏丹，认为自己能够挽救塞尔维亚帝国。这是历史。而普林西普在历史先驱和目标的驱动下，1914年在萨拉热窝杀死了费迪南"。这样，普林西普顺利进入了塞尔维亚民族英雄的行列，成为证实塞尔维亚人民自由主义精神连续性的例证，被浇铸进科索沃战役的神话之中。但他个人被消解，被排除在当代自由主义意识形态之外（包括其行动的革命性），因为这对当局是不可取之物。通过对普林西普

---

① 即米洛什·奥比利奇，1389年科索沃战役期间刺杀奥斯曼帝国苏丹穆拉德一世的塞尔维亚贵族。——译者注

的"封圣"，当局试图把革命性从集体记忆中抹去。不仅要用将普林西普"封圣"的举措来把他争取全体人民自由的革命性从整个波斯尼亚多民族社会中抹去，还通过把普林西普及其同志纳入塞尔维亚-东正教的专属圈子，强调塞尔维亚人"多世纪以来"对创造"自由广袤家园"的贡献的优越性。同时，将反叛者变成圣人，将其纳入宗教圈，当局以及后来的每一任政府都有制造、解读普林西普的身份认同的专属权力。普林西普的身份认同开始具有神话意义，因此也发生了潜在的变化。当局可以操纵它，将之与历史现实隔离。通过这种方式，统治精英们成功地"吞噬"了刺杀行动中所有"不良"的部分，从而中和了这些特质，将其消化并选择性地吸收到自己的民族宗教体系中。

以上述这种方式，萨拉热窝做好了迎接青年波斯尼亚党人的遗骨的准备，从而正式开始对他们的价值和归属实施仪式化进程。正如我们将看到的那样，直到最后，这个进程仍然相当不明确。民房用旗帜装饰，大量市民和农民聚集在"专列"抵达的邮局大楼前，索科尔分队队长斯特瓦·扎库尔（Steva Žakul）和委员会副主席卢亚·诺瓦克（Luja Novak）发表讲话感谢捷克斯洛伐克人民，强调他们的贡献，同时又掩盖他们对族群的狂热忠诚，最终将其重新定义为符合某种"正确"的方向。之后，那些"烈士"的棺椁被放置在同一辆"摆满了花"和蜡烛的车上，其后是由三名小号手、旗手、志愿者、儿童和索科尔分队队员带领的游行队伍。伴随着捷克斯洛伐克乐曲的演奏，游行队伍沿着米利亚兹卡河岸来到了暗杀发生的地点。在此处，被判处叛国罪的罪犯之一、"教育组织"（Prosvjeta）的秘书瓦西里·格尔迪奇（Vasilj Grđić）发表了讲话。根据报纸的报道，塞尔维亚的斯洛加（Sloga）合唱团和犹太人的拉里拉（La Lira）合唱团以歌曲《嘿，小号手》（Hej, Trubaču）为途经佩塔尔王国（Kralja Petra）大街和亚历山大（Aleksandrova）大街到达科索沃公墓（koševsko groblje）的游行队伍伴奏。塞尔维亚东正教神学院院长托莫·波波维奇先生和神职人员在此迎接，"他们在斯洛加合唱团的陪伴下举行了葬礼"。学生代表杜尚·斯米利亚尼奇（Dušan Smiljanić）——一位未来的建筑师——代表青年一代发表了热情洋溢的讲话，然后仪式在斯特万·扎库拉（Stevan Žakula）和暗杀事件的参与者之一穆罕默德·穆罕默德巴希奇（Muhamed Mehmedbašić）的告别讲话中结束。在铜号和斯洛加合唱团的歌声中，棺椁最终被放入一个共同的也是临时的坟墓中。

关于葬礼的报道的结尾有这么一句总结："这个仪式没有民间或军事当局的代表参加。"在最初的热情过后，这项行动似乎失去了当局甚至是城市的支持。因此，行动的性质沦为了私人行动。当官方政府层面放弃了普林西普，其他人也会随之转变立场。《克罗地亚团结报》（*Hrvatska Sloga*）一贯报道委员会的新闻但不加评论，而穆斯林的《真理报》（*Pravda*）则在葬礼前一天发表了一篇简短但温暖的专栏文章。《塞尔维亚之言》批评行动组织不力，指责委员会是"从一个狭窄的圈子里选出的"，又说正因为如此，"一切行动皆为人民出于对英雄的尊重的自发表现"，还宣布将会进行更广泛的审查（但实际并没有进行）。但他们在"幽默回顾"中指出，没有"把花圈放在任何一个战争贩子的墓碑上的人，至少应当感谢普林西普，因为如果没有暗杀行动，就不会有战争，他们就不会从战争中渔利。"

社会民主党报纸《自由之音》（*Glas Slobode*）则给出了更严肃的分析，但这些分析很快就被推翻。他们认为当局的代表至少会支持葬礼仪式。《自由之音》的立场一贯是反对个人暴力，但这次他们也支持这位反对社会不公的斗士，这位有合理的愤慨驱动的价值观和行为变化的暴力发起者：

> 走私者，拥有荣誉、承诺和地位的商人，奥匈政权从前最卑微和最忠诚的仆人，以及如今无与伦比的爱国者和"国家建设者"，今天有机会庄严地表现出他们所有的"爱国主义"热情，他们对这个民族所有的"热爱"。他们知道如何利用自己孩子们的血肉英勇地牺牲，自己发财，这样他们就可以尽可能快地、更好地用这些血肉来填满他们的国库，或者以这些血肉为代价获得最好最肥的职位，以后他们就可以通过对这些人实施尽可能多的暴力来尽可能地伤害这些人，从这些人手里夺走敢于要求的所有权利……

他们似乎知道普林西普对战后波斯尼亚的设想。"在暗杀之前，他已经完全准备好发动最后一击，并痛苦地展望未来……他说，我们中的少数人将被牺牲……我们将隐入尘烟，但最糟糕的事情会发生在我们身后，那会是一团泥泞。但如果有任何果实，也将属于后人。"

针对这种情况，《自由之音》向工人发出举行"公众抗议大会"的邀请，以反对资产阶级反动派对八小时工作制和每周休息的批评。两天后他们向读者发起呼吁："无产者，捍卫你的权利！"他们宣布设立一个名为"共产主义青年运动"的常设专栏，此举引发当局的极度不满。

然而，审查机制并不能永远压制关于社会动荡的报道和对于专权寡头的批判，媒体终究会受到舆论的影响。几天后，官方媒体就发表了一篇纪念法国大革命的文章："伟大的思想不是一蹴而就的，群众的震荡和革命从来都是具有持久影响的稳定现象。寻求胜利的思想会根据自然和社会规律，通过几次灾难性的冲击和爆发而发生变化，直到最终获胜。我们今天仍能在俄国、德国、匈牙利看到这样的例子，它们在战后这么短的时间内更换了几次政权……这种改变不像人们普遍认为的那样是关于国家的形式，而是关于人在国家中的地位……"文章结尾处是对王国中获得自由和团结的人民的讴歌，这些人民"可以作为其自由伟大王国的自由伟大公民，必然会成为法国大革命周年纪念的荣耀的一部分"。

然而，只有天真的人才会以为，当局不支持这种行动纯属偶然。在"圣维特日英雄"下葬半年后，才引发了真正的对某些社会团体来说非常难堪的影响。当时在教堂里举行了纪念活动，市民的反应"前所未有的悲怆"。在之后的几年里，除了索科尔分队和青年波斯尼亚党人，这些回忆只留存在少数群体之中：青年团体、妇女团体甚至歌唱协会，记者和作家、塞米佐瓦酒庄（刺客们曾在此谋划行动，普林西普在暗杀前夜也曾到访）的文人骚客。据记载，那些幸存下来的人有时会聚集在一起，回忆年轻时的日子。

普林西普本人的诗歌创作天赋也被用来进一步加强他的革命形象的象征意味。次年圣维特日前夕，激进派报纸刊出一文《作为诗人的普林西普：纪念圣维特日英雄》，不过没有提到他在特雷津监狱墙上留下的诗句，而是提到了他1911年高中时期写的一篇名为《别拉什尼察旅行》（*Izletna Bjelašnicu*）的短诗，称诗作揭示了"一个深刻而敏感的灵魂，还有其被力量和权力打动的天性。他觉得自己很渺小，在大自然的壮丽和力量面前无能为力，但他仍然希望能够解决——超过自己能力的大事情……"在寂静的夜晚，他低沉地呻吟："哦，我的思想、幻想和幻觉！"这些都是内心的表达，这一颗心有知有觉，但都因熟知人类的软弱和无能而受到折磨。文章强调了普林西普的浪漫天性（人们通常认为这种天性会掩盖理性，即便是世界上著名的政变和刺客），但是又称其混乱可能源于内心的仓促和不安，而不是源于神的旨意和历史的召唤，同时还忽略了"革命从来不像人们错误认为的那样来自绝望……而是来自生长在人民灵魂中的革命思想，它充满热情，充满内在生命力"。然而，把普林西普作为一个"死守"民族-宗教建构的诗人来宣传的做法，似乎仍是一张后备的王牌。但是，这张牌后来没有被打出来。其中一部分原因是普林西普的诗歌创作不足以支持上述民族教育的宣传方向，另一部分原因是他最著名的诗歌创作实际上影射了一个完全不同的、不受欢迎的方向："我们的影子将在维也纳游荡，在宫廷里徘徊，震慑着统治者。"

青年波斯尼亚党人的激进革命思想对当局来说仍然一文不值。其中一个人写给他妻子的最后一封信也被公开。

在新形势下，即便出现了南斯拉夫国家主义意识形态，普林西普的形象也几乎没有什么变化，而青年波斯尼亚组织的形象仍然是偏向神秘的、宗教性的。在1930年1月底发布的纪念碑揭幕公告中，仍然没有对活动进行公开宣传，因此活动是"私密性的，只有死者的朋友和亲属参加，没有社会团体的参与"，索科尔代表也没有出现。在1930年2月4日的揭碑仪式之前，大教堂也举行了追悼会。一份日报页面底部的城市新闻专栏的报道提到了这次"安静、和平"的纪念活动，称老一辈民族斗士、第一代知识分子的左翼成员、新政治舞台上的反对派、曾经的死刑犯、被判处极刑的瓦西里·戈尔蒂奇倡议在场的亲属和朋友"在纪念碑前默哀两分钟"。"一个战前的民族主义者哈姆迪亚·尼克希奇（Hamdija Nikšić）为纪念碑揭幕。在场的人用三声呐喊'光荣！'打破沉默，然后相继沉默离开。"普林西普的南斯拉夫主义不仅当时不被当局（尽管有明显的意识形态宣传）所接受，而且也不被民族和文化社会所接受。普林西普行动中强烈的革命性质、他改变社会和国家结构的企图，对当局来说是一个永远存在的遗骨、永远存在的威胁，也是把他边缘化的原因所在。在某种程度上，这也是可以理解的，因为人们不断对战争的责任提出质疑，特别是在计划接受德国赔偿的那段时间。在这些事件的浪潮中，德国和意大利的媒体提出"全球热闻——在萨拉热窝刺杀现场为凶手的纪念碑隆重揭幕"，这为向南斯拉夫发起新一轮攻击提供了机会。英国新闻界也加入其中，指责南斯拉夫政府"没有采取措施反对这种对刺杀的非官方'庆祝'活动"。关于外国媒体的这些与现实完全不相符的解读，《日报》记者指出："普林西普及其同志是在对外国特别重要的情况下决定采取这一行动的，这是在德奥向东方扩张的沉重压力下，也是在奥地利语言这一危险毒药对南斯拉夫民族机体的毒害下，波斯尼亚民族的绝望呼声。"在进一步论述中，作者总结道："不仅是普林西普（Princip）这个人打倒了攻击者，而是一种原则（princip）——人民以及个人在生命受到威胁时有权自卫的原则。"

本着捍卫圣维特日英雄和加夫里洛·普林西普的精神，人们在九年后才想到，当时随着《茨韦特科维奇-马切克协定》（Sporazum Cvetković-Maček）的签订，波斯尼亚和黑塞哥维那已经"开始"因关于其未来的众多激烈的政治分歧而动摇，南斯拉夫的进一步分裂是肯定的，但不是朝着公众所希望的方向。激进的德国势力已经在 1939 年 9 月迈出了征服的第一步，其不会停止，而是会引起一场新的全球大灾难，即第二次世界大战。

同年秋天，即 1939 年 10 月 29 日，在萨拉热窝的科舍沃公墓举行了圣维特日英雄纪念教堂（Spomen-kapele Vidovdanskim herojima）的祝圣仪式。该教堂是由杰出的建筑师亚历山大·德洛克（Aleksandar Derok）教授设计的。在此场合，萨拉热窝著名商人、市政当局主席斯蒂沃·普尔尼亚托维奇（Stevo Prnjatović）捐献了一只钟，还捐款 17 万第纳尔帮助教会建造了一个小教堂。值得一提的是，一个月前，在"没有宣布"的情况下，青年波斯尼亚党人的遗骨被"悄悄地"从一个临时的混凝土坟墓转移到了建在小教堂下面的地下室，正如斯蒂沃所说："这只是人民的捐赠，而不是个人的捐赠。"

杜布罗夫尼克-波斯尼亚的都主教佩塔尔在 12 名牧师、2 名执事和整个塞尔维亚东正教神学院的见证下进行了遗骨的祝圣仪式。仪式结束后，人们还在小教堂前举行了追悼会，大主教发表了"精彩的演讲，强调了我们的英雄们在历史上的英雄主义壮举和他们追求自由的指导思想。他将历史事实和我们的民族哲学融入这次演讲，向新一代人强调了他们的榜样"。在他之后，斯蒂沃·普尔尼亚托维奇也发表了鼓舞人心的讲话，指出他们履行了"另一项职责"，为"第一批解放战士的遗骨"建造了一座"神庙"，"感激他们为我们的利益作出的牺牲"，那是"为了自由，为了家乡"。"我们的历史是不懈的斗争，而所有这些斗争——用笔或剑进行的斗争——总是与强大的人格有关。就受害者的规模而言，我们最痛苦的斗争，就是为解放奥匈帝国统治下的这些地区而进行的斗争。这场斗争不仅与榜样博格丹·泽拉伊奇（Bogdan Žerajić）有关，更与圣维特日的英雄们有关……"面对即将到来的充满不确定性的危险，普林西普和青年波斯尼亚党人被"召唤"进入一种集体精神之中，特别是用他们"坚强的性格"来再次为族群的利益而战。

普林西普的概念和形象的可变性同样被社会主义南斯拉夫政府所利用。他们通过"抛弃一些可以理解但不适合有组织的劳工运动的方法，如暗杀当权者这种方法"来"强化"其行动的革命性质。同时，在萨拉热窝关于普林西普的传说中，他的反叛精神在某种程度上颠覆性地支持了几代年轻人。如今在普林西普那被遮蔽的基本的革命性中，再次进行了现代的政治工具化，因此这种革命性失去了"圣人光环"，只成为民族层面的代表，即只保留了准宗教层面（民族政治的庇护所）的性质。它的存在是为了强调自己民族群体的损失，以制造一个永久的民族宗教阵营的政治分野，但也许更重要的是为了防止对话的产生，破坏社群的存在，破坏社会团结，按照新的价值范式模糊社会剥削的存在——宗教、民族主义、资本主义，最终污名化潜在的青年运动和社会反叛行动。

　　过去发生的任何事情都无法改变。只有立场和评价会随着时间的推移而改变，其意义和由此得来的历史经验会被重视，而历史事件和概念也会被重新评估。这些事件和概念重构了时间、社会和当下的思想，与历史学研究的内容有所不同。加夫里洛·普林西普仍然是波斯尼亚和黑塞哥维那历史上永恒的火花。

Yugoslavia's Strategy in Addressing the Trieste Issue before and after the Cominform Crisis of 1948:
From the Attempt to Avoid the Creation of the Free Territory of Trieste to the Proposal of a Yugoslav–Italian Condominium over the Disputed Land

[意大利] 费德里科·坦卡·蒙蒂尼 (Federico Tenca Montini)

Abstract: The occupation of Trieste by the Yugoslav People's Army in May 1945 caused a diplomatic conflict which endured beyond the Cominform Crisis experienced by Yugoslavia in 1948. Having initially concentrated efforts on preventing the creation of the Free Territory of Trieste (FTT), the solution to the border dispute postulated by Western powers in 1946, the Yugoslav leadership hoped to address the issue by managing the disputed land in the form of an Italo–Yugoslav condominium in the period ranging from in 1951 to 1953. The announcement of the dissolution of the FTT made by the Anglo–Americans in October 1953 was such a shock for Belgrade that it resulted in the development of a neutral foreign policy agenda in the years following the event.

Keywords: Trieste Crisis; Free Trieste Territory; Cominform Crisis; Cold War

作者简介　费德里科·坦卡·蒙蒂尼，意大利的里雅斯特大学研究员

I. Introduction

The Trieste Crisis—the ten year long diplomatic process addressing the border dispute between Italy and Yugoslavia between 1945 and 1954—is without a doubt one of the most researched episodes by historians of post-war Europe. Historical research has taken giant steps forward since the first monographs published by scholars linked both parties to the conflict (De Castro, 1953; Jeri, 1961). After Duroselle's *Le Conflit de Trieste: 1943-1954* (1966), which styled itself as a sort of official history, the availability of Anglo-American sources in the 1980s facilitated research that wasmore rooted in documentation than in the past (De Leonardis 1992; Valdevit 1986). On the other hand, the opening of archives in the former Yugoslavia coincided with the fall of the communist regime and the wars in the 1990s. For these reasons, at first local historians were more focused on themes related to the process of nation building in the post-Yugoslav republics, than on the post-WWII foreign policy issues of their former homeland.

The aim of this article is to present the main findings of a research project based finally on Yugoslav sources on the diplomatic strategy implemented by the Yugoslav political elite in addressing the Trieste Crisis. The following archives have been consulted: the Archive of Yugoslavia (AJ), the Diplomatic Archive of the Ministry of Foreign Affairs of the Republic of Serbia (DAMSP) in Belgrade, and the Archive of the Republic in Slovenia (ARS) in Ljubljana. To remain concise, this article focuses exclusively on the main events in the ten-year long territorial dispute: the works of the 1946 Peace Conference, the resumption of bilateral talks in 1951-1952 and the "warm phase" which started in the autumn of 1953.

II. From the Liberation of Trieste to the Cominform Crisis (1945-1948)

The liberation of Trieste, which has been carried out by the Yugoslav People's Army on 1 May 1945, had not been agreed with the Western powers. For this reason, as it was feared that Tito's move was a test by Stalin to assay their reaction, considerable pressure was put on Tito to retreat his troops east of the Morgan Line. As a consequence of the Belgrade agreement signed on 9 June, the part of the Julian March west of the Morgan Line was to be administered by the Anglo-Americans and the territory east of the line by the Yugoslavs, pending the settlement of the border dispute at the Peace Conference (Pirjevec, 2008, pp. 309-318).

The following spring, the Interallied Commission appointed by the Council of the Ministries of Foreign Affairs was sent to visit the area disputed by Yugoslavs and Italians. This was to no avail, as each of the four delegations which formed it proposed a different border line. Once the Council of the Ministries of Foreign Affairs started a new round of discussions in Paris in May 1946, Molotov asked for the Julian March to be ceded to Yugoslavia in exchange for a privileged status granted to Italy over its former colonies. Furthermore, Byrnes proposed to address the issue through a plebiscite to be held in the disputed territory—a project the Italian government feared, as people in South Tyrol would then want to address the border dispute Italy had with Austria in a similar way, resulting in the area becoming part of Austria. As a means of breaking the diplomatic stalemate, on 13 May the English delegation proposed addressing the issue through the creation of a buffer state embracing part of the disputed territory (Pirjevec, 2008, pp. 336-337). Despite Kardelj having declared at a press conference the next week that "Yugoslavia will never accept the internationalization of Trieste",[1] the buffer-state proposal gained traction, and was finally approved, in broad terms, on 3 July. That day, after the visit of the Interallied Commission, it was decided that the border proposed by France would

---

[1] DAMSP, PA, year 1945, f. 38, d. 2, document 5788.

become the border between Yugoslavia and the Free Territory of Trieste (FTT), an independent state to be placed under the protection of the UN.

During the meetings of the Paris Peace Conference (29 July–15 October 1946) the Yugoslav delegation—and the Soviet one that backed it—made an impressive effort to avoid the creation of the FTT, as the buffer – state would have allowed the continuation of the Western powers' occupational regime west of the Morgan Line. For this reason, the Yugoslavs focused on two alternative proposals. The first was the *condominium*, i. e. the creation of a joint Italo–Yugoslav political entity over part of the Julian March. The second proposal stemmed from an idea that came to Kardelj as a result of talks with Italian and French officers who wished to avoid the possibility that Yugoslavia would refuse to sign the final peace treaty, and it involved requesting that the towns of Gorizia and Monfalcone be ceded to Belgrade in exchange for the handover of Trieste to Italy, which "would then find itself in this case a pretty much isolated position, as it has been the case in the past with Zadar".[1]

Notwithstanding Kardelj's suggestions, the peace conference finally approved the FTT proposal on 20 October. As the final decision rested with the Council of the Ministries of Foreign Affairs, which was to gather again in New York on 4 November, conditions were right for a last–ditch effort in order to avoid the creation of the buffer–state the Yugoslavs and Soviets despised so much. A solution was offered by Togliatti, who through the mediation of the Soviets, sent Tito a letter urging him to "organize an assembly (...) in some Yugoslav town before the meeting of the four bosses.[2] The result of the meeting should be a proposal for a direct settlement coming from the two politicians (Tito and Togliatti) as leaders of the Communist movement in the two countries to the Italian and Yugoslav people".[3] The core of the proposal is described as follows: the handover of Trieste to Italy together with the ferry route and a coastal corridor to link the city to mainland Italy and the assignment of the rest of the Julian March to Yugoslavia, including the town of Gorizia. Togliatti arrived in Belgrade in the early days of November 1946, after which, on 7 November, he publicly announced

---

[1] Arhiv Jugoslavije (Archive of Yugoslavia, abbreviated as AJ), Kabinet maršala Jugoslavije (The Office of the Marshal of Yugoslavia, abbreviated as KMJ), I–3–d/46, Paris, 29, Ⅷ, 1946.

[2] The reference is to the Council of the ministries of the foreign affairs.

[3] AJ, KMJ I–2–a/42, Реале мне доложил.

the results of his visit through *l'Unità*, the official newspaper of the PCI. Apart from its territorial aspect, the Tito – Togliatti agreement also included the release of approximately 10,000 Italian war prisoners still held in Yugoslavia (Lampe, 2022, p. 14), and it caused a stir that lasted for weeks but had no true political consequence due to the fact that it was neutralized by Italian diplomacy. This was based on the consideration that Italy was being asked to cede Gorizia, a town the Peace Conference has already assigned to Italy in exchange for the town of Trieste which was not expected to be handed over to Yugoslavia.

In the following weeks Yugoslav officers involved in the works of the Council of the Ministries of Foreign Affairs in New York made a couple of last-ditch efforts to avoid the FTT by submitting slightly different propositions for a border to be agreed directly between Belgrade and Rome. The most important of these being the proposal made by the Yugoslav delegation on 2 December to assign Gorizia to Yugoslavia together with a strip of land south of Trieste, leaving the remaining territory to Italy (De Castro, 1981, vol. 1, p. 525). None were successful, as the Council of the Ministries of Foreign Affairs finally ratified the Peace Conference results on 16 December 1946. The FTT was to include lands west of the aforementioned French Line. A Governor, to be appointed by the United Nations Security Council would hold ultimate power over a People's Assembly, hence dashing Yugoslav hopes of influencing its political life. Indeed, Belgrade tried to carry out the threat of refusing to sign the peace treaty it had made repeatedly in the previous months, but it was most likely stopped in doing so by the Soviets,[1] so that the Peace Treaty with Italy was finally signed in Paris on 10 February 1947.

The FTT ranged from the French Line, the border proposed by the French delegation that was part of the Interallied Commission in spring 1946, which became the boundary between Yugoslavia and the new buffer-state, to its border with Italy (in the north) which ran half-way from the towns of Monfalcone and Duino. The old Morgan Line was still divided it into two areas, Zone A, administered by the Allied Military Government supported by the United Kingdom and the United States of America, and Zone B administered by the Yugoslav army. The partition into the two

---

[1] See documents in DAMSP, PA, 1947, f. 51, d. 9.

zones, described as the "provisional regime", would end after the appointment of the Governor, which would bring about the existence of the FTT as a proper state and its functioning defined in the "definitive regime" (Novak, 2013, pp. 259−265). Since relations between Western powers and the Soviet Union begun to deteriorate even before the signing of the Paris Peace Treaty, it was primarily the latter who carry the responsibility for the boycott of the process of the Governor's appointment. In doing so it became possible to prolong the provisional regime, hence maintaining Western troops in Zone A, an area which was perceived as "hot" due to the proximity with Yugoslavia, then the Soviet's most dynamic ally in Europe.

The unresolved issue of the STT was then turned into an item of political confrontationby the USA, the UK and France on 20 March 1948 with the Tripartite note, a public statement advocating the handover of the entire FTT to Italy. The unattainable pledge, which represented a major revision of the Peace treaty that all of the subscribers, including the Soviet Union and Yugoslavia, had to agree upon, was conceived as a measure of support for the centrist Italian political parties in the upcoming general election (Cattaruzza, 2004, p. 314). Yugoslavia was itself implicated in an attempt to influence the election outcome in ways that would benefit the PCI, according to a request Togliatti had made on 10 February. [1] The kind of support Togliatti had solicited then materialized as the Yugoslav answer to the Tripartite note. Just two days later, on 22 March, the Italian Ministry of Foreign Affairs received a note from Belgrade stating that:

> The governments of the United States, the United Kingdom and France—which, in practice, have always opposed a direct settlement of the issue of Trieste between our states—have now promoted this action despite the fact that a consensual solution for the problem of Trieste would be without a doubt the best solution for the relations between our nations, and despite the fact that the proposal publicly known as the Tito−Togliatti Agreement has shown there are serious bases for agreement between the

---

[1] AJ, KMJ, I-3-b/327 Izvještaj Poslanika FNRJ u Rimu drugu Maršalu Josipu Brozu−Tito o razgovoru sa Palmirom Togliatti−em dana 10 februara 1948 god.

two countries. The government of the FNRJ is deeply convinced that, with good commitment on both sides and through further improvements in the relations between the two countries, the aforementioned difficulties could be overcome. Consequently, it is proposed that plenipotentiary representatives of our governments urgently meet in Trieste in order to: (a) agree a pact of non-aggression and friendship between the FNRJ and the Italian republic; (b) find a consensual solution for the issue of Trieste. [1]

As well as with the Tito-Togliatti agreement, De Gasperi managed to reject the proposal. His party, the Christian Democrats, had succeeded insecuring a majority in the general election on 18 April, notwithstanding Yugoslav support for the PCI. Serendipitously, the Tripartite note was revealed on the same day that Tito and Kardelj had protested the withdrawal of Soviet military and economic experts who had been previously sent to Yugoslavia to help the country in its transition towards a planned economy. This warning sign of the difficulties in relations between Moscow and Belgrade that were mounting in those months would be brought to a full-blown crisis on 28 June, when a resolution approved at the second reunion of the Comintern basically sought the exclusion of Yugoslavia from the sphere of political, economic and military support of the Soviet Union. This closed all lines of communications between the Yugoslavs and communist parties throughout the world, including the PCI.

III. A (perceived) New Phase in the Cold War

The expulsion of Tito from the Cominform is rightfully regarded by scholars as the central event in Yugoslavia's twentieth century history. [2] After a period of uncertainty that lasted some months, the definitive nature of Stalin's decision was confirmed on 11 August 1949, when a diplomatic note coming from Moscow suggested that Tito "ask

---

① AJ, KMJ, I-3-d/62 KONCEPT NOTE ITALIJI.
② On this crucial event and its consequence, cfr. Bekić, 1988; Pirjevec, 1990; Jakovina, 2002 and 2003.

his new friends, the imperialists, for support in the Carinthia issue" (Novak, 2013, p. 301) —the latter being the other major border dispute Yugoslavia had at that time. Meanwhile, the "imperialists", had actually begun to support Belgrade financially by lending large sums of money, providing political assistance in international forums and offering military assistance.

As regards the issue of Trieste, more precisely the issue of the FTT that was still existing on paper, it was discussed for the first time in the new political setting in June 1949, when the Deputy Minister of Foreign Affairs, Leo Mates, approached the Ambassador of the United Kingdom to Yugoslavia, Charles Peake, to propose the dissolution of the buffer – state through some sort of partition (Valdevit, 1986, p. 220). Provided the issue of the FTT was still on the agenda of the United Nations Security Council and the military administration in Zone A weighed on the budget of the USA and—even more—that of the United Kingdom, the latter put some pressure on Rome and Belgrade to begin direct talks on the issue in early 1950. Despite several Yugoslav high-level diplomats announcing Belgrade's willingness to split the FTT in two parts corresponding to Zones A and B, this proposal was dismissed as inadmissible by Italy, who, in this phase still aspired to the entire territory. These preliminary talks were ended abruptly when, on 20 April the Soviets sent a note to the UN asking for the appointment of the Governor in order to proceed with the activation of the Free Territory of Trieste in compliance with the Peace Treaty (Valdevit, 1986, p. 231).

A more assertive stanceby the Western powers brought to a new round of talks between 1951 and 1952. The Yugoslavs prepared for three possible outcomes from the event:

1. Split of the FTT in two parts corresponding to the two Zones with a small adjustment in favor of Yugoslavia in the southern part of the Zone A. [1]The newly acquired land could eventually be given a certain degree of autonomy as part of the respective states. [2]

---

① AJ, 836 KMJ, I-3-d/79, Varijanta A.
② AJ, 836 KMJ, I-3-d/79, Varijanta B.

2. Assignment of Trieste, the Muggia Peninsula and Koper to Italy as an enclave in the Yugoslav territory. The enclave could be eventually given a transit corridor to be connected to mainland Italy. [1]

3. Concession of an outlet to the sea for Yugoslavia in the Gulf of Trieste (in the area of Aquilinia/ Žavlje).[2]

The Bebler‑Guidotti negotiation—named after the Yugoslav Deputy Ministry of Foreign Affairs, Aleš Bebler, and the head of the Italian delegation to the UN, Gastone Guidotti—took place in Paris between 21 November 1951 and 11 March 1952. Since the talks did not seem to progress from the outset, the Yugoslav Minister of Foreign Affairs, Edvard Kardelj, made the following statement during a meeting with the Ambassador of the United States to Yugoslavia George Allen: "As we are losing hope that Italy will ever agree a solution acceptable for us, we are thinking that a deal such that the FTT—accepting in broad terms the statute dating back to the Peace treaty—becomes an autonomous body with a joint Yugoslav‑Italian administration, so that the Governor will be named for three years by Yugoslavia and Italy in turn".[3] Kardelj's aim was likely to put pressure on the United States to convince Italy's government to take a more condescending stance at the Paris negotiation towards Yugoslavia's proposals. By chance, a symmetrical move inspired by Italy to soften the Yugoslav negotiating position was also in preparation (De Leonardis, 1992, p. 54). When Ambassador Allen and Professor Philip E. Mosely met with Tito on 28 January to fulfill their purpose by reading an appeal signed by Secretary of State Acheson, Tito replied that:

If it won't be possible to find a different solution, we are going to propose that Italy maintain the Free Territory of Trieste in such a way that Yugoslavia will appoint the Governor for three years, and then Italy will alternate. Lots will be drawn to decide who will appoint the Governor

[1] AJ, 836 KMJ, I-3-d/79, Varijanta C.
[2] AJ, 836 KMJ, I-3-d/79, Varijanta D.
[3] ARS, 1277, dosje XXV, dokument št. 2.

first. The Territory will be under strict surveillance by the UN. The Territory will have a strong statute and laws so that it will not be possible to commit an injustice on one side or the other. We also provide for the possibility of a Vice Governor for the opposite side, so that when one state has the Governor, the other has the Vice Governor. Everything will be in the spirit of the Peace Treaty and will serve as a test bench for the cooperation between Italy and Yugoslavia at the same time, which is to say it could help create the right conditions for future cooperation on a number of issues. [1]

The outcome of the encounter was transmitted to Yugoslav embassies where they raised a lively debate. As a proof that the proposal of the *condominium* had already begun to gain some momentum, for instance, it was later clarified that: "We have in mind the goals we have accomplished in the Zone B, for which it will be appropriate for us to insist for broad autonomy to be granted to municipalities, or even for the separation between the two Zones to be maintained. "[2]

On 8 February, another note sent to all embassies contained the results of a conference held in Brjiuni a few days previously, to fine-tune the course to be taken with the main foreign policy issues faced by the country. As far as the issue of Trieste was concerned, it was stated that "The position of the FNRJ (Federative People's Republic of Yugoslavia, a/n) on negotiations with Italy has to change: Marshall Tito's proposal that the FTT has to be maintained becomes our fundamental one (...) With the free territory we will obtain the best political results". [3]

In a following note sent to all ambassadors, they were instructed to respond to media scrutiny of the new proposal by underlining that a solution inspired by the Peace Treaty would remove any interference by the Soviet Union, and also facilitate the withdrawal of Soviet troops from Austria, an issue perceived as important at that

---

① AJ 836, KMJ, I-2-a/100, Beleška o razgovoru druga Maršala s američkim ambasadorom g. George V. Allenom, u prisutstvu dr. Filipa Mosely.

② ARS, SI AS 1277, šk. 32/8, dokument št. 94, sporočilo Veljka Vlahovića Beblerju.

③ ARS, SI AS 1277, šk. 32/8, dokument št. 19, instrukcije Tita in Kardelja.

time. ① Finally, on 29 February 1952, the proposal for the activation of the FTT was announced to a worldwide audience by an interview given by Tito to the Yugoslav press agency, Tanjug. ② Despite Yugoslav expectations, the Western powers didn't take the condominium well, to the point that Acheson sent a letter to Belgrade threatening that: "it is probable that the United States will be subjected to a certain pressure to reiterate the Tripartite declaration, is the Yugoslav proposal of internationalization to be publicly raised again. "③

During the spring of 1952 the Western powers, losing hope that Italy and Yugoslavia were ever to find a direct agreement, approved a reform of the administrative structures of Zone A, which allowed Italian personnel in non-leading positions at the London conference (De Leonardis, 1992, p. 66). The aim of this policy in time was to make the partition of the FTT concrete in order to later proceed to its division by law.

When the ambassadors of the USA, the UK, and France met with Tito on 18 August, in order to propose the division of the FTT to him, he simply counter-proposed the *condominium* (De Leonardis, 1992, p. 112). Tito's answer is to be interpreted as a positioning in view of the upcoming visit of English Foreign Secretary, Anthony Eden, to Yugoslavia (17-23 September 1952). Indeed, during talks held in Belgrade, Eden dismissed the proposal of the *condominium*, which was made to him several times. Despite Tito finally agreeing to divide the FTT at the border between the two Zones at the final meeting held in Bled, ④ such a possibility was subsequently refused during talks between the Vice-Minister of Foreign Affairs, Aleš Bebler and the French Ambassador, Philipe Baudet on 2 October, ⑤ and again during a speech given by Tito at the Sixth Congress of the Communist Party of Yugoslavia, in early October (Bekić, 1988, p. 397).

In any case, presidential elections held in the USA thatautumn paralyzed the diplomatic initiative of the Western powers according to the solution advocated by

---

① AJ 836, KMJ, I-3-d/92, Šifrovano pismo 23 februar 1952.
② ARS, SI AS 1277, dokument št. 74, analiza stanja v coni A v STO.
③ AJ 836, KMJ, I-3-d/92, Poverljivo 6. mart 1952.
④ AJ 836, KMJ, 1-2-a/140, Zabeleška o razgovoru posle večere u vili Bled 22 septembra 1952 god.
⑤ ARS, SI AS 1277, dosje XXV, dokument št. 77.

Eden. Indeed, the victory of General Dwight D. Eisenhower, together with the signing of the Balkan pact in February 1953 and finally the death of Stalin on 5 March jeopardized the capacity for analysis of the international situation of the Yugoslav regime (Bekić, 1988, p. 509). With a view to the upcoming Italian elections, an internal report prepared toward the end of May described a strategy for future direct talks with Italy, stating that:

> A certain priority will be given to the formula of the *condominium*, as it is more evocative for the public opinion in the word and in Trieste. By describing the *condominium* as the best solution, Yugoslavia appears as the patron of Trieste's interests, of the economic interests of the entire hinterland (Austria), and the defender of a perfect solution which would permanently address the Trieste issue and lead to appeasement of the two ethnical elements in Trieste as well as between Italy and Yugoslavia. [1]

The instructions contained in the memorandum included diplomatic demarches with Italian and other Western authorities as well as reinforced propaganda on the issue, and they were followed thoughtfully in the following months (De Castro, 1981, II, p. 500; De Leonardis, 1992, pp. 262–263, 277–278; Pirjevec, 2008, p. 430). As De Castro pointed out, by July it was clear that: "Yugoslavia had begun its march over Zone A" (De Castro, 1981, II, pp. 503–504). It appears that De Castro's impression was more than justified, as a memorandum signed by Tito in Brijuni on 8 August 1953 states that:

> In this new phase of the Cold War, Yugoslavia has the possibility to address the issue of Trieste favorably, that is to say in such a way that Zone A will not be ceded to Italy but will instead remain, or to better say, it will become neutral and connect to Yugoslavia. This prospect is made possible by the following circumstances: (a) the increased international standing of Yugoslavia, with a prospect of additional strengthening; (b)

---

[1] AJ 837, KPR, I-5-c/83, Pitanje STT posle talijanskih izbora.

comparative weakening of Italy in its international relations, diminished importance of Italy for the great Western powers, internal crisis in Italy; (c) development of the political situation in Trieste as a consequence of the circumstances listed above and as a consequence of the policy followed by Italy in the area (...); (d) growing desire of the Western European States, especially the English, for a solution to the issue of Trieste so that relations between Italy and Yugoslavia can be fixed, the issue of the Soviet occupation of Austria addressed, the Americans could be sent away from Trieste, and so on ... [1]

The memorandum included various measures of financial support for Zone B and for pro-Yugoslav political organizations active in Zone A. On the diplomatic front, Yugoslav willingness to negotiate on the basis of a partition of the FTT had to be dismissed firmly, while on the other hand the "neutrality of the *condominium*" had to be emphasized in international forums. [2]

IV. The Trieste Crisis (1953)

The fact that Yugoslavia had begun its "march towards Zone A" was also obvious from Italy's perspective. The June elections had precipitated a political crisis in the country, as the Christian Democrats, the party which had led every government coalition since 1948, has missed a majority. The new government relied on the support from monarchists and neofascists and was meant as a government with the sole objective of halting the deterioration of Italy's diplomatic position in the Trieste issue (De Leonardis, 1992, pp. 258-259). Just a few days after the appointment of the new Italian government, a mistranslated statement of the official newspaper of the Yugoslav Communist Party, *Borba*, was used as an excuse to send troops to the

---

① AJ 837, KPR, 1-5-c/83, Tršćansko pitanje u novoj fazi hladnog rata. The underlined text is such in the original document.

② Ibid.

borders with Yugoslavia and the FTT, a measure which was met by Yugoslavia also sending troops to its border with Italy and the FTT (Novak, 2013, p. 399).

As tensions were raised between Rome and Belgrade, two countries that both belonged to the Western Defense System, putting the military plans of the Western powers in jeopardy, the USA and the UK finally agreed to resolve the issue of Trieste through the partition of the FTT. On the one hand, it was announced on 8 October 1953, that Anglo-American troops were to be withdrawn from Zone A so that Italian authorities could take it over, on the other, no public announcement was made on the fate of Zone B. For this reason, the Italian government immediately announced that the takeover of Zone A was just the first step towards the implementation of the Tripartite note from March 1948, according to which Italy was to receive the entire FTT (Novak, 2013, p. 406).

The Anglo – American decision was interpreted by Belgrade—where officials were, as it has been shown, absorbed by the *condominium*—as nothing less than an act of treason. In the hours immediately following its announcement, an angry mob targeted diplomatic and cultural venues linked to the USA, the UK, and Italy in all the main Yugoslav cities, and attacks continued, together with mass protests, for days. Yugoslav diplomacy engaged in 360 – degree activities to suspend the Anglo – American troops' withdrawal from Zone A, which was originally planned for early November. As the suspension of the decision of 8 October disappointed Italian authorities and local pro – Italian circles in Trieste, in the early days of November (3 – 6) in Trieste riots broke out which saw six protesters killed by the Anglo-American police.

The Triestine disorders of November 1953 have been interpreted by the latest generation of scholars as an attempt to "subvert law and order and demonstrate that without the contribution and agreement of Italy, the GMA was incapable of governing Zone A" (Millo, 2011, p. 151). In any case, the situation did not escalate further and it was possible to manage the issue through diplomatic channels. After a few weeks of uncertainty, the Holmes plan begun to gain traction inside English and American diplomatic structures. Julius Holmes was the ambassador of the United States to London, and his plan consisted of three stages. The first was yet another proposition to Tito for a preconference at ambassador level to discuss the implementation of the decision of the 8 October. Meanwhile, several submissions had been made to no avail. Tito's expected refusal would herald a second phase, a proposal for broad diplomatic consultations with all interested parties. Italy's refusal was expected on this, eliciting a third phase: negotiations between the USA, the UK, and Yugoslavia, under the condition that, in the case of a failure in discussions, the original proposal from 8 October would come into force. Yugoslavia and Italy acted as expected, which brought what was envisaged as the third step to the Tripartite negotiations, which began in London on 2 February 1954 (De Leonardis, 1992, pp. 383–384). The solution agreed there—the partition of the FTT with minor corrections for the benefit of Yugoslavia and the granting of special financial aid for Belgrade for the construction of a port in coastal Slovenia that could take the place of Trieste—was further elaborated in a second round of talks between the USA, the UK, and Italy that took place during the summer. The London Memorandum, which finally addressed the de facto issue of Trieste was finally signed in the British capital on 5 October 1954 (the jure settlement was reached only with the Osimo agreement in 1975).

V. Concluding Remarks—Towards a New Foreign Policy Strategy for Yugoslavia

At the end of the Second World War, Tito pursued an aggressive foreign policy, which brought about the occupation of all areas inhabited (also) by Yugoslavs, including the Julian March. After Yugoslav troops were forced to retire over the Morgan Line as a consequence of the Belgrade agreement, the Western powers decided to address the border dispute between Italy and Yugoslavia through the proposal of a buffer-state. The Yugoslavs—with the backing of the Soviets—used all their strength in avoiding the creation of the FTT, despite the counter-proposal of a land swap, the ceding of Trieste to Italy in exchange for Gorizia, that was agreed between Tito and the secretary of the PCI and Italian Minister of Justice, Palmiro Togliatti. The FTT, definitively approved as part of the Peace treaty with Italy on 10 February 1947, was never activated as a true independent state mainly due to the boycott of the appointment of the Governor by the Western powers, whose stance towards the Soviet Union and its allies became more steadfast in early 1948. Moreover, the USA, the UK and France announced publicly their willingness to cede to Italy the entire FTT as a measure to support the centrist political parties at the 1948 Italian general elections. Such a promise was clearly impossible, but it still symbolizes the turn in relations between the two blocks in the early Cold War.

In little more than a month, the Communist Party of Yugoslavia was expelled from the Comintern, the group of European communist parties under Soviet leadership. The event brought a dramatic twist in Yugoslavia's foreign relations, as the country was soon supported by the West as part of its anti-Soviet policy. With regards to the issue of Trieste, the border dispute between Belgrade and Rome remained frozen for some years, until western powers begun to encourage some sort of direct settlement from 1950. During the round of negotiations, which took place in Paris at the turn of 1951 and 1952, the Yugoslav leadership devised a new possible solution, the activation of the FTT in the form of a *condominium*, a joint Yugoslav-Italian administration held in rotation. The proposal, whose original purpose was likely to put pressure on Italy, quickly became Yugoslavia's fundamental proposal. It can be assumed that the prestige successes Belgrade achieved in 1952-1953 (Eden's visit, the signing of the Balkan Pact) had brought the Yugoslav leadership to exaggerate the importance attributed to their country, and to believe that in their case it was indeed possible to co-administer the FTT, Yugoslavia would than exert its influence of the territory decisively. Such assessments had to be abruptly abandoned when the USA and the UK announced the ceding of Zone A to Italy on 8 October 1953. Indeed, as Bekić points out (1988, p. 557), in those days: the fermenting atmosphere of full political mobility, as well as the military preparations, accelerated the dropping of ideas which were long fermenting in the inner circle around Tito (...) (such as) the realization that it was necessary to form a new long-term foreign policy such that events like the Cominform resolution from 1948 and the decision of the 8 October 1953 would not be possible.

As regards the issue of Trieste after the decision of 8 October 1953, Yugoslav diplomacy adopted a delaying strategy aimed at saving face and finding a solution at least symbolically more favorable than the mere partition of the FTT along the border between the two Zones, in addition to the maximum in terms of financial aid. On the other hand, the search for a new foreign policy strategy, envisaged an increased political collaboration with other developing countries which, like Yugoslavia, took a neutral stance in the Cold War. As the British ambassador in Belgrade Mallet reported to Eden already in February 1953, the Yugoslavs "see themselves becoming the leaders and mentors of a group of smaller countries newly emancipated, like themselves, from colonial or semi-colonial status." After the delusion Yugoslavia experienced with the final solution to the issue of Trieste, the trend was pursued decisively, to the point that only a few weeks after the signing of the London memorandum, on 30 November 1954, Tito left for a trip to India and Myanmar.[1] The Non-Aligned Movement would be inaugurated by Tito, Nehru, and Nasser in Brijuni on 19 July 1956.[2]

References

I. Archives

Archive of Yugoslavia (AJ) Fond 836. Office of the Marshall of Yugoslavia (since late 1952 Fond 837. Office of the President of the Republic)

    I-2-a Visits of Foreign Personalities and Delegations

    I-3-b Relations with Italy

    I-3-d Documentation on the Trieste Issue

    I-5-c Trieste Issue

Diplomatic Archive of the Ministry of Foreign Affairs of the Republic of Serbia (DAMSP)

    Fond PA. Political Archive

    Archive of the Republic in Slovenia (ARS)

    fond 1277. Personal fond of Edvard Kardelj-Krištof

II. Papers and Books

Bekić, Darko (1988). *Jugoslavija u hladnom ratu*: *Odnosi sa velikim silama 1945-*

---

[1] On relations between the United Kingdom and Yugoslavia in this era, see Srđan Grbić's article in this publication "Josip Broz Tito in London, March 1953: The Pinnacle of Yugoslav-British Relations".

[2] On the Non-aligned movement, see Jakovina, 2011.

1955. Zagreb：Globus.

Cattaruzza，Marina（2004）. *L'Italia e il confine orientale*. Bologna：Il Mulino.

De Castro，Diego（1953）. *Il problema di Trieste：Genesi e sviluppi della questione giuliana in relazione agli avvenimenti internazionali*. Bologna：Lino Cappelli.

De Castro，Diego（1981）. *La questione di Trieste：L'azione politica e diplomatica italiana dal 1943 al 1954*. Trieste：Lint.

De Leonardis，Massimo（1992）. *La "diplomazia atlantica" e la soluzione del problema di Trieste（1952-1954）*. Napoli：Edizioni scientifiche italiane.

Duroselle，Jean-Baptiste（1966）. *Le Conflit de Trieste：1943-1954*. Bruxelles：Editions de l'Institut de Sociologie de l'Université Libre de Bruxelles.

Grbić，Srđan（2023）. "Josip Broz Tito in London，March 1953：The Pinnacle of Yugoslav-British Relations". *Southeast Europe Studies*，vol. Ⅲ. Beijing：World Affair Press.

Jakovina，Tvrtko（2002）. *Socijalizam na američkoj pšenici*. Zagreb：Matica hrvatska.

Jakovina，Tvrtko（2003）. *Američki komunistički saveznik*. Zagreb：Profil：Srednja Europa.

Jakovina，Tvrtko（2011）. *Treća strana Hladnog rata*. Zaprešić：Fraktura.

Jeri，Janko（1961）. *Tržasko vprašanje po drugi svetovni vojni. Tri faze diplomatskega boja*. Ljubljana：Cankarjeva Založba.

Lampe，Urška（2022）. "The Repatriation of Italian Prisoners of War from Yugoslavia after the Second World War（1945-7）". *Journal of Contemporary History*，1/2022，68–89.

Millo，Anna（2011）. *La difficile intesa：Roma e Trieste nella Questione Giuliana 1944-1954*. Trieste：Edizioni Italo Svevo.

Novak，Bogdan（2013）. *Trieste 1941-1954：La lotta politica，etnica e ideologica*. Milano：Mursia.

Pirjevec，Jože（1990）. *Il gran rifiuto：Guerra fredda e calda tra Tito，Stalin e l'Occidente*. Trieste：EstLibris.

Pirjevec，Jože（2008）. *"Trst je naš!"：boj Slovencev za morje（1848-1954）*. Ljubljana：Nova revija.

Valdevit，Giampaolo（1986）. *La questione di Trieste 1941 - 1954：politica internazionale e contesto locale*. Milano：Franco Angeli，1986.

Josip Broz Tito in London, March 1953: The Pinnacle of Yugoslav-British Relations*

[塞尔维亚] 斯尔丹·格尔比奇 (Srđan Grbić)

Abstract: Tito's visit to London in March 1953 was his first trip outside Yugoslavia since the split with Stalin in 1948. It is of great interest for our understanding of Yugoslavia's foreign policy in the early Cold War as it falls in the period during which Yugoslav-West relations were at its most cordial. The visit was hailed by both sides as a resounding success and Tito's belief in the righteousness of his ideological exceptionalism was only further encouraged by the spectacular reception in London. However, two most important issues, Trieste and security guarantees were unresolved and remained an insurmountable problem in Anglo-Yugoslav relations and relations with the West in general.

Keywords: Anglo-Yugoslav Relations; Josip Broz Tito; Balkan Pact; Trieste Crisis; Cold War

作者简介 斯尔丹·格尔比奇，独立研究员

I. Overview of Anglo-Yugoslav Relations 1943-1953

When the President of Federative Peoples' Republic of Yugoslavia (FNRJ)

---

* This article is based on an MA Thesis written in 2011 at the London School of Economics and Political Sciences (LSE) under the supervision of Dr. Svetozar Rajak.

Marshal Josip Broz Tito set foot on the Westminster pier on 16 March 1953 it was a moment of great symbolic importance. It was a first visit by a Communist leader to the West and Tito's first trip outside Yugoslavia since the split with the Soviet Union in 1948. It took place only a few days after the death of Joseph Stalin and three weeks after Yugoslavia signed the Ankara agreement with Greece and Turkey thus moving closer to an informal alignment with NATO. The visit seemed to be the crowning achievement of Tito's pro – Western foreign policy. Within the context of Anglo – Yugoslav relations Tito's visit came at the time when bilateral relations were "such as they can rarely have been before".[1]

During World War II British interest in giving military aid to Tito was justified as a strategic necessity best illustrated by Winston Churchill's remark to the head of British liaison mission Brigadier Fitzroy MacLean: "the less you and I worry about the form of Government they set up, the better. That is for them to decide. What interests us is which of them is doing most harm to the Germans?"[2] Deterioration of relations after the war stemmed from the fact that Yugoslavia was now seen as a pariah state firmly in Stalin's grip. Belgrade was one of the "famous cities" in the Soviet sphere that Churchill mentioned in the Fulton speech in March 1946. However, even during this period the British pursued economic and cultural ties with the Yugoslavs, hoping that in the long run this would keep an "open door" to the West for the Yugoslavs, and help them regain some influence.[3] After the Tito–Stalin split British policy gradually changed as well. Labour Government under Clement Atlee adopted the strategy of "keeping Tito on the surface"[4] therefore following the American strategy of "keeping Tito afloat" which saw an independent Communist Yugoslavia as an asset in the Cold War.

Anthony Eden invited Tito to visit London during his official visit to Yugoslavia in September 1952.[5] The initiative seems to have come from Eden himself. Eden asked

---

[1] Wilson to Foreign Office (hereafter FO), 13 March 1953, Prime Minister's Office (PREM) 11/577/38.

[2] Fitzroy MacLean (London, 1949), pp. 402-403.

[3] Tripković (1990), pp. 273-285.

[4] Lane (1996), p. 132.

[5] Eden's visit was another "first" in the Anglo–Yugoslav relations: first visit by a British Foreign Secretary to Yugoslavia. For details of the visit see: Young (1986), pp. 31-41.

the Western and Southern Department of the Foreign Office (FO) whether "it would be desirable for him to invite Marshal Tito to pay a return visit". Despite some discontent, Head of Department Nicolas J. A. Cheetham reported that "the P. M. (Prime Minister) agreed to leave S/S (Secretary of State) a free hand over this".[1] During Eden's visit several newspapers ran stories about the invitation.[2] Churchill immediately inquired about these articles and said to Eden: "If Tito would like to come, I should be very glad to receive him."[3] Eden's invitation was to his surprise "eagerly taken up".[4] In late 1952 the threat of a possible invasion by the USSR and its satellites was still the primary security concern for the Yugoslav leadership and further strengthening of relations with the West was a priority for the Yugoslavs.

II. Yugoslav Security Dilemma

Yugoslavia was in both political and economic isolation at the beginning of 1950. The break with USSR and disputes with the US and their Western allies over the city of Trieste put Tito in a very uncomfortable position. However, there were some signs of warmer relations with the West. In 1949 Tito closed the Yugoslav border to the Greek Communist forces and thus contributed to their defeat.[5] In October of the same year Yugoslavia was elected to the Security Council seat of the United Nations. In the next two years American military help was realized, Tripartite economic aid from the United States, Great Britain and France significantly helped Tito's regime, and the talks about establishing military ties were well underway. Despite the ample economic and military assistance Tito also wanted to obtain definite security guarantees from the West in case of Soviet aggression.

---

[1]　Desirability of inviting Marshal Tito to pay a return visit (see Cheetham's minute), 4 September 1952, Foreign Office (FO) 371/102179/WY 1052/26.

[2]　Translation of Yugoslav Press Reports and comments on the Secretary of State's Visit to Yugoslavia, 22 September 1952, FO 371/102180/WY 1052/44.

[3]　Churchill to Eden, 20 September 1952, FO 800/850/40.

[4]　Mallet to FO, 20 September 1952, FO 371/102180/WY 1052/41.

[5]　Hatzivassiliou (2006), p. 8.

By autumn of 1952 the US, Great Britain and France decided to strengthen their strategic coordination with Yugoslavia. To that end, a tripartite military mission led by General Thomas T. Handy held a round of discussions on November 16–20 with the Yugoslavs in Belgrade. The outcome of these meetings greatly alarmed the Yugoslav leadership. [1] They were unable to exact a firm commitment from the West in case of Soviet aggression. A year before, during the visit of the US Chief of Staff General J. Lawton Collins, possibilities of both local and general war were discussed. [2] However, this time the Yugoslavs refused the possibility of a local isolated war by expounding the view that "Yugoslavia could not be another Korea". [3] On the other hand, General Handy came with a limited mandate and was not authorized to offer formal security guarantees. [4] In his report, Handy noted that discussions about the local war "may have been a tactical error", and that "there were indications that they (Yugoslavs) may have thought that the Tripartite desire to discuss both possibilities came *from decisions already taken not to support Yugoslavia in the event of the limited attack*". [5]

General Handy's mission had far-reaching consequences. Tito became even more suspicious of the possible benefits from NATO membership, and decided that discussions should be led about political, and not only military issues. [6] Therefore, Tito strongly pushed for a regional alliance with Greece and Turkey and the Balkan Pact was formally signed on 28 February 1953. Although the military alliance was realized only in October 1954, the three countries agreed to co – ordinate their defensive capabilities. [7] This helped to reduce Tito's sense of isolation but did not remove the necessity for a strong security commitment from the West. One of the main goals of his visit to Great Britain was to receive such a guarantee in order to proceed

---

[1] Rajak (London, 2010), pp. 32–34.

[2] Jakovina (2003), pp. 339–346.

[3] Handy Report, Meeting at the Yugoslav War Ministry, 18 November 1952, FO 371/107822/WY 1022/1, p. 74.

[4] Rajak (2010), p. 33.

[5] Handy Report, Summary report of exploratory military conversations with Yugoslavia, 1 January 1953, FO 371/107822/WY 1022/1, p. 7. (*Emphasis added*).

[6] Bekić (1988), p. 445.

[7] Rajak (Leffler, Westad, 2010), p. 215.

with military discussions.

British Ambassador to Belgrade, Ivo Mallet, believed that military discussions could be resumed without political commitments provided that: " (a) the defence of Yugoslavia is regarded as an integral part of the defence of Western Europe; and (b) if the Yugoslavs defend the Ljubljana Gap her flank in Austria is not left uncovered." A definite decision on the military aspect of this problem was not reached before Tito's visit. For that reason, Mallet contemplated possible political guarantees and considered the following: "a pact of friendship on the lines of the Yugoslav-Greek-Turkish Pact, membership of NATO, some sort of guarantee to the new Balkan Entente (...), a firm statement of our common interests in resistance to aggression." British position in the Western Alliance made only the last option feasible, because "when Marshal Tito comes here, he will talk on defence matters, to only one of three equal partners".[1] Therefore it was decided that "some assurance of our common interest in resisting aggression"[2] was the only option. Mallet believed that "if something like this could be said (...) there is a good chance of removing the remaining Yugoslav suspicions of our policy, of establishing our relations with Yugoslavia on a basis of confidence and of persuading the Marshal to continue our strategic talks on a limited basis".[3]

III. Trieste

Since the end of World War II, the Trieste problem represented a major obstacle in relations between Yugoslavia and Italy. Prior to Tito-Stalin split, Tito's territorial claims over Trieste were seen as concealed aggression within the wider context of the nascent Cold War. Italy, on the other hand, was becoming increasingly important to the Western Alliance and on 20 March 1948 the US and the British declared their decision to hand over the administration of Zone A to Italy.

---

[1] Mallet to FO, 13 February 1953, FO 371/107832/WY 1054/21.

[2] FO Minute (Harrison), Political assurances to Marshal Tito, 16 March 1953, FO 371/107835/WY 1054/93

[3] Mallet to FO, 13 February 1953, FO 371/107832/WY 1054/21.

Almost simultaneously the Tito – Stalin split broke out, and this decision was postponed indefinitely. The implications of the Tito–Stalin split fundamentally changed the strategic landscape of South – Eastern Europe. The need for a normalisation of relations between Italy and Yugoslavia was seen as a necessary pre – condition for a successful defence of Europe. Furthermore, the need for a settlement was becoming more urgent after the military discussions with the Yugoslavs began in late 1952. Tito and Kardelj hinted to Eden in September 1952 that "a definitive partition on the zone boundary was the only practicable solution,"[1] but only "if the Three Powers were to put their full weight behind such a proposal".[2] Italian Prime Minister, Alcide de Gasperi was only ready to accept a provisional partition and the Italian general elections in June 1953 further complicated the situation. Before Tito's visit, Eden and Dulles decided that "no action should be taken on Trieste by the United States or United Kingdom Governments before the Italian election".[3] Moreover, Eden assured the American Ambassador that his objective "would be to impress upon Marshal Tito and M. Popović the importance of getting a solution of the Trieste difficulty".[4] This co–ordination of views between the US and Britain implied that the Trieste issue would only be discussed in a general way.

IV. Ideological and Security Issues

Western powers held ambiguous views towards internal developments in Yugoslavia. The importance of Yugoslavia as the only Communist state outside Stalin's reach was valued more than a possible liberalisation of Tito's regime. Contrary to this policy, historian Beatrice Heuser implies that by late 1952 the British began to pursue

---

[1] Discussions between Eden and Kardelj, 18 September 1952, The Archives of Yugoslavia (AJ), The fonds of the Office of the Marshall of Yugoslavia (KMJ), I-2-a/140, p. 313b; Disussions held at Villa Bled, 22 September 1952, AJ, KMJ, I-2-a/140, pp. 316-317.

[2] The Trieste problem—Its Course during 1952, 21 March 1953, FO 371/107369/WY 1015/90.

[3] Eden to Makins, 7 March 1953, FO 800/851/12-3.

[4] Conversation between the Secretary of State and the United States Ambassador, 16 March 1953, FO 800/851/16-7.

a different approach based on "hope that Yugoslavia might develop towards Western-type democracy".① Heuser further adds that "the liberalization of the Yugoslav regime was now increasingly in the foreground of British aspirations". Rather than "letting Tito sit on the fence," the British government now "wanted to bring Tito over to their own side".② After his visit Eden "returned convinced of the steady evolution from Communism (...) and of the genuine desire of the Yugoslav Government to co-operate with the Western Powers".③ Mallet cautiously advised that "we must not expect miracles (...) I believe that on the basis of the new relationship it should be possible gradually to build up a habit of genuine co-operation between the two Governments".④ Furthermore, the Belgrade Embassy reported that "there is no practical alternative to Tito (...) Our policy should therefore be to continue aid without the expectation of any immediate tangible advantages or exhibitions of gratitude from the Yugoslavs, but with a sense of perspective and with the determination to exploit every possibility of influencing Tito's regime over the long term".⑤ On the eve of Tito's visit, Foreign Office suggested "that perhaps the key-note of the Tito visit might be an effort on our part to try and cultivate in him some talent for compromise and some readiness to meet our point of view".⑥ This supposed different British approach should not be overstated. While they hoped to see Yugoslavia gradually modify its internal policies, the British were aware of Yugoslavia's importance in the wider Cold War context.

There was, however, one element of Yugoslav foreign policy that was becoming increasingly irritating for the British. During his visit Eden inquired about the Yugoslav attacks on their colonial policy. He hoped "that if the Yugoslav Government felt we were not doing the right thing in particular cases they would consult us

---

① Heuser (1988), p. 196.
② Ibid., p. 197.
③ Conclusions of a Meeting of the Cabinet held at No. 10 Downing Street, 30 September 1952, Cabinet papers (CAB) 128/25/32; PREM 11/578/134.
④ Mallet to Eden, 30 September 1952, PREM 11/316/3.
⑤ Wilson to FO, 11 September 1952, FO 536/53/WY 1041/18/52.
⑥ Mallet to FO (J. O. Wright's minute), 27 February 1953, FO 371/107843/WY 1076/51.

privately rather than come out in support of (our) critics".[1] Yugoslav anti-colonial attitude was becoming an important element of the Yugoslav ideology as Tito was consciously beginning to pursue contacts with Third World countries. In late 1952 and 1953 this process was only at its outset but was gradually becoming one of Yugoslav foreign policy trademarks. This policy went hand in hand with domestic reforms in order to legitimize the new Yugoslav position.[2] Ambassador Mallet sent a remarkably insightful assessment of these trends just before Tito's visit. Mallet stressed that the Yugoslavs are "anxious to prove that they have inherited from the USSR that moral leadership of progressive forces from which Stalinism has profited; they see themselves becoming the leaders and mentors of a group of smaller countries newly emancipated, like themselves, from colonial or semi-colonial status, and turning away from both the reactionary capitalism of the West and from the new tyranny of Moscow ... The Yugoslav leaders may exaggerate the influence of their theories and policy in other lands, but they seem to be firmly convinced of the importance for their international position of the assertion of the really socialist nature of the new Yugoslav state". British found this new trend in Yugoslav foreign policy particularly irritating, and it was decided that "by a steady infiltration of facts and figures about colonial development, accompanied perhaps by visits to British colonial territories, it should be possible to make the Yugoslavs realize something of the achievements of the colonial powers and cause them to see colonial less in crude terms of black and white. Perhaps something can be done during President Tito's visit to London to further this process of education".[3]

V. Communist in London

Josip Broz Tito was the first Communist leader to visit a Western country and the

---

[1] Record of a meeting between the Secretary of State and Marshal Tito at the White Palace, 18 September 1952, FO 504/6, p. 72.

[2] Rajak (2010), pp. 22-23.

[3] Mallet to Eden, 18 February 1953, FO 107880/WY 1511/1; Visit of Marshal Tito to the UK, Set of briefs for the Secretary of State, FO 371/125048/ZP 22/1.

first President to visit Britain before the coronation. When Eden invited Tito, he was still officially Head of Government, but after the constitutional changes in January 1953 he became Head of State. As the new Queen Elisabeth could not have any official visits before the coronation, the visit could only be treated as a "private" one. The Yugoslavs were anxious to avoid this description and insisted on the "official" character of the visit. In the end, it was decided that the visit must be a private one, but that the British will emphasize the "official character of the visit"[1] and that the Yugoslavs can refer to it as such.

The visit was surrounded by various security concerns on both sides. Even the date of the visit was advanced by eight days due to Yugoslav security disquiet.[2] Soviet plans to assassinate Tito were revealed for the first time with the publication of the "Mitrokhin Archive". Mitrokhin further reveals that these plans were suspended three days after Stalin's death.[3] However, recently declassified British documents suggest that as late as 13 March reports on Cominformist plans for assassination were received by the Secret Service from a trusted source in Germany.[4] Since no attempts on Tito's life were made, it can only be speculated whether Stalin's death indeed immediately changed the plans of the Soviet secret services.

There was also an additional risk. Various Yugoslav emigrant groups lived in England, and the religious groups, especially Catholics, were planning to organize large demonstrations in London. Churchill humorously observed that "Communists + Catholics would make a nasty show".[5] In the end, Tito's visit proceeded without any serious disturbances. Tito was pleased with the reception by the Queen, ballet and supper in Covent Garden, and the air display at Duxford. Friendly atmosphere and the fact that he was treated as an equal in the international arena greatly flattered Tito and established an atmosphere of confidence between the two delegations.

---

① Mallet to FO, 30 January 1953, FO 371/107832/WY 1054/9.

② Conversation between William Strang and the Yugoslav Ambassador Velebit, 3 February 1953, FO 371/107832/WY 1054/13.

③ Andrews, Mitrokhin (2000), pp. 465–466.

④ Secretary J. I. C. (Germany) to Ministry of Defence, 13 March 1953, PREM 11/578/15–6.

⑤ Churchill to Eden, 26 November 1952, PREM 11/578/125.

VI. Anglo-Yugoslav Pact of Friendship

In his seminal work on Yugoslavia in the early Cold War, Darko Bekić speculated that Tito offered Churchill a friendship pact between Britain and Yugoslavia.[1] More recently, Vladimir Petrović argued that although Tito at first flirted with the idea of offering a pact of friendship, he soon abandoned it due to Stalin's death.[2] These interpretations are based on two assumptions: first, that after signing the Balkan Pact Tito was now ready to conclude similar pacts with Western Powers in order to solve his security problem; and second, that Stalin's death had an immediate impact on Yugoslav relations with the West. Only sources for this alleged proposal are three interviews that Tito gave to the Daily Mirror, Christian Science Monitor and the *Observer* in early March. In an interview held on 3 March Tito said that some sort of formal agreement "is indeed in his mind but is so recent a development that so far he has not even discussed it with his Government colleagues".[3] Text of the interview with Tito's personal notes reveals that he tried to tone down the wording by replacing "I hope that this will be discussed. I would like that" with "Maybe this will be discussed. I would not be against such discussions".[4] On 9 March Tito said to Lajos Lederer of the *Observer* that "we are now ready to conclude treaties similar to those we have recently signed with Greece and Turkey".[5] Yugoslav press also hinted at such developments. On 13 March *Politika* reported that Yugoslavia "is ready to sign an agreement of such a kind on the basis of equality with any country,"[6] and on 16 March the Telegraphic Agency of New Yugoslavia (TANJUG) commented that "a written pact of friendship between Great Britain and

---

[1] Bekić (1988), p. 499.

[2] Petrović (2004), pp. 65-81; Petrović (2010), pp. 27-49.

[3] Mallet to FO, 6 March 1953, FO 371/107834/WY 1054/51.

[4] Josip Broz Tito's interview with "Daily Mirror" and "Christian Science Monitor" correspondents, 3 March 1953, AJ, KPR, I-2/1, p. 508.

[5] AJ, "TANJUG" News Agency (TANJUG), Crveni bilten, 77-78, 9 Mach 1953.

[6] Wilson to FO, 13 March 1953, FO 371/107834/WY 1054/70.

Yugoslavia would be in full harmony with the foreign policy of the Yugoslav Government".[1] However, after the interviews in early March Tito himself merely stated that "important results will flow from the visit but that does not mean that they must be confirmed in any concrete arrangements".[2]

It seems unlikely that Tito was willing to upset his grand première on the world stage with such a proposal. Security guarantees were on top of his agenda and the benefits of such a treaty were highly questionable for Yugoslavia's ideological position. While a regional pact with Greece and Turkey stemmed from Tito's insecurity in the aftermath of Handy's mission, a possible treaty with Britain might have had far – reaching consequences for Yugoslavia's foreign and internal policy. Foreign Office officials did not assign much importance to these statements but nevertheless suggested that "it would be desirable to discourage the idea of a pact". They viewed such an agreement as "embarrassing vis – à – vis the Americans and the French and would certainly be resented in present circumstances by Italy".[3]

Tito might have had an ulterior motive for such statements. By hinting at a possible friendship pact, he in fact tried to exert pressure on the Italians over the Trieste issue. Foreign Office interpreted his statements as "a part of the war of nerves against Italy" and expected "the Yugoslavs to make more than the most of the London talks in order to upset the Italians".[4] In this the Yugoslavs partially succeeded as the Italian Ambassador to London Manlio Brosio came to visit the Minister of State for Foreign Affairs John Selwyn Lloyd "worried by the reports that Marshal Tito will seek to negotiate some agreement" to which he added that the Italian Government "very much feared that in the course of that movement of opinion here we (Britain) would end up by being more favourable to Yugoslavia than to Italy".[5]

There have also been lively debates in historiography about the impact of Stalin's

---

[1] Wilson to FO, 16 March 1953, FO 371/107834/WY 1054/75.

[2] *Borba*, 17 March 1953.

[3] Mallet to FO, 13 March 1953, FO 371/107834/WY 1054/51 (C); Alleged Yugoslav desire to conclude a treaty of friendship with UK, 14 March 1953, FO 371/107835/WY 1054/81 (A).

[4] Mallet to FO, 12 March 1953, FO 371/107834/WY 1054/51 (B).

[5] Record of conversation between Selwyn Lloyd and the Italian Ambassador, 13 March 1953, FO 371/107835/WY 1054/81.

death on Yugoslav relations with the West. Some historians have stressed Stalin's death as the main reason for Tito's change of foreign policy. Thus, Petrović concludes that "Tito had no reason to mourn over the British reluctance to conclude a treaty of friendship because the need for it diminished".[1] Beatrice Heuser and Darko Bekić offer a more cautious interpretation by stating that "his death alone made a fundamental change in Soviet – Yugoslav relations possible,"[2] but that "Moscow's relations with Belgrade will gradually, but fundamentally change the attitude of Yugoslav leadership towards further political and military co – operation with the West".[3] The change in Yugoslav attitude did indeed occur but only after the escalation of the Trieste crisis in October 1953. Available sources imply that the impact of Stalin's death on Yugoslav policy has been greatly exaggerated in historiography. Tito was too cautious to jump to hasty conclusions in the immediate wake of Stalin's death. On the contrary, the Yugoslav leadership continued to perceive the Soviet Union as its main threat. The border incidents continued and the Deputy Foreign Ministers Bogdan Crnobrnja and Aleš Bebler informed Yugoslav Ambassadors in April and May that "there is no basis to conclude that the Soviet pressure is loosening"[4] and "there is no sign of improvement of relations".[5] Moreover, most members of the post–Stalin leadership, such as Vyacheslav Molotov, Lavrenty Beria and Mikhail Suslov, were at the forefront of campaigns against Yugoslavia after the Tito–Stalin split.[6] Tito was expecting a fierce leadership struggle and feared that "the death of Stalin has not made the world safer"[7] and his associates in Belgrade even wondered whether they would "regret Stalin's death".[8]

---

[1] Petrović (2010), p. 36.

[2] Heuser (1988), p. 200.

[3] Bekić (1988), p. 499.

[4] Crnobrnja to Ambassadors, 18 April 1953, Diplomatic Archive of the Serbian Ministry of Foreign Affairs (SMIP), confidential archives (PA), 1953, Jugoslavija, F-45/1-45050.

[5] Bebler to Ambassadors, 22 May 1953, SMIP, PA, 1953, Jugoslavija, F-45/5-46745.

[6] Rajak (2010), p. 40.

[7] Churchill to Eisenhower, 19 March 1953, PREM 11/1074/381.

[8] Dedijer (1982), p. 400.

VII. Discussions

Tito's view, as a Communist and a former insider, of the new situation in the Soviet Union was of great interest to Western leaders. Immediately after the reception at the Westminster pier Churchill made inquiries. This issue was discussed at length during the first meeting of delegations held at No. 10 Downing Street on 17 March. Tito said that "the situation had not been very greatly changed for the moment by Stalin's death", assessing that the new leaders "would undoubtedly maintain and perhaps step up the pressure of the Cold War," because "they had not acquired the authority which Stalin had enjoyed either internally or in the international field". In this situation "it was essential to avoid any hint of a preventive war in Western propaganda or otherwise. Any such hint would only serve to unite elements in Russia which might otherwise be disposed to quarrel".[①] Churchill agreed with Tito and on 19 March sent a telegram to President Eisenhower: "Tito seems full of common-sense. He is definitely of opinion that the death of Stalin has not made the world safer, but he believes that the new regime will probably feel their way cautiously for some time and even thinks there may be divisions among them. Malenkov and Beria, he says, are united, but Molotov is not so closely tied."[②]

During Tito's visit official discussions were held on the 17 and 19 of March. Tito's personal notes reveal that he was giving much importance to general discussion about security and the possibility of Soviet aggression.[③] During first discussions held on 17 March, Tito immediately inquired whether it was the intent of the West that "if Yugoslavia is attacked, they should try to localize the conflict". Eden dismissed this by saying that they "never believed in the theory of localised wars". Furthermore,

---

① Visit of President Tito, record of meeting held at No. 10 Downing Street at 4: 30 p. m. on 17th March 1953, FO 371/107835/WY 1054/84G; PREM 11/577; Memorandum of conversations between Tito, Churchill, and Eden, 17-21 March 1953, AJ, KPR, I-2/b, pp. 1259-1265.

② Churchill to Eisenhower, 19 March 1953, PREM 11/1074/381.

③ Suggestions for discussions with Churchill and Eden, see Tito's handwritten note, AJ, KPR, I-2/1, pp. 480-481.

Tito warned that "the occupation of Yugoslavia would upset the complete balance in Europe" and reminded of the Yugoslav "capacity to wage political and ideological warfare with the countries under Soviet domination".[1] At a second meeting, held in the Foreign Office on 19 March, the British Minister of Defence Harold Alexander expressed the desire to resume staff talks between Yugoslavia and the Three Western Powers. This time, Tito clearly stated "that the political basis of the talks should be made beforehand". He further added "that any conflict in Europe would at once become general". The British once again reinsured Tito that "there could be no localised war in Europe".[2] During dinner hosted by Churchill, Field Marshal Montgomery privately confirmed to Tito that "any local war in Europe is impossible".[3] These remarks were in line with the recommendations made by the Foreign Office. Since Tito did not offer a pact of friendship, and since he "did not consider that it would be appropriate for Yugoslavia formally to join NATO,"[4] the British were confident to offer an informal guarantee to Tito in the joint Communiqué: "the British and Yugoslav Governments) undertook to work closely together and with other freedom-loving nations to defend peace. They were in full agreement that, in the event of aggression in Europe, the resulting conflict could hardly remain local in character."[5] This security assurance was given much prominence in historiography. Thus, Borozan qualifies it as a "greater guarantee by the West in case of satellite aggression," because of which Yugoslavia "did not have to sacrifice its independence and formally join NATO".[6] In fact, as the British preparations for the visit reveal, this assurance

---

① Visit of President Tito, record of meeting held at No. 10 Downing Street at 4: 30 p. m. on 17th March 1953, FO 371/107835/WY 1054/84G; PREM 11/577; Memorandum of conversations between Tito, Churchill, and Eden, 17–21 March 1953, AJ, KPR, I-2/b, pp. 1259–1265.

② Visit of President Tito, meeting held in the Foreign Office at 11 a. m. on 19th March 1953, FO 371/107835/ WY 1054/87G; PREM 11/577; Record of a meeting held in the Foreign Office, 19 March 1953, AJ, KPR, I-2/1, pp. 1266–1270.

③ Records of discussions during dinner at Mr. Churchill, 18 March 1953, AJ, KPR, I-2/1, p. 1219.

④ Visit of President Tito, record of meeting held at No. 10 Downing Street at 4: 30 p. m. on 17th March 1953, FO 371/107835/WY 1054/84G; PREM 11/577; Memorandum of conversations between Tito, Churchill, and Eden, 17–21 March 1953, AJ, KPR, I-2/b, pp. 1259–1265.

⑤ Joint Communique, 21 March 1953, PREM 11/577/19–20; Zajednički kominike, AJ, KPR I-2/1, pp. 506–507.

⑥ Borozan (1997), p. 127.

only served to convince Tito that the Western desire to continue military discussions was in earnest. During dinner on 18 March Churchill further underlined this by stating: "Yugoslavia is our ally! In case of war, we will fight shoulder to shoulder!"[1]

During the last meeting held in the Prime Minister's Map Room on 19 March, Tito and Churchill engaged in a hypothetical wargame. It was agreed that a general war would mean an all-out nuclear exchange. Churchill emphasized the importance of a strong right wing, and warmly welcomed the agreement which had been reached by Yugoslavia with Greece and Turkey. He estimated that the right wing could hold on for a month at least, which would allow reinforcements to reach Yugoslavia. Interestingly, Churchill did not expect the western front to hold, stressing that "in that period Paris, Brussels and Copenhagen might have passed to Russian hands". Tito agreed with Churchill that it was impossible to hold a continuous line of defence and that "it was better to organise defence in depth". He also stressed that the Soviets would try to "drive a wedge between Yugoslavia and the Western Powers, firstly through Hungary on Trieste, and secondly, through Albania to the Adriatic". By emphasizing the need for a co-ordination of defence on Yugoslavia's northern flank, Tito tried to obtain a guarantee that they would not be left alone in defending the Ljubljana Gap. Churchill, however, stressed "that the British troops were fully deployed in Germany and would initially have no forces available for such a task". To this, Tito added that in that case "Yugoslavia might be forced to withdraw further to the South".[2] Furthermore, Tito discouraged the Italian plans to place a defence line on the Brenner Pass, stressing that "a stand much nearer to the Hungarian border was necessary".[3] Again, Churchill could not go further than to state that "without co-ordination the northern flank would be compromised", and that he "was sure that the Yugoslav front would hold on".[4] The discussions held in Churchill's Map Room proved that a firmer military

① Bekić (1988), p. 501.

② Record of a Meeting with Marshal Tito held in the Prime Minister's Map Room at 12: 15 on 19th March 1953, FO 371/107835/ WY 1054/102G; PREM 11/577/23; Meeting in Churchill's Map Room on 19th March 1953, AJ, KPR, I-2/1, pp. 500-505.

③ Visit of President Tito, meeting held in the Foreign Office at 11 a. m. on 19th March 1953, FO 371/ 107835/ WY 1054/87G; PREM 11/577; Record of a meeting held in the Foreign Office, 19 March 1953, AJ, KPR, I-2/1, pp. 1266-1270.

④ Meeting in Churchill's Map Room on 19th March 1953, AJ, KPR, I-2/1, pp. 500-505.

co-operation between Yugoslavia and the West was essential.

Greatest amount of time during conversations was spent discussing Trieste. Eden and Churchill advised that "it was a major interest of Yugoslavia to come to some arrangement with Italy". Eden explained that "it might be possible to reach a temporary settlement on the basis of a division between zones A and B. This might lapse after a period of time into a permanent conclusion. But he did not think that any Italian Government, even after the elections, could agree to such a solution as a permanent arrangement". Yugoslavs responded "that the trouble about a temporary solution was that the Italians would regard it as meaning that they have acquired Zone A, and that the dispute was now concerned solely with Zone B".[①] On 19 March, Tito and Popović refused any kind of provisional settlement. Tito added, that "if it was impossible to get a permanent solution soon, he would prefer to maintain the status quo. " Eden now proposed a plan that would eventually bring about a temporary solution: "The first step (was) in putting in force a provisional settlement, the withdrawal of the Anglo-United States troops from Zone A. This would put the Italians in de facto control of Zone A while leaving the Yugoslavs in de facto possession of Zone B. The boundary would be provisional (...) but the idea would be that it would lead in time to a permanent settlement. " Tito reminded Eden of what he said to him in September: "the least he could get away with in face of Yugoslav public opinion was the status quo. " The only thing that Yugoslavs were willing to do was to tone down their propaganda over Trieste and acknowledge the usefulness of direct talks with Italy. [②] Discussions held in London influenced the final Anglo-American decision to solve the Trieste problem in October 1953. However, it seems that the British did not give enough attention to Tito's desire that he could accept a status quo division only if the Western Powers put their full weight behind such a proposal.

Several other topics were discussed in London. Churchill wondered "whether

---

① Visit of President Tito, record of meeting held at No. 10 Downing Street at 4: 30 p. m. on 17th March 1953, FO 371/107835/WY 1054/84G; PREM 11/577; Memorandum of conversations between Tito, Churchill, and Eden, 17–21 March 1953, AJ, KPR, I-2/b, pp. 1259–1265.

② Visit of President Tito, meeting held in the Foreign Office at 11 a. m. on 19th March 1953, FO 371/107835/WY 1054/87G; PREM 11/577; Record of a meeting held in the Foreign Office, 19 March 1953, AJ, KPR, I-2/1, pp. 1266–1270.

something could not be done to ease the position of the churches in Yugoslavia," but Tito decisively replied that "there was no religious persecution in Yugoslavia". In the light of recent break of diplomatic relations with Vatican, Churchill hoped that a gesture on the Yugoslav side would help improve Italo-Yugoslav relations and enable "Her Majesty's Government in trying to pursue a more open policy of co-operation with Yugoslavia". The British did not attach too much importance to religious issues. On the other hand, they have been eager to find out why the Yugoslav Government was "always very bad about our colonies".[1] Tito stressed that Yugoslavia "approached these questions from a point of view of principle rather than of economics," but agreed over the idea of closer cooperation between the United Kingdom and Yugoslav delegations. [2]

VIII. The Pinnacle of Anglo-Yugoslav Relations

Tito's visit to Great Britain was hailed by both sides as a resounding success. It represented a clear triumph for the Yugoslav foreign policy and greatly boosted their morale. During Tito's report on the visit to the Federal Executive Council (SIV), the chief Yugoslav ideologue Edvard Kardelj stressed that "the lack of such a highly successful visit to London was the weakest point in our foreign policy".[3] Koča Popović went even further and pointed out: "we could almost say that one period in our foreign policy is now successfully completed ... Consider all the issues where we were proven right. The question of local war, collapse of Soviet attempts to isolate our country, the issue of successful cooperation between a socialist country and countries with other political regimes." However, he quickly added, "this does not mean that we should

① Visit of President Tito, record of meeting held at No. 10 Downing Street at 4: 30 p. m. on 17th March 1953, FO 371/107835/WY 1054/84G; PREM 11/577; Memorandum of conversations between Tito, Churchill, and Eden, 17-21 March 1953, AJ, KPR, I-2/b, pp. 1259-1265.

② Visit of President Tito, meeting held in the Foreign Office at 11 a. m. on 19th March 1953, FO 371/107835/ WY 1054/87G; PREM 11/577; Record of a meeting held in the Foreign Office, 19 March 1953, AJ, KPR, I-2/1, pp. 1266-1270.

③ Report of Marshal Tito, President of the Republic, to the Federal Executive Council (SIV) on the visit to England, 8 April 1953, AJ, KPR I-2/1, pp. 578-579.

change our policy. On the contrary, our policies are correct, and they triumphed in this period".[1] These observations illustrate the triumphant atmosphere after the visit and show just how highly the Yugoslav leadership valued their ideology, which they jealously guarded, seeing themselves as champions of the socialist movement. Visit to London also strengthened Tito's position within the country as it "finally crushed the hope of Yugoslav emigration that they will ever again play an important role in Yugoslav politics".[2] Furthermore, as the joint Communiqué clearly stated that "in the event of aggression in Europe, the resulting conflict could hardly remain local in character".[3] Tito's security concerns were greatly mollified. The period of diplomatic isolation was finally over, and the Yugoslavs began to see themselves as a "first rate international factor".[4]

In the immediate aftermath of Tito's visit Anglo–Yugoslav relations were at their most cordial in history. The impressive number of British visitors to Yugoslavia in the summer of 1953 included Deputy Supreme Commander Europe of NATO Field Marshal Bernard Montgomery, Chief of the Imperial General Staff Field Marshal Allan Harding, former Prime Minister Clement Atlee and former Ministers Aneurin Bevan, George Strauss and Kenneth Younger. Moreover, this unusually cordial relationship enhanced Tito's image in the West which gave way to speculations about his possible visit to the United States.[5]

The British were equally satisfied with Tito's visit referring to it as an "outstanding success".[6] In mid–1953 Mallet stressed that "in the past nine months Tito has gone a long way in developing his relations with the West. There have been

---

① Report of Marshal Tito, President of the Republic, to the Federal Executive Council (SIV) on the visit to England, 8 April 1953, AJ, KPR I-2/1, pp. 575-576.

② AJ, KPR I-2/1, p. 1187.

③ Joint Communiqué, 21 March 1953, PREM 11/577/19-20; Zajednički kominike, AJ, KPR I-2/1, pp. 506-507

④ General assessment of the political implications of the visit, AJ, KPR I-2/1, p. 1297.

⑤ Such a possibility was hinted by the Under Secretary of State Walter Bedell Smith in June (21 June 1953, AJ, KPR, SAD, 1953 I-5-b/strogo pov. 357) and the American Chargé d'affaires in Belgrade Woodruff Wallner in August 1953 to the Yugoslav Ambassador to Wahington Vladimir Popović (20 August 1953, AJ, KPR, SAD, 1953 I-5-b/992).

⑥ Eden to Makins, 21 March 1953, FO 504/7, p. 29.

the tripartite military talks, now to be renewed, his visit to London, and the Balkan Pact".[1] Even the prospect of Yugoslav – Soviet rapprochement did not worry the British. They were well aware that "in their heart of hearts, the majority of the Yugoslav leaders feel themselves closer to the Russians than to westerners," but "did not anticipate a sudden swing away from Marshal Tito's policy of association with the West".[2] Moreover, the abrupt reversal of liberal trends in Yugoslavia's internal policy in June 1953 was described by the British as a "healthy development, since it shows that Tito is wise enough not to force the pace too hotly for his supporters and yet, apparently, is determined to maintain his policy".[3] The aftermath of Tito's visit represented a period of remarkable cordiality between two ideologically opposed countries, which was based primarily on mutual security interests but in some aspects transcended the Cold War ideological fault line.

IX. Fatal Misunderstandings

Results of London discussions carried within themselves seeds of the future deterioration of relations. The two most important issues, Trieste and security guarantees remained to be resolved in full. Although Churchill disregarded the possibility of a local war and together with Eden hinted that military discussions can be resumed in six weeks,[4] the question of a political guarantee remained. On 15 June Selwyn Lloyd wrote to Churchill: "I assume that you did not intend what you said to Tito in March to be a governmental Commitment or political guarantee."[5] Therefore, "although no political assurances can be given to Yugoslavia," the Tripartite Military Representatives were briefed that "they should state that as military men, they do not believe that a Soviet and/or Satellite attack against Yugoslavia could be limited to a

---

[1] Strang to Mallet, 21 July 1953, FO 536/73/ WY 1039/36/53.
[2] Mallet to Strang, 20 June 1953, FO 536/73/ WY 1039/21/53.
[3] Mallet to Salisbury, 13 August 1953, FO 504/7, p. 57.
[4] Discussion between Petrić and Cheetham, 1 July 1953, SMIP, PA, 1953, Velika Britanija, F-23/5-417914.
[5] Lloyd to Prime Minister, 15 June 1953, PREM 11/576/21.

local war".[1] Furthermore, the Western frustration over Trieste finally resulted in a major change in their negotiating tactics. Roger Makins, the British Ambassador to Washington, reported on 12 June "that the time has come to permit the practical aspects of this problem to emerge in the course of our purely military discussions with the Yugoslavs, by pointing out to them, when and as appropriate, that even the assumptive planning which we are prepared to undertake can have no basic validity without some form of accommodation between the Yugoslavs and Italians".[2] This was the first time since the strategy of "keeping Tito afloat" was implemented that the West decided to exert pressure over political issues on Tito's regime. The military discussions were continued in August in Washington in an atmosphere "of great cordiality and good will,"[3] but the escalation of the Trieste crisis soon overshadowed these attempts.

The unresolved Trieste crisis loomed over Yugoslav relations with the West. On 28 March Mallet said to Kardelj that Eden was "slightly disappointed" that Tito and Popović rejected his plan to reach a temporary division between zones A and B. Ambassador Mallet stated that in the aftermath of the visit the Yugoslav position now "seemed sufficiently strong internationally (...) to enable them to be generous and to have no fears of further Italian claims".[4] All such attempts were in vain as the Yugoslavs were unwilling to accept anything but the "de facto" solution. Furthermore, Tito overestimated his position in the aftermath of his visit to London. In early August the Yugoslavs assumed that their international position had been greatly strengthened, while Italy's internal and international position is constantly deteriorating. These assumptions led Tito to believe that even "Zone A should not go to Italy but remain neutral".[5] On the Italian side, the new Prime Minister Giuseppe Pella hardened the nationalistic rhetoric over Trieste and even threatened that Italy will

---

[1] Minister of Defence Harold Alexander to Minister of State, 4 June 1953, FO 371/107824/WY 1022/23.

[2] Makins to FO, 12 June 1953, FO 371/107824/WY 1022/25.

[3] Military discussions on defence of Yugoslavia held in Washington, 24 – 28 Aug 1953, 2 September 1953, War Office (WO) 106/6082.

[4] Record of conversation between Kardelj and Mallet, 28 March 1953, AJ, KPR, I – 2/1, p. 1169; Mallet to Secretary of State, 28 March 1953, FO 371/107369/WE 1015/98.

[5] The Trieste question in the new phase of the Cold War, 8 August 1953, AJ, KPR, Tršćansko pitanje, I – 5 – c/83.

leave NATO unless a favourable solution could be reached. [1] This new situation prompted a new American plan to impose a solution on Italy and Yugoslavia. It envisaged that both sides will accept the division of the FTT along the existing zones. It was partly based on discussions held between Eden and Tito in London but failed to consider the Yugoslav desire that any division should present a definitive solution with official and public guarantees by Britain and the US. Absence of such guarantees in the Anglo – American joint statement of 8 October intensely frustrated the Yugoslav leadership. In the following weeks Italy and Yugoslavia were on the brink of war and Tito reverted to anti – Western rhetoric stating that "Yugoslavia can trust no one anymore". [2]

Ivo Mallet's report on the nature of Anglo–Yugoslav relations in the aftermath of the crisis was filled with disappointment and stressed ideological differences as main reasons for Tito's vehement reaction. Accordingly, he pointed out Yugoslav "national passion for being alone against the world" and "the deep–rooted suspicions of Western policy," [3] comparing the Yugoslav behaviour to Hitler's in the summer of 1938. [4] Mallet further observed that "even in the heyday of our good relations, after the President's visit to London, there was never much evidence of real friendship and confidence, one had hoped that Tito would be enough of a statesman to realise the contribution which he could make to peace and common defence (...) The whole affair shows how thin, even in the upper caste of the Party, was the layer of trust and friendship built up between the Yugoslavs and ourselves". Moreover, "we must have no illusions that in return for our aid and support we shall receive from the Yugoslavs any co – operation that costs anything to their interests and principles. We must, however, expect even less than in the past that the Yugoslavs will modify their policy about colonialism or towards religion or political prisoners". However, despite the suffered setback in Anglo – Yugoslav relations it was advised that "this does not exclude the possibility of a good deal of co – operation in the sphere of common

---

① Rabel (1988), pp. 145-147; Rajak (2010), p. 52.
② Rajak (2010), p. 54.
③ Mallet to FO, 6 November 1953, FO 371/107830/WY 1041/1.
④ Mallet to Eden, 14 October 1953, FO 504/7, p. 59.

defence".[1] The importance of Yugoslavia vis-à-vis the Soviet bloc was also not lost on the British, but the cordial atmosphere that existed after the visit was now definitely dissipated.

X. Conclusion

The short period between March and October of 1953 was indeed a high-point in Anglo-Yugoslav relations but the underlying ideological differences proved to be a major obstacle in achieving a long-term friendly relationship. British uneasiness about giving political guarantees and Tito's doubts about closer relations with the West were cast aside for a brief period but came back in full swing during the Trieste crisis. The British hoped that the visit to London would help "to bring Tito to see the value of less spectacular virtues, such as a readiness to see someone else's point of view, and to appreciate the value of tolerance and the need for give and take in international (and domestic) affairs".[2] On the contrary, after five years of isolation Tito's belief in the righteousness of his ideological exceptionalism was only further encouraged by the spectacular reception he received in London. Furthermore, Churchill and Eden "failed to modify the Yugoslavs' strongly anti-colonial attitude,"[3] and in the following years this issue became a major strain on Anglo-Yugoslav relations. Above all, the failure of the West to tactfully deal with the Trieste crisis irretrievably changed the nature of Yugoslavia's relations with the West. Tito redefined his foreign policy priorities which would eventually lead to rapprochement with the Soviets, and, more importantly, pursuit of contacts with the Third World. Although Tito's visit to London did much to improve the atmosphere between Britain and Yugoslavia, both sides failed to capitalize on the improved relations. The British did their best to ease the Yugoslav security anxieties and tried to convince Tito to be more willing to compromise on the Trieste issue. The Yugoslavs, on the other hand, had seen the visit as the

① Mallet to FO, 6 November 1953, FO 371/107830/WY 1041/1.
② Briefs for President Tito's visit, 13 March 1953, FO 371/107835/WY 1054/89.
③ Chancery to UN Department, 29 May 1953, FO 371/107036/UP 138/1.

final acknowledgement of their importance in the international arena, and continued to intensify their diplomatic activities while still vigilant in the pursuit of their ideological exceptionalism. [1]

References

I. Archives

Arhiv Jugoslavije (The Archives of Yugoslavia):

    The fonds of the Office of the Marshall of Yugoslavia (KMJ 836)

    The fonds of the Cabinet of the President of the Republic (KPR 837)

    "TANJUG" News Agency (TANJUG 112)

Diplomatski arhiv Ministarstva spoljnih poslova Srbije (Diplomatic Archive of the Serbian Ministry of Foreign Affairs—SMIP):

    Poverljiva Arhiva—Confidential Archives (PA)

The National Archives, Kew, London:

    Cabinet Papers (CAB)

    Foreign Office (FO)

    Prime Minister's Office (PREM)

    War Office (WO)

II. Papers and Books

Andrews, Christopher, Mitrokhin, Vasili (2000). *The Mitrokhin Archive*. London.

Bekić, Darko (1988). *Jugoslavija u hladnom ratu*. Zagreb: Globus.

Borozan, Đorđe J. (1997). Jugoslovensko - britanski razgovori u Beogradu 1952. i Londonu 1953. *Istorija 20. veka*, 15: 2, pp. 113-127.

Dedijer, Vladimir (1982). *Izgubljena bitka Josifa Visarionoviča Staljina*. Rijeka: Liburnija.

Hatzivassiliou, Evanthis (2006). *Greece and the Cold War, Frontline State, 1952-1967*. London: Routledge.

---

① About this exaggeration of their own position see the conclusion in Federico Tenca Montini's article in this publication " Yugoslavia's Strategy in Addressing the Trieste Issue before and after the Cominform Crisis of 1948: From the Attempt to Avoid the Creation of the Free Territory of Trieste to the Proposal of a Yugoslav - Italian Condominium over the Disputed Land".

Heuser, Beatrice (1988). *Western Containment Policies in the Cold War: The Yugoslav Case, 1948-53*. London: Routledge.

Jakovina, Tvrtko (2003). *Američki komunistički saveznik*. Zagreb: Profil: Srednja Europa.

Lane, Ann (1996). *Britain, the Cold War and Yugoslav Unity, 1941 - 1949*. Chichester: Sussex Academic Press.

Lees, Lorraine M. (1997). *Keeping Tito Afloat: The United States, Yugoslavia, and the Cold War*. Pennsylvania: The Pennsylvania State University Press.

MacLean, Fitzroy (1949). *Eastern Approaches*. London: Jonathan Cape.

Petrović, Vladimir (2004). "Pokušaj sklapanja anglo - jugoslovenskog ugovora i Staljinova smrt". *Istorija 20. Veka*, 1, pp. 65-81.

Petrović, Vladimir (2010). *Titova lična diplomatija: Studije i dokumentarni prilozi*. Beograd: Institut za savremenu istoriju.

Popović, Nebojša (2006). "Poseta Josipa Broza Velikoj Britaniji marta 1953. i jugoslovenska politička emigracija". *Istorija 20. Veka*, 2, pp. 51-70.

Rabel, Roberto G. (1988). *Between East and West: Trieste, the United States, and the Cold War, 1941-1954*. Durham & London: Duke University Press.

Rajak, Svetozar (2010). "The Cold War in the Balkans, 1945-1956," in Melvyn P. Leffler and Odd Arne Westad (eds.), *The Cambridge History of the Cold War*, vol. 1 (Cambridge / New York, 2010).

Rajak, Svetozar (2010). *Yugoslavia and the Soviet Union in the Early Cold War: Reconciliation, Comradeship, Confrontation, 1953-1957*. London: Routledge.

Spehnjak, Katarina (2005). "Josip Broz Tito's Visit to Great Britain in 1953". *Review of Croatian History*, vol. 1, pp. 273-293.

Tenca Montini, Federico (2023). "Yugoslavia's Strategy in Addressing the Trieste Issue before and after the Cominform Crisis of 1948: From the Attempt to Avoid the Creation of the Free Territory of Trieste to the Proposal of a Yugoslav-Italian Condominium over the Disputed Land". *Southeast Europe Studies*, vol. Ⅲ. Beijing: World Affair Press.

Tripković, Đoko (1990). *Prilike u Jugoslaviji i Velika Britanija 1945-1948*. Beograd: Institut za savremenu istoriju.

Young, John (1986). "Talking to Tito: The Eden Visit to Yugoslavia, September 1952". *Review of International Studies*, 12: 1, pp. 31-41.

保护还是迫害？：
第二次世界大战期间保加利亚对其境内和
临时管理区内犹太人的不同政策

淡恬旖　彭裕超

内容提要　第二次世界大战期间，保加利亚是纳粹德国的同盟国，参与了轴心国对南斯拉夫、希腊领土的瓜分，成为今天北马其顿大部分地区、希腊北部的西色雷斯以及塞尔维亚东南部部分地区的临时管理者。保加利亚在其国内和临时管理区内都实施了反犹政策，宣布了驱逐犹太人的计划。但在实际执行过程中，保加利亚境内的48000名犹太人得到了保护，而临时管理区内的犹太人遭到了迫害。本文通过梳理保加利亚国内和临时管理区内的反犹政策与驱逐犹太人计划的执行情况，考察了造成两地区犹太人不同命运的原因。作者认为，保加利亚国内社会各阶层的反对以及国王鲍里斯三世在关键时刻的决策拯救了保加利亚国内的犹太人，而在临时管理区内，由于保加利亚政府在犹太人问题上并没有实际的决策自主性，因此这些地区的犹太人最终遭到了迫害。

关 键 词　第二次世界大战；保加利亚；马其顿；反犹政策

作者简介　淡恬旖，北京外国语大学欧洲语言文化学院硕士研究生；彭裕超，北京外国语大学欧洲语言文化学院讲师

引言：二战中的保加利亚

1939 年，第二次世界大战爆发，保加利亚在战争之前和战争的最初阶段保持了短暂的中立态度。对于德国而言，保加利亚具有重要的地缘战略意义，它处于从中欧通往巴尔干半岛和中东的关键地理位置上，而在外交方面，它也是法国和英国在巴尔干地区势力圈里的"薄弱点"，因而是德国在巴尔干的突破口。[1] 德国因此在战前就拉拢过保加利亚，不仅声称支持保加利亚对邻国领土的诉求，而且在经济方面实际取代了英、法两国，成为保加利亚的头号贸易伙伴，在保加利亚进出口贸易中的比例均占到了 60% 左右。与德国紧密的经济联系使保加利亚在军事方面也对德国形成了高度依赖性，保加利亚的军事设备大部分进口自德国。1940 年，保加利亚亲德的博格丹·菲洛夫政府成立，同年夏秋之际，纳粹德国将矛头指向了巴尔干半岛。德军占领罗马尼亚后，迫使罗马尼亚将南多布罗加归还给了保加利亚，这使保加利亚人民沉浸在收复领土的欢喜之中，并感谢希特勒。德国借此机会加大了对保加利亚的压力和诱惑，要求后者改变中立态度，加入三国轴心，并承诺保加利亚可以收回马其顿、色雷斯地区。1940 年年底，希特勒下达代号为"马丽他"的命令，决定通过保加利亚入侵希腊。为了取得过境权，希特勒召见了保加利亚首相，要求保加利亚立即加入三国公约。翌年春天，保加利亚首相菲洛夫在维也纳正式签署了保加利亚参加德意日三国公约的文件，保加利亚由此成为轴心国阵营的成员。

保加利亚加入三国轴心后，为轴心国入侵南斯拉夫和希腊提供了帮助，并在两国沦陷后瓜分和占领了其部分领土。1941 年，希特勒发布了决定"进攻和消灭南斯拉夫"的"第 25 号指令"，依据指令，保加利亚需要协助作战。威·李斯特元帅指挥的德军第 12 集团军约 19 个师，从保加利亚境内出发入侵南斯拉夫并成功占领了南斯拉夫南部的部分城镇。[2] 南斯拉夫王国崩溃后，其领土被德国、意大利、匈牙利和保加利亚瓜分。其中，保加利亚占领了塞尔维亚东南部的皮罗特和弗拉尼亚地区以及瓦尔达尔马其顿大部分地区，总面积约 2.8

---

[1] 马细谱：《保加利亚史》，中国社会科学出版社，2011，第 181 页。

[2] 马细谱：《南斯拉夫通史》，上海科学院出版社，2020，第 114 页。

万平方千米，人口约 126 万。① 在南斯拉夫沦陷的同一时期，希腊的大部分地区也被轴心国部队占领，其领土遭到了同样的瓜分和占领，其中色雷斯西部地区就为保加利亚所占。

虽然在当时的保加利亚人看来，对瓦尔达尔马其顿和希腊色雷斯地区的占领是他们梦寐以求的"领土收复"，但是保加利亚国内外史学界一般将这一时期的占领称为"临时管理"，"管理"的授权来自纳粹德国。1941 年 4 月，鲍里斯三世和希特勒举行了一次首脑会议，保加利亚被授予管理瓦尔达尔马其顿、希腊色雷斯和塞尔维亚皮罗特的权力与责任，管辖范围主要是军事和行政统治。二战结束后，"临时管理"才结束，这些领土的主权依据《巴黎和约》被归还了南斯拉夫和希腊。

作为纳粹德国同盟国的保加利亚在许多政策方针上受到了来自德国的压力，其中之一便是针对犹太人的政策，而且这些政策不仅要在保加利亚国内推行，还要在保加利亚刚占领的瓦尔达尔马其顿、希腊色雷斯、塞尔维亚皮罗特这些地区遵照德国的旨意实施。1941 年，博格丹·菲洛夫政府为解决所谓的"犹太人问题"，制定了与纳粹德国立法一致的反犹法律《保卫国家法》，对保加利亚犹太人的政治、经济、社会生活作出了种种限制，随后成立的犹太问题委员会进一步落实了这部反犹法律中的内容。万湖会议确定"犹太人问题的最后解决方法"后，纳粹德国的反犹主义走向高潮，保加利亚在德国的施压下与后者签署协议，承诺驱逐保加利亚犹太人。但在实际操作过程中，保加利亚境内的犹太人未被驱逐，而当时受保加利亚政府临时管理的瓦尔达尔马其顿和希腊色雷斯地区的 1 万多名犹太人遭到了迫害。

二战期间，在保加利亚政府执行反犹政策和驱逐犹太人计划的过程中，在保加利亚境内和临时管理区内出现了不同的结果。保加利亚无论是在纳粹德国的压力下成功拯救国内 48000 名犹太人，还是对瓦尔达尔马其顿和希腊色雷斯地区的犹太人"见死不救"，都是值得更加深入研究的问题。本文拟对保加利亚国内和临时管理区内反犹政策与驱逐犹太人计划的执行情况进行梳理，在此基础上分析造成两地区犹太人不同命运的原因。

① 马细谱：《南斯拉夫通史》，上海科学院出版社，2020，第 117 页。

一、保加利亚国内犹太人的命运

第二次世界大战之前，保加利亚的犹太人在相当程度上可以说并未受到歧视。① 在 1878 年柏林会议的保证下，保加利亚国内的犹太人享有完全的人权和政治平等，他们在经济和政治上与保加利亚国家融为一体。据保加利亚 1934 年的人口统计，保加利亚国内约有 5 万犹太人，占总人口的 0.8%。大多数犹太人是商业和贸易系统中的独立经营者，大约 15% 的犹太人在民政部门中从事专门职业。然而随着二战的进行，在保加利亚加入纳粹德国的轴心国阵营后，该国国内及周边地区犹太人的安稳生活被打破了。1940 年 7 月，保加利亚政府宣布了要制定反犹太法的意图，并从 1941 年开始正式推出反犹政策，包括制定反犹法律《保卫国家法》、成立执行《保卫国家法》的犹太事务委员会，引入"大卫星"措施，以及与德国签署驱逐犹太人的协议。

1941 年，菲洛夫政府为解决所谓的"犹太人问题"，效仿纳粹德国的《纽伦堡法案》，在种族主义和"国家社会主义"的基础上制定并推行了反犹太法律《保卫国家法》。该法律虽然在颁布前遭到了国会议员、公共组织、保加利亚东正教会以及知名公众人物等的强烈反对，但最终还是由国王鲍里斯三世签署，于 1941 年 1 月 23 日刊登在了保加利亚第 16 号《国家公报》上。② 《保卫国家法》不仅在保加利亚境内有效，在临时管理区瓦尔达尔马其顿和希腊色雷斯同样有效，甚至得到了更完整的执行。

保加利亚的《保卫国家法》分为四个部分，前三部分分别针对的是秘密和国际组织、犹太血统出身的人、反民族和可疑行为，第四部分为特别规定。第二部分"针对犹太血统出身的人"包含五个章节。第一章首先界定了什么人是犹太人——"犹太血统是指父母中至少有一人是犹太人的人"，继而要求所有具有犹太血统的人，无论国籍，都必须向市政当局和相关警察部门申报其血统，不遵守者将被处以监禁和高额罚款。为了阻止犹太人混入保加利亚人，该章节还规定保加利亚血统的人不允许收养犹太血统的人。第二章对犹太人的身份及其基本的公民权利作出了严格的限制。首先，该法律剥夺了犹太人的保加

① 姜天明：《希特勒统治下东南欧犹太人的命运》，《民族译丛》1992 年第 5 期，第 59—66 页。
② ДВ，бр. 16 отъ 23. 01. 1941 г.

利亚公民身份，犹太人因此无法参与公民选举、担任公职，正在服兵役的人也要立即退伍，加入劳动营；犹太人与保加利亚人的婚姻也被视为无效。第三章限定了犹太人的住所，该章节规定犹太人不得从当下居住地迁移到其他住所；部长会议可根据内政和公共卫生部长的报告，确定犹太裔人不得居住的村庄和城镇或其部分地区，并为居住在此类定居点的人确定新住所。第四章下令清除犹太人的房产，规定犹太人的房产将在三个月内被保加利亚国家基金、保加利亚人或保加利亚企业收购。第五章说明了对犹太人职业和经济生活的限制措施。职业方面，犹太人不得拥有资产，不得担任任何管理职位，不得成为企业董事会成员或会计师，也不得拥有药店。在不排除犹太人的任何公司或企业中，他们也不得占据比保加利亚人更多的职位。经济方面，所有在保加利亚拥有财产的犹太人都有义务向保加利亚国家银行完成财产申报，包括动产和不动产，凡隐藏财产，一经发现，均被没收。

短短一年后，限制犹太人的政策进一步升级为驱逐和"清除"。1942年6月，内务部长彼得·加布罗夫斯基提出建议，要求议会授权内阁解决"犹太人问题"。加布罗夫斯基的顾问亚历山大·贝勒夫建议清除犹太人并没收他们的财产。尽管遭到反对，内阁还是获得了这项权力。同年8月26日，犹太事务委员会在保加利亚成立，由贝勒夫担任领导人，隶属于内政和公共卫生部，负责执行"将犹太人从公共和经济生活中清除并将其驱逐出保加利亚"的政策。[1] 委员会的目标是实施和执行反犹太人的立法，在执行经济政策和为劳动营招募人员方面，委员会还得到了警察部队协助。[2] 委员会的结构、管理、财政来源、权力都受到法令的明确规定，这种结构性政府组织在执行解决犹太人问题的所有措施方面发挥了主导作用。[3]

万湖会议后，依据"犹太人问题的最终解决方案"，保加利亚被要求驱逐境内及其临时管理区内的犹太人。1943年2月，保加利亚犹太事务专员亚历山大·贝勒夫和阿道夫·艾希曼所派的代表西奥多·达内克签署了《贝勒夫-达内克协议》，保加利亚在该协议中承诺在1943年4月15日之前"驱逐20000

---

① 姜天明：《希特勒统治下东南欧犹太人的命运》，第59—66页。

② "KEV-Komisarstvo za Evreiskite Vaprosi: The Bulgarian 'Commissariat for Jewish Affairs'," 以色列犹太大屠杀纪念馆（Yad Vashem），https://www.yadvashem.org/yv/en/exhibitions/communities/monastir/kev.asp，访问日期：2022年12月14日。

③ Петя Неделева, "Създаване, правомощ и яидейност на Комисарство за еврейските въпроси," https://www.ceeol.com/search/viewpdf? id=601444，访问日期：2022年12月14日。

名马其顿、色雷斯地区的犹太人到德国东部"。^① 不过保加利亚官方很快意识到这两个地区的犹太人总数不过 12000 人左右，因此可能需要保加利亚境内的犹太人来填补空缺。

虽然协议对驱逐犹太人的计划作出了明确规定，但是实际执行的情况究竟如何呢？驱逐犹太人的消息最先在保加利亚丘斯滕迪尔市传开，当地犹太人面临着被驱逐的危险。在此情境下，丘斯滕迪尔市犹太人社区的代表们找到了一些具有社会公信力的人，例如生活在当地的国会议员，企图通过他们让首都圈的活动家们知晓正在丘斯滕迪尔市酝酿的惨剧。果然，驱逐犹太人计划在索非亚传开后，保加利亚国内反对派政治家、知识分子和神职人员纷纷发出强烈抗议。在政治家义正词严的反对、公众日益高涨的抗议浪潮、东正教会坚持不懈的干预下，保加利亚国内的驱逐计划被成功阻止了。尽管同年 5 月贝勒夫依旧向德国承诺驱逐保加利亚境内的犹太人，并向国王鲍里斯三世抛出了选择题，即要么驱逐所有保加利亚境内的犹太人，要么将索非亚的犹太人驱逐到其他各省，鲍里斯三世还是坚定地选择了后者。如果驱逐行动没有被阻止或者国王选择了第一种驱逐方案，那么 4 万多名保加利亚境内的犹太人可能被送往特雷布林卡集中营，在那里死亡几乎是必然的。

到 1945 年，保加利亚的犹太人口仍有约 5 万人，^② 保持了战前的水平。与其他严格实施犹太人驱逐计划的国家相比，保加利亚的确保护了国内的犹太人。

二、保加利亚临时管理区内犹太人的命运

二战前，在后来由保加利亚临时管理的瓦尔达尔马其顿和色雷斯地区分别

---

① "Agreement for the Deportation of the Jews signed by Belev and Dannecker," 以色列犹太大屠杀纪念馆，https://www.yadvashem.org/yv/en/exhibitions/communities/monastir/pdf/bulgarian-doc.pdf，访问日期：2022 年 12 月 14 日。

② 美国大屠杀纪念博物馆（United States Holocaust Memorial Museum），https://encyclopedia.ushmm.org/content/en/article/bulgaria，访问日期：2022 年 12 月 14 日。

有约 7800 名①和 5100 名②犹太人。保加利亚占领这两个地区后不久，于 1942 年颁布了《关于 1941 年被解放土地上公民国籍的规定》，其中第 1 条和第 4 条确认了瓦尔达尔马其顿和色雷斯地区上的公民有权选择更改为保加利亚国籍或保留原国籍。至于犹太人的国籍问题，该规定并未明确说明，只在第 4 条解释非保加利亚血统人的国籍问题时备注道，"该条例不适用于具有犹太血统的人"。③ 模糊的国籍规定反映出保加利亚官方对该地区犹太人的排斥，但更重要的是，它为日后的驱逐犹太人计划留下了缺口。

在保加利亚的这些临时管理区内，限制犹太人的政策与保加利亚政府步调一致。保加利亚政府 1941 年推出的反犹法律在瓦尔达尔马其顿地区同样得到执行，当地犹太人的活动范围和经济生活受到严格限制。经济方面，犹太人被禁止从事任何类型的工商业活动，所有犹太企业有三个月的时间将所有权转让给非犹太人或出售其资产并关闭。犹太人的财产也被剥夺了，保加利亚政府要求所有犹太家庭交出所有资产的 20%，包括金钱、家具和家居用品，还有专门的委员会来评估犹太人资产的价值。在瓦尔达尔马其顿犹太人最集中的莫纳斯提尔市，实施了一项禁止犹太人进入城镇某些地区的法律。居住在莫纳斯提尔较繁荣地区的犹太人被迫搬到传统犹太区附近的贫民区。④ 居住在所谓的贫民区也是二战时期犹太人的非常时期遭遇，依据德国党卫队发出的指令，生活在城镇和村庄的犹太人被转移到大城市的更大的犹太人群体中。犹太人一般被安置在最贫穷的街区，这些地区最终被变成了封闭的贫民区。二战期间，德国在东欧总共建立了 1000 多个贫民区。⑤

但是，当保加利亚政府对犹太人的政策从限制升级到"驱逐"并因国内的反对而取消时，"驱逐"政策却在临时管理区得到完整的执行。从 1943 年 3 月 11 日开始，保加利亚政府同时在瓦尔达尔马其顿多个城镇执行驱逐犹太人的政策。在突尼斯莫纳斯提尔与马其顿斯科普里和什蒂普等地，尽管那里的犹太人

① 美国大屠杀纪念博物馆，https：//encyclopedia. ushmm. org/content/en/article/jewish-losses-during-the-holocaust-by-country，访问日期：2022 年 12 月 14 日。
② 美国大屠杀纪念博物馆，https：//encyclopedia. ushmm. org/content/en/article/greece，访问日期：2022 年 12 月 14 日。
③ Наредба за поданство в освободените през 1941 година земи.
④ 美国大屠杀纪念博物馆，https：//encyclopedia. ushmm. org/content/en/article/the-holocaust-in-macedonia-deportation-of-monastir-jewry，访问日期：2022 年 12 月 14 日。
⑤ 以色列犹太大屠杀纪念馆，https：//www. yadvashem. org/holocaust/about/ghettos. html，访问日期：2022 年 12 月 14 日。

并不多，但保加利亚政府还是安排了数百名警察、士兵和卡车司机等候在市警察局前，准备接受命令带走犹太人及其财物。在莫纳斯提尔，保加利亚军队还在城市周围建立了封锁以防止犹太人逃跑。3 月 11 日清晨，犹太人得到命令，必须在一小时内离家，他们被告知将被转移到保加利亚的其他地区，战后再被送回来。所有犹太人在同一天被捕，他们被带到斯科普里的一座烟草仓库。在接下来的 11 天里，总共约 7215 名犹太人临时住在拥挤、肮脏的仓库中，并最终分别乘坐三列火车被送往特雷布林卡集中营。这意味着马其顿犹太社区的最终毁灭。[①]

在色雷斯，保加利亚军队和宪兵部队将大约 4200 名犹太人送往位于保加利亚拉多米尔、杜普尼察和戈尔纳朱马亚的集合点，随后交给德国人看管，他们最终也被送往了特雷布林卡。[②]

三、两种不同命运出现的原因

之所以保加利亚国内和临时管理区内的犹太人会遭受不同的命运，主要是因为在保加利亚国内，始终存在来自社会各阶层、团体的保护声音。从反犹法律颁布到驱逐犹太人计划出台，社会各阶层、团体都表示了反对。

反对声首先来自保加利亚东正教会。《特尔诺沃宪法》确认保加利亚王国的主要信仰是东正教，东正教会在保加利亚社会中拥有一定的地位和影响力，不仅能够带领保加利亚公民反对政府，还能与政府进行谈判，因此对改变犹太人的命运作出过实质性的贡献。索非亚教区的斯特凡主教和普罗夫迪夫的基里尔主教是当时最具影响力的两位教会人物，他们为拯救犹太人付出了巨大努力。《保卫国家法》颁布之前，斯特凡主教向首相发出了特别声明，建议将犹太人纳入东正教社区，以使反犹立法不适用于他们。东正教会认为，应该在法律中区分信仰犹太教的犹太人和信仰基督教的犹太人；所有接受基督教或将来接受基督教的犹太人都被视为保加利亚基督徒，也就等于获得了保加利亚公民身份，这样反犹法律的限制就不再适用于他们。随后，在保加利亚确实采取了

---

① 美国大屠杀纪念博物馆，https://encyclopedia.ushmm.org/content/en/article/the-holocaust-in-macedonia-deportation-of-monastir-jewry，访问日期：2022 年 12 月 14 日。

② 美国大屠杀纪念博物馆，https://encyclopedia.ushmm.org/content/en/article/greece，访问日期：2022 年 12 月 14 日。

使犹太人皈依基督教的行动。① 1943 年 3 月，普罗夫迪夫的犹太人面临被驱逐的危险，基里尔主教致信国王鲍里斯三世，恳请他宽恕犹太人，甚至威胁要与这些犹太人一起上火车，驱逐计划因此被推迟。教会的极力反对让保加利亚政府不得不与其展开对话。同年 4 月 15 日，保加利亚东正教会的高级神职人员与国王鲍里斯三世和首相菲洛夫举行了一次会议，政府代表与神职人员代表之间在执行反犹措施问题上争执不下。5 月 24 日，在保加利亚的重要节日"保加利亚教育和文化及斯拉夫文字节"上，斯特凡大主教在亚历山大·涅夫斯基大教堂发表演讲，公开宣称自己为保加利亚犹太社区辩护并强烈反对驱逐索非亚人到其他各省农村的方案。② 整个二战期间，保加利亚东正教会尝试保护犹太人社区的努力，体现了危险和不确定时期的人性、道德和勇气。③

保加利亚的一些政治官员也向当局发出了强烈的抗议，最突出的例子是第25 届国民议会副议长迪米塔尔·佩舍夫发起的反对驱赶犹太人的联名请愿信。佩舍夫在得知保加利亚将实施驱逐犹太人计划后，联合了其他 42 位议员联名上书菲洛夫政府抗议，其中还包括了具有明显亲德倾向的政治家。在请愿信中，签署者质疑了驱逐犹太人政策的合法性，并且提醒当局这种政策会对整个国家造成极其严重的后果："当局的一些命令表明，正在计划和采取一些针对犹太人的新措施。这些措施究竟是什么，采取的依据是什么，迫害的是什么，是出于什么考虑——这些都没有来自官方的权威解释……我们唯一的要求是，在采取任何措施时，只考虑国家和人民当前的实际需要，不能忽视我国人民的威望利益和道德地位……（驱逐犹太人）将是一项肮脏的措施，会给国家带来严重的政治后果，会给保加利亚留下一个不应有的污点，这不仅会在道德上压垮她，而且在政治上也会使她在未来的国际关系中百口莫辩……首相先生，您一定会记得，在不久之前，我们遭受了一些保加利亚人以及通常不负责任的人违反人类和道德法律的严重的道德和政治后果……治理需要基本的法律秩序，就像生命需要空气一样。"④

---

① Петя Неделева, "По въпроса за Българската православна църква и еврейската общност през Втората световна война," https：//www.ceeol.com/search/viewpdf? id＝601807, 访问日期：2022 年 12 月 14 日。

② Протокол № 19 от 27. 5. 1943 г. В: Гласове в защита на гражданското общество, стр. 93.

③ Петя Неделева, "По въпроса за Българската православна църква и еврейската общност през Втората световна война".

④ 参见：https：//bulgarianhistory.org/pismo-evrei/, 访问日期：2022 年 12 月 14 日。

迫于这种社会压力，能够决定犹太人命运的鲍里斯三世不得不对德国人虚与委蛇。第一次驱逐计划确定后，鲍里斯三世在与希特勒和德国外长里宾特洛甫的会晤中设法说服他们，表示不应该对保加利亚的犹太人采取与德国相同的措施。从之后里宾特洛甫给德国驻保加利亚大使的电报中可以看出，鲍里斯命令将犹太人纳入修路工程队，这样就能够以保加利亚需要犹太人从事公共工程为由，避免他们被驱逐到波兰。[①] 在面对贝勒夫抛出的选择时，鲍里斯三世其实明白，驱逐索非亚的犹太人到农村正是为驱逐全境犹太人到特雷布林卡做准备，那么很有可能有一份驱逐保加利亚国内所有犹太人的方案等待着他的签署。就在这时，鲍里斯三世消失在了人们的视线里，之后多年里，国王一直被谴责在驱逐犹太人前夕逃离了索非亚，给了贝勒夫和德国纳粹政权绝对的控制权，其他反对驱逐计划的政治家、宗教界人士也都因为无法联系到他而心有余却力不足。直到 1993 年，鲍斯里三世当时的私人司机在其回忆录《我曾在陛下身边》中解释了国王在驱逐计划展开前消失的原因。据说当时可能有一位重要的德国特使会来到保加利亚，迫使鲍里斯三世签署驱逐所有犹太人的法律文件。为了避免签字，鲍里斯三世只好躲进了里拉山的一处疗养地。[②] 因此，在贝勒夫的第二次驱逐计划中，尽管鲍里斯三世的选择让近 2 万名犹太人被从保加利亚首都索非亚驱逐到各省农村，男性被部署在强制劳动营中从事劳动，其财产被保加利亚当局没收，但是与被送往集中营相比，他们的生命还是得到了拯救。

如果说保加利亚政府对于国内犹太人问题仍有一定的决策空间，那么在它所占领的临时管理区，它就没有太多的决策自主性了。这主要是因为，作为占领者的保加利亚政府对这些地区的控制力并不强，它必须与同样瓜分被占领国的纳粹德国和意大利的政策保持一致，听从它们的指挥。

首先，所谓"临时管理"，指的是保加利亚只在战时对这些地区进行临时的军事、行政管理，而不具有国际广泛承认的领土主权。二战初期，保加利亚的"领土变化"除了瓦尔达尔马其顿、希腊色雷斯、塞尔维亚皮罗特地区，还有与罗马尼亚接壤的南多布罗加。作为对照，保加利亚王国与罗马尼亚王国在纳粹德国的调停下于 1940 年签订了《克拉约瓦条约》，条约规定南多布罗加归

---

① Недю Недев, *Цар Борис Ⅲ: биография*（Издателска къща Петър Берон, 2004），с. 494.

② Сава Джеврев, *Аз бях до Негово Величество: Личният шофьор на цар Борис Ⅲ си спомня*（Сава Публикувано, 1993），с. 57.

保加利亚所有。二战结束后,《克拉约瓦条约》也没有被同盟国推翻,《巴黎和约》规定的保加利亚领土范围依旧包括南多布罗加且延续至今。而对临时管理区的管辖权仅来自一场首脑会议,1941 年 4 月 17 日鲍里斯三世、希特勒、德国和意大利外长举行会晤后,保加利亚被赋予了管理瓦尔达尔马其顿、希腊北部、塞尔维亚皮罗特地区的责任。当时的德国报纸《帝国》(Das Reich)上的一张地图则进一步透露了纳粹德国如何看待保加利亚在这些地区所拥有的法律义务,在这张地图上,保加利亚的领土范围包括了南多布罗加,但是瓦尔达尔马其顿、希腊色雷斯地区都在其领土范围之外,被标注为"在保加利亚的管理下"(unter Bulgarischer Verwaltung)。①

其次,在临时管理区内,保加利亚政府在反犹政策方面没有太多回旋的余地,必要时甚至需要上交管理权给纳粹德国。确定驱逐马其顿、色雷斯犹太人的决定性文件《贝勒夫-达内克协议》写道,保加利亚犹太事务委员会主要负责前期犹太人的集中和临时安置问题,保加利亚向纳粹德国"确保基础条件的满足",包括犹太人被驱逐前已经被剥夺公民身份、被集中的犹太人不可携带武器和外汇等;而纳粹德国"已经做好准备接收来自色雷斯、马其顿地区的20000 名犹太人"。按照计划,在犹太人的运输阶段,护送的责任将可能转移到纳粹德国一方,由纳粹德国派警卫队护送,保加利亚再无权看管。《贝勒夫-达内克协议》的倒数第二条还特别备注道,"保加利亚在任何情况下都无法向纳粹德国要回已经被驱逐的犹太人"。以上条例可以显示,保加利亚在犹太人问题上没有最终决定权,它的可控范围局限在较为基础的准备阶段;涉及关键步骤时,它的管理权须上交给纳粹德国。

通过上述两段,也就不难理解保加利亚学术界在探讨相关问题时曾指出,1943 年对瓦尔达尔马其顿和色雷斯地区犹太人的驱逐是在德国的倡议下,在德国控制的领土上进行的,而且主要是由德国人参与。保加利亚参与这些事件的条件是保加利亚在这一时期的从属角色,并由德国培训的官员亚历山大·贝勒夫直接指挥。②

最后,放眼当时的巴尔干半岛,驱逐、迫害几乎是犹太人难逃的命运。巴尔干地区作为纳粹德国与苏联之间的缓冲地带,德、意法西斯通过直接占领、

① *Das Reich*, Berlin, October 18, 1942.

② Спас Ташев, "Депортацията на евреите от Македония и Беломорска Тракия и съвременните измерения на проблема," https://www.ceeol.com/search/article-detail?id=563645, 访问日期:2022 年 12 月 14 日。

扶持傀儡政权、交托管理权等方式确保了对该地区的控制，在此条件下反犹政策得到了有序推进。

1939年第二次世界大战爆发时，巴尔干国家最初希望保持中立，但事实证明这是不可能的。1940年，罗马尼亚近三分之一的土地依据希特勒的指令被割让给苏联、匈牙利、保加利亚。1940年年底，战争真正在巴尔干半岛降临，意大利人决定入侵希腊，但受到了希腊的顽强抵抗。德国随后发起了针对南斯拉夫和希腊的闪电战，这两个国家最终选择了投降。最终，德、意法西斯占领了巴尔干半岛，形成了两个占领区，其分界线始于阿尔卑斯山脉，经过斯洛文尼亚和克罗地亚，穿越波斯尼亚山区，最终抵达希腊中部和地中海岛屿。由此，整个巴尔干半岛北部和东部（包括保加利亚和罗马尼亚）的大半部地区由德国直接占领，而半岛的西南部地区由意大利控制。以上布局确保了德国在对苏联的军事行动中有一个安定的且能为其提供辅助的东南翼。

南斯拉夫被瓜分后，安特·帕韦利奇带领的乌斯塔沙分子在"克罗地亚独立国"建立了乌斯塔沙政府。"独立国"控制了克罗地亚、斯拉沃尼亚、斯雷姆、达尔马提亚的一部分，以及波斯尼亚和黑塞哥维那的全部，总面积约为10万平方米，人口接近650万。除此之外，在德、意法西斯的策划和扶植下，在南斯拉夫其他地区也出现了傀儡政权。例如，在斯洛文尼亚，有原资产阶级政党代表组成的"斯洛文尼亚人民委员会"组建的资产阶级政权；在黑山，由意大利扶植的黑山分裂主义者拼凑了"黑山临时行政委员会"，充当意大利占领当局的傀儡。[①] 巴尔干半岛上的这些傀儡国家和政府实际上为德、意法西斯服务，听从他们的指令，其军事行动、反犹政策的实施等都在德国和意大利的控制之下。而保加利亚虽在名称上是"纳粹德国的同盟国"，但从保加利亚迫于压力加入轴心国、推行与德国的反犹法律完全一致的《保卫国家法》、鲍里斯三世在希特勒与保加利亚人民之间来回周旋等一系列事件中已经不难看出，保加利亚实际上被剥夺了一定的决策自主性。尤其是在临时管理区内，保加利亚政府需要听命于纳粹德国。

第二次世界大战给巴尔干半岛大部分犹太社区带来了致命的打击。纳粹的歼灭[②]计划在被占领领土（包括"克罗地亚独立国"）得到了全面执行。在法

---

① 马细谱：《南斯拉夫通史》，第119—120页。

② 德语为Vernichtungskrieg，又称灭绝战，其目标是通过种族灭绝或破坏生计来彻底消灭一个国家、一个民族。

西斯统治下的克罗地亚，犹太人被赶进难民营并在 1944 年 4 月被驱逐出境。在被占领的南斯拉夫和希腊，德国国防军最高司令部自战争开始以来就把犹太人当作"强盗"和"国家的敌人"，在"赎罪运动"（atonement campaigns）[1] 中开枪打死他们。除了瓦尔达尔马其顿和色雷斯，南、希两国其他地区的犹太人也遭到了残酷的迫害。在南斯拉夫领土上，7.2 万犹太人中约有 6 万人被杀，其中大约三分之一的人死于集中营。[2] 6 万多名犹太人（超过犹太人总数的90%）被从希腊不同的地区带到集中营，然后被杀死。萨洛尼卡作为巴尔干地区传统的犹太人聚居区，这座城市内的约 5 万犹太人几乎全部都被驱逐到了集中营。[3] 在意大利控制的阿尔巴尼亚，只有几千名犹太人居住，因此对犹太人造成的迫害没有前面这些国家严重。[4]

四、结语

第二次世界大战期间，保加利亚占领了塞尔维亚东南部的皮罗特和弗拉尼亚地区、瓦尔达尔马其顿大部分地区以及希腊的西色雷斯地区，成为这些地区的临时管理者，并且实际上服从纳粹德国的指示。成为德国同盟国的保加利亚效仿纳粹反犹主义的《纽伦堡法案》，在国内制定并推行了反犹太法律《国家保卫法》，对国内犹太人的政治、经济、社会生活加以种种限制，而类似的反犹政策在瓦尔达尔马其顿地区由保加利亚政府执行。1943 年，随着"犹太人问题最终解决方案"的提出，保加利亚国内和其临时管理区内的犹太人都面临被驱逐的命运。在保加利亚国内，政治家、东正教会和在此期间表示抗议的社会人士都在很大程度上为犹太人提供了声援，他们执着的反对使国王鲍里斯三世有更大的决心在面对希特勒时表示拒绝驱逐犹太人。强大的反对力量和国王最

---

① 德语为 Sühneaktionen。1941 年 9 月 16 日，德国陆军元帅威廉·凯特尔通过《赎罪令》向部队发出指示，要求在伏击战中每有一名德国士兵被杀死，就处决 50—100 名敌方平民。《赎罪令》导致平民（特别是共产党员、犹太人和吉卜赛人）被劫持为人质。1941 年 10 月 2 日，在塞尔维亚中部托波拉镇的一次伏击中有 22 名德国士兵被击毙，德国指挥官弗朗茨·博赫梅遂决定枪杀犹太人囚犯。

② Marie-Janine Calic, *The Great Cauldron: A History of Southeastern Europe*, Translated by Elizabeth Janik（Cambridge: Harvard University Press, 2019）, p. 460.

③ Andrew Baruch Wachtel, *The Balkans in World History*（Oxford: Oxford University Press, 2008）, pp. 106—109.

④ Marie-Janine Calic, *The Great Cauldron: A History of Southeastern Europe*, p. 460.

终的决定拯救了保加利亚国内的犹太人。但是在瓦尔达尔马其顿和色雷斯，保加利亚只是这些地方的临时管理者，它实际上还是听命于德国。加上这里缺少了政治家和宗教团体与政府层面的直接对话，对犹太人的驱逐最终被严格、有系统的实施。

保护还是迫害？二战期间保加利亚政府在其境内和临时管理区内对犹太人实施的不同政策决定了如今的保加利亚和北马其顿将有不同的回答。2013 年，保加利亚议会在"拯救保加利亚犹太人和缅怀大屠杀遇难者 70 周年"之际发表声明，将 1943 年保加利亚犹太人获救定义为一件了不起的事，认为它"体现了保加利亚人民的人道、宽容与正义"，但同时也承认，"有 11343 名犹太人被驱逐出当时处于德国管辖下的希腊北部和南斯拉夫王国"。① 在北马其顿，《马其顿百科全书》中对"大屠杀"一词作了这样的解释："大屠杀：马其顿犹太人的种族灭绝（1943 年），来自马其顿所有城市的犹太人聚集在斯科普里的临时营地，然后被运往特雷布林卡死亡集中营，在那里他们被立即杀害，无一幸免。到 1943 年 4 月上旬，98% 的马其顿犹太社区被摧毁。"② 字里行间虽然只字未提鲍里斯三世或保加利亚，但只要北马其顿人走进这段历史，"排斥""驱逐""死亡"可能都会不可避免地被与当时的保加利亚政府联系起来。

统观二战期间巴尔干半岛上犹太人的命运，在纳粹德国的计划内，大部分犹太社区都难逃灭亡的宿命。在保加利亚政府掌控的国内和临时管理区两个地方，瓦尔达尔马其顿和色雷斯地区犹太人的遭遇或许是二战期间犹太人遭遇的普遍性案例。而保加利亚国内犹太人的经历展现了一个特殊例子，它从反面印证了鲍曼对于现代性与大屠杀的论断：因为社会力量的多元化在实际中还未被消蚀，现代性的理性化和机械化趋势还能受到控制和减缓，所以大屠杀无法在保加利亚社会"畅通无阻"。③

---

① 保加利亚议会网站，https：//www. parliament. bg/bg/news/ID/2582，访问日期：2022 年 12 月 14 日。

② Блаже Ристовски（главен уредник），*Македонска енциклопедија*（Скопје：Македонска Академија на Науките и Уметностите Лексикографски Центар，2009），p. 1586.

③ ［英］齐格蒙·鲍曼：《现代性与大屠杀》，杨渝东、史建华译，译林出版社，2011，第 296 页。

现实热点

浅析土耳其崛起的雄心

马细谱 李建军

内容提要 2018年埃尔多安当选土耳其总统后，开启了国家政治体制由议会制转向总统制的新历程。埃尔多安特别指出，土耳其从此进入了一个"新时代"。2023年是土耳其共和国成立100周年，埃尔多安也再次赢得了总统大选。作为地区大国，土耳其崛起的雄心受到内政和外交的掣肘。

关 键 词 土耳其；埃尔多安；大国崛起；发展困境

作者简介 马细谱，首都师范大学文明区划研究中心首席研究员；李建军，首都师范大学文明区划研究中心副教授

一、埃尔多安的"新时代"

2016年5月24日，土耳其新任总理比纳利·耶尔德勒姆（Binali Yıldırım）走马上任，组织正义与发展党（简称"正发党"）新内阁。舆论认为，前总理艾哈迈德·达武特奥卢（Ahmet Davutoğlu）辞职后，以耶尔德勒姆为首的新内阁绝大多数都是埃尔多安的效忠者和亲信。由于前总理达武特奥卢是因与总统不和而退出政坛，因此埃尔多安可以放开手脚修改宪法，实行总统制，扩大总统的权力。

2017年4月16日，土耳其进行全民公投，决定是否授予埃尔多安总统更大的权力，以结束议会制，实行总统制。这是对2016年7月未遂军事政变的回击。在短短的一年时间里，埃尔多安总统对参与或被怀疑参与政变的军人、政

府官员甚至普通百姓采取了严厉的报复措施。根据戒严法，231 名新闻记者被投入监牢，149 家媒体被关闭。全国 9.5 万人被关押，有 4.76 万人被捕。[①] 截至 2017 年 7 月，共有 13.4 万名相关人员被解雇，其中包括 7300 名科研人员、4300 名法官和检察官，尽管有关他们卷入政变的事实和证据很不充分。由此，土耳其处在人人自危的恐怖气氛之中。

2018 年 6 月 25 日，土耳其最高选举委员会根据 99% 以上的选票统计公布了 6 月 24 日土耳其提前举行的总统选举和议会选举的结果：谋求继续连任的现任总统埃尔多安和他领导的正发党在双选中获胜，得票率为 52.5%，在议会 600 个席位中获得 293 席；正发党因与以德弗雷特·巴赫切利（Deflet Bahceli）为首的民族行动党联合组成"人民联盟"参加竞选，才在议会中获得超过半数票，因为民族行动党在议会中也占有 50 个席位。

从各政党在议会中所占议席的比例看，执政的正发党占据 42.4%，共和人民党占据 22.7%，亲库尔德人的人民民主党占据 11.4%，民族行动党占据 11.2%，"好党"占据 10.1%。这五个党是议会党。这就是土耳其新一届议会的基本权力格局和政治力量的对比变化。这是正发党自 2002 年执政以来第一次在议会中失去多数席位。根据埃尔多安的提议，从这次选举起，议会的议员人数从 550 人增加到 600 人，议员年龄从 25 岁放宽至 18 岁。从此，议会选举和总统选举同时进行，并由过去的每 4 年一次改为每 5 年一次。

这次选举是在 2016 年未遂军事政变后土耳其处于戒严的状态下进行的。选举结果表明，埃尔多安在第一轮选举中涉险过关，重新当选为土耳其共和国总统。在庆祝胜利的群众集会上，埃尔多安号召结束过去的分歧，保证给大家带来更多的民主。他说：

> 土耳其又一次经受了民主的考验，为全世界做出了榜样。我们的民主胜利了，人民的意愿胜利了，土耳其胜利了！
>
> 我们的民族给了我担任总统和利用执法权的责任……从明天开始，我们将加倍努力工作，实现我们对我们国家作出的承诺；我们将更加坚决地打击恐怖主义团伙；努力改变国家在国际上的形象；土耳其将继续解放叙利亚土地，使难民安全地返回自己的家园。

---

① Патрик Кокбърн, "Идва ли краят на демокрацията в Турция?" *Дневник*, 13 April, 2017.

埃尔多安特别指出，土耳其从此进入了一个"新时代"。埃尔多安总统的"新时代"说白了就是一句话：此刻土耳其由议会制共和国变成了总统制共和国。如果说土耳其进入了"新时代"，那埃尔多安则是转换了"新角色"。用他自己的话来说，土耳其必须实行总统制，这是为了更加合理地治理国家，为了更加坚决地处理国内的紧张局势，为了更加有效地解决国家的经济和安全问题。埃尔多安是土耳其共和国国父凯末尔·阿塔图尔克以来土耳其最有权势的政治人物。支持者认为他对土耳其进行了现代化；批评者则认为，他试图建立"个人的独裁统治"。埃尔多安还在就职演说中强调，土耳其将与所有邻国建立相互信任和友爱的关系；在本地区，睦邻关系对维护和平和稳定至关重要。[①]

近年来，土耳其越来越觉得它的国界束缚了它的发展。随着地区大国地位的提升，它欲跨越地区成为更强大的国际力量，甚至不惜与美国、北约和欧盟发生摩擦。

在土耳其国内，埃尔多安继续清除 2016 年未遂军事政变的参与者和"居伦运动"分子，并宣布居伦和库尔德工人党是国家的"头号敌人"，继续镇压库尔德人的独立运动。

在对外政策方面，土耳其继续向四周扩张军事势力。它以打击库尔德武装为借口，侵入伊拉克北部地区；它干涉叙利亚内政，试图消灭库尔德人民武装和扩大领土，将叙利亚东北部地区土耳其化；它出兵利比亚，以图获得丰富的石油资源；它直接介入纳卡地区（纳戈尔诺-卡拉巴赫）冲突，支持阿塞拜疆打败宿敌亚美尼亚。此外，土耳其对希腊和塞浦路斯的领土要求已扩大到东地中海。

有的国际分析人士认为，有限的军事冲突对土耳其军方"鹰派"和政府是有利的。军事行动的成功将团结土耳其社会，提振民族自信心，煽动伊斯兰民族主义，使土耳其变成中东和东地中海地区的霸主。

随着埃尔多安野心的膨胀，土耳其越来越无视国际组织和国际机构。土耳其领导人认为，当前的全球化、世界秩序和多边主义遭遇空前的阻力，甚至受到了批判。因此，一些国际组织尤其是联合国应该进行改革。现行的解决国际危机的机制软弱无力，解决冲突和安全问题行动迟缓。这一切变成了"几个少

① Ангел Петров, "От днес Ердоган управлява Турция почти сам, но няма да му е лесно," Дневник, 09. 07. 2018.

数国家"的事情。埃尔多安说,"世界比五个国家要大得多!""胜利者抢走了一切!"① 言下之意,土耳其并不满足成为二十国集团成员,而是要在联合国中扮演更重要的角色。

土耳其进入埃尔多安的"新时代"后,它的外交政策就开始以民族主义为支柱,以伊斯兰教为指导,以武力外交为手段,毫不考虑国际组织和国际社会的反应。一个根本原因是,埃尔多安总统不仅想把自己国家变成地区的决定性因素,还想使其成为具有世界影响的因素。"土耳其的目的是我行我素,至于别人说什么、怎么想和怎么做,它根本不屑一顾。"② 近年来,土耳其的行动更加具有挑衅性和侵略性。

土耳其还提出了"蓝色祖国"的口号,欲开展积极的外交和军事手段,扩展土耳其在地中海、爱琴海和黑海的影响,保证能源和其他资源的运输畅通。土耳其的"小三海"蓝图与美国炮制的"大三海"(黑海、波罗的海和亚得里亚海)战略不谋而合。土耳其还想拉北约大旗作虎皮,向百年国庆献礼。

二、土耳其共和国建国 100 周年的雄心

早在 2011 年 6 月土耳其议会选举的前夕,执政的正发党就公布了该党的宣言。这个宣言后来成为 2013 年正发党制定的《2023 契约》发展规划,2015 年以《新土耳其契约 2023》的名称正式公布,又称《2023 年愿景》,包括 23 个纲领目标。它提出了 2023 年土耳其共和国成立 100 周年时国家发展的优先方向,将其未来的发展目标定位为崛起大国(Rising Power),由中等收入国家成为高收入国家,使土耳其变成世界上经济最发达最强大的国家之一。

《2023 年愿景》在政治方面最重要的目标是通过一部新宪法,使土耳其成为"完全民主的国家";在社会经济方面,则提出了非常具体的要求。③ 择其重点,主要有如下几个战略目标(到 2023 年):(1)土耳其的 GDP 要比 2010 年翻一番以上,达到 2 万亿美元,使土耳其的经济总量从 2010 年的世界第 17

---

① Любомир Монов, "Външната политика на Анкара през призма на концепцията за политическия реализъм," сп. "Политика", брой 2, 2021, с. 90.

② Ibid. , с. 89.

③ 转引自 Венелин Цачевски, *България и Балканите в началото на XXI век по пътя на Европеизация* (София: Издателство "Изток-Запад", 2011), с. 493-494。

位提升到世界前 10 位；人均 GDP 达到 2.5 万美元，达到欧洲国家的中等收入水平。(2) 对外贸易额达到 5000 亿美元，占到世界贸易总额的 1.5%。[1] (3) 失业率降至有劳动能力人口的 5%，就业率比 2015 年提高 50%。(4) 国防工业完全自主化。(5) 修建 1.5 万千米公路和 1.5 万千米铁路，盖 50 万套新住宅，修建至少 3 个核电站，建立 250 所大学。(6) 对全国 8200 万人口实行医疗保险。(7) 99% 的适龄儿童入学。(8) 使土耳其成为世界五大旅游国之一，每年接待 5000 万外国游客，旅游收入达到 500 亿美元。

土耳其 2015—2023 年经济数据

经济指标	年份		
	2015	2019	2023
国内生产总值（10 亿美元）	1076	1486	2064
人均国内生产总值（美元）	14046	16685	25076
出口额（10 亿美元）	201.2	317.2	500

资料来源：原文见 türkiye hazır hedef 2023, 12 Haziran 2011, Genel seçımlerı, Seçım, Beyannamesı, s.36, AK Partı Offıcıal Web Sıde。转引自 Венелин Цачевски，*България и Балканите в началото на XXI век по пътя на Европеизация*（София：Издательство "Изток-Запад"，2011）с.494。

土耳其在《2023 年愿景》中不仅提出了对外贸易的总体目标，还详细制定了各部门的任务，如提高出口产品的质量、工艺水平及其在世界市场中的竞争力，实现土耳其产品的规范化、标准化并创造名牌产品，等等。此外，还计划在 2013 年前实现总体目标，在最后 10 年实现各部门的目标。这些指标要求在 2013—2018 年和 2018—2023 年两个五年计划中完成。为了完成这一任务，土耳其的对外贸易必须每年增长 12% 以上。如果真能达到这种速度，2023 年土耳其的外贸额就可以达到 5450 亿美元。但是，国际分析人士指出，在对外贸易方面，土耳其的出口中缺乏高科技产品，主要是低附加值产品，出口产品基本上是汽车工业品、农产品、轻工业产品（如纺织品、鞋类、皮革制品和食品）、化学和冶金产品等。因此，这是一种不太现实的预测，在很大程度上难以实现。

---

[1] И. И. Стародубцев, "Современная экспортная стратегия Турция," Институт Бпижнего Востока, http://limes.ru/stat/2012/17-01-12a.htm, 25.12.2013g.

为迎接百年国庆，土耳其提出的口号是："伟大的民族，伟大的力量！"土耳其的奋斗目标是建立一个"伟大而又强盛的土耳其"，成为地区领导国家，成为邻国的榜样。

这是土耳其的宏伟计划和伟大目标，也是土耳其领导人向国民作出的承诺。制定这一雄心勃勃的计划，说明土耳其在苏东剧变、巴尔干社会主义国家垮塌的情势下，要在新的国际和地区形势中寻找自己的地位，发挥自己的作用。要迅速发展，土耳其感到自己的活动空间太小，需要向邻近国家扩张，于是提出了新奥斯曼主义。要搞大庆，土耳其需要大搞基础设施，于是急于实施几项"世纪工程"。

2021年6月，埃尔多安总统不顾国内外的部分反对声音，宣布开建伊斯坦布尔运河。该运河将连接黑海和马尔马拉海，全长45千米，使从黑海到地中海的运输更加便捷。运河预计耗资150多亿美元，拟于6年内建成。土耳其认为，运河的开通是"土耳其发展历史上的新篇章"。这无疑是土耳其的一项世纪工程。

在2020年新冠疫情肆虐全球的情况下，埃尔多安总统这么做，实际上是在树立个人的权威。到2023年，土耳其近现代史上风靡一时的"开国之父"凯末尔将走下神坛，而代之升起的是土耳其当代"自负的"埃尔多安。人们普遍认为，年近古稀的埃尔多安已经担任过12年的总理和6年的总统，如果没有什么意外，他很可能任职和连任到2023年以后，带领土耳其人民举行隆重庆祝共和国建立100周年的纪念活动。

为此，新奥斯曼主义也开足了马力。这个扩张主义计划出台后，得到了北约和欧盟的默认，因为它的部分终极目标直指俄罗斯和中国。西方可以利用它遏制俄罗斯从黑海到地中海和后苏联的战略空间利益，以及阻挡"一带一路"倡议的推进。

近年来，新奥斯曼主义的触角更是从黑海伸到了地中海。2019年起，土耳其派勘探船到东地中海有争议的海域寻找石油和天然气，派军队到北非和中东冲突地区，致使其与希腊和塞浦路斯的关系进入周期性紧张后又火上浇油。土耳其在利比亚、叙利亚和塞浦路斯以及希腊几个岛屿大陆架的"勘探"行动还引起法国的不安，因为历史上这些地区与法国有着割舍不断的联系。

2020年，土耳其借"第二次纳卡战争"以军火大力支持阿塞拜疆取得了对亚美尼亚的胜利，将军事影响力突破到原苏联地区，利用"突厥语国家联盟""突厥语国家合作委员会"等新奥斯曼主义工具，加速在中亚、南高加索地区进行经济、文化、安全扩张。

土耳其对待极端组织"伊斯兰国"的态度更是暧昧模糊。土耳其明白，叙利亚和利比亚的"伊斯兰国"残余势力同欧洲的"难兄难弟"有着千丝万缕的联系，威胁着欧洲大陆的安全。土耳其的伊斯兰组织同这股残存势力的活动也脱不了干系。北约和欧盟都知道是他们自己在叙利亚和利比亚制造了危机、冲突与战争，孕育了伊斯兰组织，最后又收拾不了局势，还是要借助土耳其的力量。

土耳其的新奥斯曼主义与欧盟和北约一拍即合，因此其希望趁机实现地区大国梦或曰地区霸权梦。2016年土耳其发生未遂军事政变后，埃尔多安总统在欧洲国家开始大清洗居伦运动分子，与西欧国家矛盾上升。埃尔多安甚至把这比作"十字架和半新月旗之间的战争"，① 即基督教与伊斯兰教之间的战争。

土耳其在欧洲有成百万的侨民，它号召自己的公民要保持自己的文化习俗，不要被住在国的文化所吞噬，要在欧洲传布伊斯兰教。早在2017年3月，埃尔多安就号召在欧洲的土耳其人成为"欧洲的主人"，每个家庭生三五个孩子，因为这些儿童将是欧洲大陆的未来。② 而欧洲则希望捍卫自己的利益，要求土耳其尊重欧洲的价值观和基督教文明。

到底是土耳其需要欧盟和北约，还是北约和欧盟需要土耳其，目前还说不清楚。土耳其一只脚早已踏进了北约，另一只脚却跨不过欧盟的门槛。土耳其背后的主宰是美国，后者在土耳其有几十个军事基地，希望土耳其成为对抗俄罗斯和控制中东的前哨阵地。这最符合美国的利益，也符合土耳其的利益。新奥斯曼主义正是能够起到这种作用。

但是，我们也应该看到，新奥斯曼主义推行起来也不会一帆风顺。第一，土耳其周边国家和地区深陷地缘政治矛盾，存在高风险冲突；第二，土耳其尽管雄心和野心很大，但它在国际体系里只是一支地区力量，它的军事、政治和经济潜力不足以支撑它成为世界大国；第三，土耳其自觉不自觉地已经陷入欧盟、俄罗斯、伊朗、叙利亚等之间的矛盾泥潭中难以自拔；第四，土耳其国内存在威胁执政权的潜在风险。

---

① Георги Георгиев, "Троянско магаре в НАТО и пред ЕС," *в-к Дума*, брой 107, 8 Юни 2021.
② Ibid.

三、土耳其的崛起和扩张遭遇国内外掣肘

2020年土美"兄弟关系"破裂，美国因土耳其购买俄罗斯的S-400防空导弹系统而对其进行制裁。土耳其部署俄罗斯导弹对美国和北约来说如鲠在喉。美土矛盾还在于，土耳其从自己的国家利益出发，在同意俄罗斯利用"土耳其溪"天然气管道穿越土耳其海岸之外，还想利用和开发东地中海的天然气。但它在这个区域采气不仅与欧盟成员国希腊和塞浦路斯的领土和利益发生冲突，而且与美国和欧盟的地缘战略目的相矛盾。美国尤其不希望土耳其拥有自己的天然气，从而影响美国的液化气销往土耳其和欧洲。此外，美国在叙利亚支持库尔德分裂主义组织，美国和法国还在纳卡地区一起支持亚美尼亚。这些都与土耳其的国家利益水火不容。

美土矛盾如何发展还需密切观察。但有一点是明确的，即埃尔多安治理下的土耳其还会面临许多新的考验、困难和问题。例如，正发党同极右翼民族行动党结成伙伴关系存在变数问题；土耳其存在严重破坏人权和民主法制问题；土耳其在北约中维持着继美国之后的第二大军队，这需要巨额的国防开支；悬而未决的库尔德问题；土耳其入侵叙利亚带来的风险问题；土耳其在中东地区卷入很深，难以脱身的问题；土耳其加入欧盟的谈判已经进入"死胡同"的问题；土耳其与美国和欧盟的关系陷入僵持的问题；土耳其与俄罗斯关系如何发展的问题；等等。综上所述，土耳其的外部环境对它越来越不利。

土耳其还面临生死攸关的经济问题，即它的经济已从繁荣走向缓慢增长。近年来，土耳其实现自己雄心和野心的经济基础已经严重动摇。土耳其经济蓬勃发展的年月已成为过去，其经济发展速度并不乐观。

进入21世纪以来，土耳其的经济取得了一系列骄人的成绩，呈现繁荣景象。国家财政和居民收入迅速增长，外国投资显著增多，对外贸易蓬勃发展。它与邻近的其他巴尔干国家和中东国家相比，确实取得了令人羡慕的成就。这一切被外界称为"经济奇迹"。有学者认为，这期间土耳其的经济发展得益于2001年"9·11"事件后沙特阿拉伯从美国大量撤出资金，其中一部分流入了土耳其。

2002—2011年，土耳其进入经济发展的十年黄金期。2005—2008年，土耳其克服2008年世界金融危机带来的冲击，经济年平均增长率达到7%。2010

年，在欧洲出现主权债务危机的情况下，土耳其的经济增长率取得 2004 年以来的最高值，达到 8.9%。国际货币基金组织和世界银行的统计指出，2010 年土耳其的经济总量居世界第 15 位，在欧洲国家（包括俄罗斯）中排在第 7 位。[①] 土耳其在伊斯兰世界是仅次于印度尼西亚的第二大经济体，但印度尼西亚的人口是土耳其的三倍。

2011 年土耳其的 GDP 增长率飙升至 10.2%，在整个欧洲居第一位。尽管这个时期全球处于经济危机阶段，但土耳其的经济年平均增长率达到 7.5%，人均 GDP 从 2001 年的 2800 美元增加至 2010 年的 1 万美元。2006 年，土耳其最低月工资达 330 欧元，高于 9 个欧盟新成员国的水平。2013 年，土耳其的 GDP 猛升到 9506 亿美元。[②]

与此同时，土耳其的对外贸易也迅速增长。2000 年土耳其的出口额约 300 亿美元，而 2008 年达到创纪录的 1420 亿美元，进出口贸易额约 3500 亿美元。受 2008 年世界金融危机的影响，2009 年土耳其的进出口贸易额只有 2510 亿美元，2010 年则止跌回升到 2800 亿美元。土耳其最大的贸易伙伴是欧盟，2002—2010 年双方的贸易额翻了一番，从 466 亿欧元增加至 1032 亿欧元。2010 年，欧盟占土耳其出口额的 50% 和进口额的 49.5%。2010 年，欧盟对土耳其的直接投资达到 525 亿欧元，而土耳其对欧盟国家的投资也有 60 亿欧元。土耳其人是欧盟国家主要的劳动力来源地。2010 年，在欧盟国家长期生活的土耳其人约 400 万人，临时性和非法进入欧洲的土耳其人则远远超出这个数字。他们每年为土耳其创造的侨汇超过 230 亿欧元。有专家估计，到 2050 年，欧盟国家将需要 8000 万外国劳工，届时土耳其将有 1200 万人在欧盟国家工作。[③]

土耳其是巴尔干地区接受外国直接投资最多的国家。2005 年，土耳其的外国直接投资达到 58 亿美元，并在其后的三年每年平均高达 200 亿美元。到 21 世纪第一个十年结束时，土耳其的外国直接投资总共达到 835 亿欧元。同时，土耳其对国外的直接投资也在增长，2010 年底达到约 200 亿美元。

这时，土耳其领导人对国家的未来甚是乐观，因为土耳其经济已经融入全

① Венелин Цачевски, *България и Балканите в началото на XXI век по пътя на Европеизация* (София：Издателство "Изток-Запад", 2011), c. 492.

② Алекс Хаджиев, "Фронтовете и границите на неоосманистката експанзия," *Списание Геополитика*, брой 1, 2021, c. 79.

③ 详见 Венелин Цачевски, *България и Балканите в началото на XXI век по пътя на Европеизация*, c. 495–496。

球化和西方（美国）市场。土耳其确实创造了经济迅速发展的奇迹，但它没有实现持续发展。不久，当西方大国严格控制自己的市场，竭力排挤外来竞争者时，土耳其经济受到发展空间的限制，开始停滞和倒退。2012—2014 年，土耳其的经济增长率是 2.2%—3.3%，同时，外国投资也减少了 35%。[1] 2010—2017 年土耳其的 GDP 年增长率为 5%—8%。2018 年只有 2.8%，2019 年则低于 1%。这期间土耳其的通货膨胀率从 7%—9% 升至 20%，失业率则为 13%。[2] 受到新冠疫情的影响，2020 年土耳其的失业人数高达 1040 万，占劳动力人口的 29.1%。2020 年，土耳其的外债达到 4500 亿美元，其中 3200 亿美元是私人公司债务。2020 年，土耳其的外汇储备从前些年的 740 亿美元减少至 450 亿美元，其中 440 亿美元是商业银行的储备。[3] 新冠疫情致使土耳其赖以为荣的旅游业全面瘫痪。2020 年，来土耳其的旅游者仅 180 万人（主要是德国人），比往年减少了 70%。土耳其旅馆的服务费用降低了 25%，整个旅游业的凋敝引起失业率增加，因为土耳其约有 8% 的劳动人口在旅游部门就业。

显然，土耳其经济从近期和中期来看，在国内外遇到了诸多困难。土耳其的经济问题包括：预算赤字严重，缺乏进行大规模投资的本国资源；外贸逆差高达 1000 亿美元；电力、石油、天然气等能源短缺；本国货币里拉不断贬值；科技创新薄弱；等等。另外，近年来中东局势急剧变化，使土耳其每年失去了在利比亚、叙利亚和埃及等地几十亿美元的贸易、劳务和投资收入。

土耳其的经济已经难以支持埃尔多安的冒险外交政策。官方的宣传与土耳其国内的现实不符。2013 年以来，埃尔多安一直被"伟大土耳其"的梦想所俘获，在国内外大肆宣扬泛突厥主义和泛伊斯兰思想，不惜支持埃及和突尼斯的伊斯兰主义者和叙利亚境内的"伊斯兰国"分子。然而，2016 年土耳其发生未遂军事政变，埃尔多安严厉清洗和镇压反对派后，2018 年他又强制实行总统制，把土耳其变成了高度集权的国家。埃尔多安独揽从政治、经济到军事和外交的一切权力。外资担心土耳其当局滥用法律，要么不敢贸然进入，要么撤资外逃。土耳其的"经济奇迹"已经消逝，留下的只是一段美好的记忆。

土耳其经济发展的不利因素还有：悬而未决的库尔德民族问题和其他一系列消极因素已引发群众性社会动荡；土耳其受过中等和高等教育的劳动力太

① *Централна Европа и Балканите ХIХ - ХХ век：Сборник в памет на проф. Милчо Лалков*（София：Издателство "Св. Климент Охридски," 2019），с. 271.
② Алекс Хаджиев，"Фронтовете и границите на неоосманистката експанзия，" с. 78.
③ Ibid.，с. 79.

少，尤其是女性就业率太低；土耳其与欧盟国家的关系出现裂痕，导致双边贸易和投资减少。此外，近年来土耳其国内政局不稳，政治出现危机和新冠疫情的暴发更是制约了土耳其的经济发展。

因此，有经济学家认为，土耳其已陷入中等收入陷阱。这或许也是土耳其"经济奇迹"的真相。经济学家指出，土耳其的财政崩溃难以避免，因为它的货币里拉 2020 年初以来对美元贬值了 30%，已经突破 1 美元兑换 8 里拉的底线。2008 年金融危机以来，里拉贬值了 85%。这一切导致土耳其的通货膨胀和国家债务负担加重。这对埃尔多安的地缘政治野心也是沉重的打击。

鉴于此，不少国际分析人士也认为，根据目前土耳其经济的不景气状况，土耳其没有能力在各条战线上采取盲目出击的姿态，埃尔多安身背沉重包袱，已经力不从心。土耳其的 GDP 只有 1 万亿美元，很难支撑它全球扩张的雄心。埃尔多安总统的社会基础是广大的农民群众，他的思想基础是伊斯兰教。他在土耳其的大城市伊斯坦布尔、安卡拉和伊兹密尔等地支持率较低，他也没有解决与库尔德人的历史冲突。此外，土耳其与主要邻国的关系都摩擦不断；土耳其同北约主要成员国美国、法国和德国的关系磕磕碰碰；新奥斯曼主义在中东、中亚和巴尔干等地区与大国的利益存在冲突。

客观地讲，土耳其要实现其雄心壮志确实力所不济，但埃尔多安总统却下定决心，不当奥斯曼帝国的"新苏丹"，而是要成为伊斯兰世界的领袖，使土耳其挤进世界政治大国和经济强国的行列。人们以茫然的目光注视着土耳其实现其雄心壮志和克服前进道路上的艰难险阻的步伐，期盼土耳其人民以优异的成果迎接国庆 100 周年。

四、结语

土耳其处在重要的国际贸易、能源和运输航线的枢纽位置，具有优越的地理和地缘战略位置，是中国推动共建"一带一路"倡议过程中具有极其重要影响力的地区性大国。中国和土耳其的独特文化和地理优势是两国最重要的资产，应该得到充分的利用。

历史上，15—16 世纪奥斯曼帝国在中亚和西亚地区崛起，将连接东西方的繁华的古丝绸之路拦腰隔断，这只"拦路虎"也被称为"奥斯曼之墙"。今天，土耳其大力扩张新奥斯曼主义，对新丝绸之路设置了种种障碍。土耳其政界一些人士甚至认为"一带一路"倡议构成了对其新奥斯曼主义的威胁。我们希望土耳其不要重蹈历史覆辙。土耳其为迎接百年庆典大搞基础设施建设，但资金短缺。中国可以利用这个机遇，务实推进两国经贸关系和基础建设合作。中土双方对中东、非洲和中亚地区的能源和原材料都有强烈的需求，双方应尽量避免在上述地区因竞争而发生矛盾。

今天，中土合作挑战与机遇并存。在土耳其既有崛起的雄心又面临内政外交困境的情况下，中国应积极主动地加强同土耳其的合作，共同推动共建"一带一路"倡议的发展。同时，在中美长期博弈的大背景下，中国应在共建"一带一路"倡议范围内加强与土耳其的双边合作和贸易关系，使共建"一带一路"倡议真正在土耳其落地开花，使中土关系迈上一个新台阶。

2020 年黑山议会选举与 "没有权力转移的政治转型" 时期的结束

[克罗地亚] 白伊维 (Ivica Bakota)

内容提要 2020 年 8 月 30 日，黑山举行了自 1990 年以来的第十一届（独立后第六届）议会选举。这届选举的主要意义在于执政黑山 30 多年的社会主义者民主党虽获得最多选票，但首次同其伙伴党未能获得半数以上选票，因而失去了组阁权。2020 年 8 月议会选举的结果为黑山首次经过权力转移实现政治转型铺平了道路，使反对党的三个主要联盟 2020 年底组阁并开始执政。由于这种"大雨伞"联盟内部存在矛盾，2020 年 2 月政府垮台，4 月新政府被任命。但是，由于未能通过议会的信任投票，新政府从 8 月以后继续为看守政府。本文旨在阐明黑山 2020 年议会选举后的"转型中迟来的权力转移"，集中分析选举前的政治局势及其对选举结果的影响。本文以转型论的"稳治"理论为出发点，认为社会主义者民主党"长期政权"的结束首先与其对塞族/亲塞政治力量的政策有关，即该党的"离塞近欧"策略推进得比较曲折，以及 2016 年以来对亲塞政治力量的消极影响采取了"安全化"策略。

关键词 黑山；社会主义者民主党；亲塞政治力量；安全化

作者简介 白伊维，首都师范大学历史学院、文明区划研究中心副教授

一、黑山"三国一党"政治的发展

黑山自 1945 年以来一直由一个仅经内部转型的政党统治。经过前南解体、南联盟（包括后来塞黑之间的松散邦联）解散，黑山得到独立，可以说黑山在没有发生权力转移的情况下经过了政治转型。1991 年 6 月，黑山共产主义者联盟党（Savez komunista Crne Gore）改名为社会主义者民主党（Demokratska Partija Socijalista Crne Gore）并继续执政。相对于前南国家其他由共产主义者联盟党改名而来的政党，该党强烈支持塞尔维亚共产主义者联盟（以米洛舍维奇为首，后来改名为"社会党"）在即将崩溃的南斯拉夫联邦机构中重新进行集权化。1992 年，在社会主义者民主党的主导下，黑山通过独立公投的形式拒绝走独立道路而决定与塞尔维亚继续留在南斯拉夫联邦（后改名为"南联盟"）中。

在米洛舍维奇的"大塞尔维亚主义"政策面临失败之际，黑山社会主义者民主党中出现了以米洛·久卡诺维奇（Milo Đukanovic）为首的派别，主张反对民族主义、摆脱黑山的外交孤立以及追求黑山的财政自主权。1997—1998 年，该派成功"排除"了由前党主席和国家总统莫米尔·布拉托维奇（Momir Bulatovic）领导的"亲米"（pro-Milosevic）和"亲联盟"（主张与塞尔维亚联合）的一派，由此开始了"第二转轨阶段"，即奉行黑山逐渐获得独立的政策。随后，以米洛·久卡诺维奇为首的社会主义者民主党与塞尔维亚协商，促使塞黑邦联进一步分权，黑山得到财政和内政上的自治，直到 2006 年通过公投取得独立。可以说，在"第三南斯拉夫"存在期间，社会主义者民主党在黑山一直是支配性的政治力量。

社会主义者民主党成功保持了多民族、多宗教的黑山的社会稳定，没有像邻国那样发生武装冲突。在社会主义者民主党的掌舵下，独立后的黑山开始融入欧洲一体化进程并经历了几年经济增长，不仅提高了公民的生活标准，还吸引了外资和游客。在欧债危机以及 2013 年克罗地亚入盟之后，按照人均国内生产总值等经济数据计算，黑山已超越塞尔维亚和波黑，成为西巴尔干地区的领先国家。同时，黑山政治转型带来的经济和社会问题也暴露出来，主要体现为可疑的私有化、国企腐败以及与社会主义者民主党政权具有紧密关系"财阀"（tycoon）和帮团的出现。追求黑山国家身份的激进政策也导致出现了一些持不同政见者，而关于黑山加入南斯拉夫及其独立等历史问题出现了各种历史修正主义倾向。在外交上，脱离"与塞尔维亚同行"的方向使黑山和塞尔维亚这两个民族之间的紧张关系继续激化，形成了反对社会主义者民主党政权的各种政治力量。一方面，黑山塞族或奉行与塞尔维亚及其政治、社会和文化机构保持密切关系的群体（简称"亲塞政治力量"）坚决抵抗政府"离塞"政策，担心其作为少数民族的权利将被进一步限制；另一方面，亲欧的反对党开始要求黑山政府采取一系列政策证明它决心加快融入欧洲一体化的进程，如加强媒体自由以及巩固民主制。利用黑山社会的两极分化，政府继续进行国家（机构、干部、企业）的"党派化"[①]，即在权力和财富方面进行系统的重新分配，从而有利于那些与党及其高层人士具有密切关系的人。同时，公共行政、媒体自由和法治程度方面有所恶化，导致实际上的一党制统治变得正常化，也让有些西方分析师将黑山的长期执政党对国家机构的影响视为政党等于"政权"（regime）。

干部更换、党员老龄化以及向下一辈交接问题（党的新血液问题）是社会主义者民主党长期存在的结构性问题。从 1997—1998 年布拉托维奇派垮台而久卡诺维奇成为社会主义者民主党领导人以来，该党的元老领导层逐渐被瓦解，新人不断上台、下台，但是党内"久卡诺维奇之后一代"领导层一直无法出现。2006 年黑山宣布独立之后，时任黑山总理久卡诺维奇宣布他将辞去总理职务，但因接班人问题，他又两次担任总理（2008—2010 年和 2012—2016 年），并在 2018 年担任总统。2010 年，伊戈尔·卢克希奇（Igor Luksic）接替久卡诺维奇成为"世界上最年轻的总理"时，媒体评论这暗示着"纪元的结束"，[②] 不过不久后久卡诺维奇又上台替代了卢克希奇。尽管卢克希奇在思想上符合社会主义者民主党加强黑山认同的计划，但有些分析师认为他还不能摆脱久卡诺维奇及其圈子的影子。[③]

自黑山独立以来，虽通过促进公民入党让社会主义者民主党成为所谓"跨族公众党"（cross-ethnic mass party），但其决策核心还是受被视为元老派的人所控制。社会主义者民主党的新血液或下一代接班的问题也可以说是元老一代

---

① 英语：particracy，源语：partitokratija。

② 参见："The End of an Era, Possibly", *The Economist*, 21 December 2010, https：//www. economist. com/eastern-approaches/2010/12/21/the-end-of-an-era-possibly。

③ 有些分析师则提出，无论谁被选出继任久卡诺维奇，也不愿或不能洗清久卡诺维奇及社会主义者民主党涉及犯罪和腐败的"过去的尸骨"，因而久卡诺维奇自己不得不多次回到政坛参加选举。参见：Srdjan Jankovic, "Gdje je Djukanovic, tu je moc", RSE, 18 March 2018, https：//www. slobodnaevropa. org/a/kandidatura-djukanovic-izbori/29111407. html。

涉嫌犯罪和腐败的一种"抵押",而且作为社会主义者民主党政权最关键的挑战之一,新一代不一定能够"挽回"党的名誉又恢复公民合法性而继续执政。结果之一是,党内"王子派"(倾向成为新一代领导层)一般与元老派有亲戚、朋友关系,而属于单纯"新血液"的人很少,由此党内利益集团的意识形态或平台分歧更加明显。社会主义者民主党进行代际转型仍然是其主要挑战,无法交班到下一代的危险很明显。

2016年议会选举中社会主义者民主党取得胜利,党内元老、前国家安全局局长杜什科·马尔科维奇(Dusko Markovic)当选总理。2018年黑山地方选举的结果让伊万·武科维奇(Ivan Vukovic)当选首都波德戈里察的新任市长,并在部分媒体上引发关于社会主义者民主党领导层位置出现接班人的讨论。尽管如此,2020年初,社会主义者民主党还是决定以久卡诺维奇为第一候选人参加选举,这种推举被视为党的不二法门。在30多年的政治生涯中,久卡诺维奇积累了深厚的资历。但是,他又涉嫌与几个腐败案件有关,如2019年1月的"钱袋丑闻",这些都引发反对党、非政府组织等2019年2月以来组织了各种反对政府的游行。[①]

社会主义者民主党的经济裙带关系、国家机构党派化以及党内高度依靠"元老派"是黑山执政党的慢性结构问题,而经济上出现相当程度的停滞以及政治上出现僵局频发的情况导致执政党为了继续执政采用了一些特殊的战略。根据时髦的"稳治"(stabilitocracy)理论,西巴尔干国家政权以及搞"半威权主义"(semi-authoritarian)制度的国家在应对由慢性结构问题造成的"内在不稳定性"时不得不通过加剧内部政治分歧,巩固对商界、政坛、媒体、司法和行政部门的控制,并与外部靠山国家或机构(欧盟、北约)宣扬地缘政治危机的叙事,以便保持其继续执政的合法性。[②] 根据"稳治"理论,社会主义者民主党采取了三种策略:一是内政上对亲塞政治力量的消极影响采取"安全化"(securitization)策略,二是对国家和公共机构(尤其对媒体)施加压力,三是在外交上强调来自俄罗斯和塞尔维亚的"代理人"的威胁。

社会主义者民主党得以持续执政的主要原因可以认为是:一方面,它能够

---

① 详见:Predrag Milic, "Montenegrins March Demanding Government Resignation," ABC News, 16 February 2019, https://abcnews.go.com/International/wireStory/montenegrins-march-demanding-government-resignation-61122826.

② 关于"稳治"理论,详见:Bieber Kmezic (eds.), *The Crisis of Democracy in the Western Balkans: An Anatomy of Stabilitocracy and the Limits of EU Democracy Promotion* (BiEPAG, 2017), pp. 15-113.

控制与制衡政坛中主要的民族分歧；另一方面，它能够遏制国内公民社会和亲欧政治力量加速入盟的要求。由于黑山公民社会不够成熟，黑山与欧盟关系的发展常常被视为更多取决于"外部"因素，而反对党内真正亲欧的政治力量太弱又存在分歧，因此社会主义者民主党要采取一种"稳定执政"的战略，即"离塞近欧"公式。这是指在公民社会不成熟、亲欧政党软弱以及亲塞政党具有相当影响力的情况下，主张以融入欧洲一体化为基调以及一系列旨在推进公民社会发展、实现媒体自由和反对民族主义的表面政策。在国家独立后执政的十多年中，社会主义者民主党利用这种"公式"，在左翼拉拢小型反对党加入执政联盟，并组织"雨伞式"联盟来遏制右翼亲塞/塞族政党。问题是，2016年以来，亲欧派与亲塞派之间的持续分歧逐渐酝酿为持续的政治压力。正因为如此，2020年执政党选举失利的主要原因可以说是内政分歧加剧的结果。公民社会或外部压力第一次在黑山的权力博弈中发挥了次要的作用。

二、黑山国家与民族认同问题

独立后，黑山政坛和社会的基本认同问题围绕着黑山恢复独立国家地位以及与此有关的黑山民族、语言等认同问题。在黑山国内，大部分学者都可以达成共识，认为黑山国家认同的发展及其与以塞尔维亚为首的南斯拉夫认同之间的矛盾是塞尔维亚统一国家（南联盟、塞黑邦联）逐渐瓦解的重要原因。然而，针对黑山民族认同形成的原因及其与国家认同的区别，大部分学者都持有不同的观点。有学者认为，黑山的民族认同分歧首先归因于第一次世界大战前黑山王国中塞族与黑山族两族的认同区别很模糊；其次，在南联邦和南联盟时期，黑山认同先具有名义国家（titular nation）的特征，而塞族认同是指民族（ethnicity）属性；最后，南联邦解体推动了各前南国家建立民族国家的倾向，以及国家与民族两个认同同化而导致的黑山"民族国家"（ethnic nation）的认同。就关于黑山国家与民族认同之间区别的不同学术和政治观点来说，可以认为，黑山民族认同分歧是目前黑山政坛的根本问题，也是政治分歧的分水岭。[1]

---

① 关于现代黑山的（政治）认同问题，可参见：S. Pavlović, "Who Are Montenegrins？: Statehood, Identity and Civic Society," *Montenegro in Transition: Problems of Identity and Statehood*, eds. F. Bieber (Baden-Baden: Nomos Verlagsgesellschaft, 2003), pp. 83–106; D. Vuković-Ćalasan, "Politički identitet u multikulturnim društvima sa osvrtom na Crnu Goru," *Politički život* 9, 2013, pp. 77–94。

关于黑山塞族与黑山族两个民族之间的认同区别有很多看法，其政治价值目前在黑山政坛表现为两种最突出的立场：一种是社会主义者民主党的"建国主义"（state building paternalism），另一种是塞尔维亚东正教会（以下简称"塞教会"）的"传统统一主义"（traditional unitarism）。两者都在一定程度上无视塞、黑山两族不同的历史发展轨迹，而片面地解释两个民族之间的认同区别。

一方面，以社会主义者民主党为代表的"建国主义"模式主张以社会主义者民主党为建国党，黑山民族、文化、语言等认同特征源于国家形成的基础，以主权而不是民族作为黑山认同的承载。与此相关，"建国主义"当初反对来自贝尔格莱德的"统一国家"主张以及米洛舍维奇的大塞尔维亚主义，后来则"反对塞国而不是反对塞族的形成"（反对贝尔格莱德的政策）。另一方面，以塞教会为代表的"传统统一主义"认为黑山人民和塞尔维亚人民共享基本价值观、历史、信仰和文化共同点，严格来说黑、塞人民属于统一的民族，因此其政治主张可归结为"两国一族"。与2006年黑山独立公投时相比，"传统统一主义"不直接奉行黑山与塞尔维亚两国重新统一或者进行进一步政治整合的政策。

要彻底解释黑山政坛中存在的国家认同与民族认同之间的分歧，可以再列举两种立场，其可被视为上述两种立场的附属立场，也是它们之间互动形成的政治结果。一种是亲塞/塞族政党（如民主阵线党或新塞尔维亚民主党）主张的亲贝尔格莱德的立场。与"传统统一主义"相比，这种立场更加强调与塞尔维亚目前以武契奇为首的执政党的对外以及对"境外"塞族政策的趋同。另一种是"反塞的黑山民族主义"（anti-Serb Montenegrin nationalism），其部分源于前南时期的"名义民族"概念以及1990年自由党的黑山独立主张，也是"离塞近欧"策略和亲贝尔格莱德政党盛行下的"附加产品"。目前黑山政坛没有一个政党完全主张"反塞的黑山民族主义"。与"建国主义"一样，"反塞的民族主义"尊重黑山国家认同，但更加重视黑山民族认同。其中，有些观点以反塞情绪作为黑山民族认同的主要凝聚力，有些则以黑山族作为国家基础，主张黑山民族国家的形成。

黑山社会中黑山族与塞族之间的关系，伴随着政治领域里两族认同的复杂性。从宏观视角看，亲政府的公民倾向于认为自己是黑山族人，而亲塞的公民（2006年独立公投时主张与塞尔维亚统一）倾向于认为自己是塞族人。2006年以来，政府逐渐引入其他因素构成黑山族身份来作为"分水岭"，如引入黑山官方语言或支持黑山东正教会得到国际承认，这使黑山的黑山族与塞族之间的身份差异变得更加复杂。① 因此，黑山政坛的主要政治问题不仅是要掌控塞族与黑山族之间"分水岭"及其造成的分歧，而且要彻底"遥控"所有关于认同的"分水岭"以维持选民基础。

三、"离塞近欧"变成"反塞迟欧"
与亲塞政治力量的"安全化"

黑山政坛和社会中亲欧与亲塞分歧的尖锐化以及"离塞近欧"战略的失衡是社会主义者民主党近期执政（2016—2020年）中出现的主要特点，其原因可归咎于政府对黑山亲塞/塞族政治力量实行"认同安全化"策略。按照安全化理论，国家行动者会将常规的政治议题或主题转化为国家安全议题。在黑山政坛，"认同安全化"包括"离塞近欧"的一系列政策，如重新重视以社会主义者民主党为代表的"建国主义"的基本价值以及为此消除来自塞族/亲塞政治力量的影响，把黑山族与塞族传统文化同化论视为分裂主义迹象，强调国家独立带来的新的政治和社会价值。2015年以来，黑山入盟进程停滞，社会不断分化，经济赶不上独立初期大幅增长的情况，因此对政治认同采取"安全化"策略（securitization of political identity）成为政府的主要政治工具，其最突出的例子是2016年以来黑山加入北约的争议和未遂政变的发生，以及关于《宗教自由法》的公共讨论。

（一）加入北约的争议与未遂政变

2015年以来，黑山出现了两个戏剧性的政治事件。其加入北约的进程以及后来塞族/亲塞政党的反应造成了"入约争议"，使政府公开批评塞族/亲塞政治力量为贝尔格莱德的代理人，而塞族社区开始寻求与贝尔格莱德"军事中立"立场的趋同。2014年以来，波黑塞族共和国领导层已经宣布其对波黑加入北约的反对。几乎与此同时，黑山塞族政党也进行抗议，要求对加入北约进行公投。2015—2016年，黑山全国大城市中发生了大规模的示威游行，原因是政

---

① 除了民族身份，两个民族之间还有语言和宗教等方面的多种差异。例如，一个黑山族人（自称），可以承认黑山语为自己的母语，但不支持黑山东正教会，反而忠于塞教会。

府在未执行公投计划的情况下继续推进加入北约进程。^① 由于亲塞政治力量的动员活动，入约争议变成白热化的主要议题。据民调和媒体分析，入约公投不会取得积极的结果。^② 因此，政府拒绝举行入约公投而选择通过由它控制议会进行批准来完成入约进程。

2016 年 10 月 16 日议会选举当天发生的未遂政变与公民就加入北约形成的两极化态度直接相关。黑山政府试图"抓住"西方的支持和亲塞政治力量算账。政府公开表示，政变企图的密谋者是享受亲塞群体支持的塞尔维亚和俄罗斯的"代理人"。在后来的审讯过程中，黑山检察院指控几名俄罗斯和塞尔维亚公民涉嫌在当地群体的援助下企图进行政变。

结果之一，黑山政府更加集中针对黑山塞族的"骨干"机构，即塞尔维亚东正教会。2014 年以来，黑山政府一直考虑处理塞教会中的所有黑山文化遗产，等待时机起草一项能对 1918 年后（黑山王国并入南斯拉夫王国后）"非国有的"（non-state owned）房地产重新进行国有化的法案。^③ 法案将涵盖 1918 年与塞尔维亚"非法合并"以来所有原属黑山国家或人民机构的房地产，它们被认为应该回归黑山国家所有。除了一些南斯拉夫王国、南联邦、南联盟时期的继承问题，法案的主要靶子是塞教会。1918 年黑山被塞尔维亚"吞并"后，塞教会"单方面"宣布为黑山东正教的合法接班机构，因此继承了黑山东正教会所有的房地产，包括一些黑山的文化遗产，如采蒂涅修道院等。

但是，当时黑山政府处理这个问题采取了很谨慎的步骤，在进行部分公开讨论后，起草相关法案的时机似乎还不够成熟。2016 年 10 月的政变企图失败后，政府才把起草法案一事列入待办事项中。一直到 2016 年议会选举后，关于归还教会房地产的问题没有在媒体头条上重现，但是国家检方对俄罗斯对外情报局干预甚至"策划"政变提供证据之后，使黑山政治局势成为俄罗斯与欧美紧张关系大局中的一部分。北约成员国对黑山政府表示强烈支持，谴责了俄罗斯及其"代理人"（包括塞尔维亚人和黑山国内塞族/亲塞的几个人）的颠覆性活动。在享受西方国家支持的情况下，黑山政府才更自信地奉行"批俄谋

———————

① 参见："Protest protiv Nato u Podgorici," Tanjug, 12 December 2015, https：//www.alo.rs/vesti/region/protest-protiv-nato-u-podgorici-video/23599/vest。

② 参见：Nemanja Rujevic, "Montenegro: Caught in the Midst of the East-west Conflict," Deutsche Welle, 23 October 2015, https：//www.dw.com/en/montenegro-caught-in-the-midst-of-the-east-west-conflict/a-18802732。

③ 关于 1918 年黑山并入塞尔维亚的争端，详见李建军：《"合并"还是"吞并"：1918 年波德戈里察大会研究》，《首都师范大学学报（社会科学版）》2022 年第 4 期。

塞"的策略，即借助欧俄之间的紧张关系以及那些把塞族群体看作俄罗斯在西巴尔干地区的"代理人"的观点，将黑山塞族乃至本地区内（包括塞尔维亚）塞族的政治影响逐渐"安全化"，宣扬塞族政党和机构所主张的政治价值观与黑山加入欧盟和北约的进程相矛盾。

在内政反面，入约进程和2016年10月的未遂政变进一步使黑山政府与亲塞/塞族选民异化，既使社会主义者民主党失去了"雨伞式"联盟或"跨族公众党"的形象，也使其不可逆地失去了与塞族/亲塞选民对接的途径。正因为如此，执政的社会主义者民主党进一步实施"安全化"策略，构建了一种"亲西反塞"的策略。虽然这种策略在黑山早已存在，但2016年以来黑山政府还是利用了西方与俄罗斯紧张关系的加剧，并在入盟谈判陷入曲折的情况下，把加入北约作为优先方向（也作为"反塞"的同义词）。由此，黑山社会、媒体舆论等方面都开始受到"亲西反塞"精神的影响。2016年11月马尔科维奇上台以来，亲塞/塞族政党常常拒绝出席议会会议。简言之，黑山普通公民开始逐渐感受到经济转型带来的问题（如经济增长放缓和入盟进程停滞），同时在分歧严重的情况下不得不更激进地站在"两极"。在南斯拉夫连续发生解体战争的15年后，关于黑山这个唯一没有经历战争/内战的东南欧国家却要陷入冲突的预测报道由此开始盛行。

"亲西反塞"策略影响了黑山与塞尔维亚、波黑塞族共和国和俄罗斯的政治关系，尤其是导致黑山与塞尔维亚的关系不断恶化。黑山政府通过媒体多次批评塞尔维亚在与黑山亲塞/塞族政党的接触中干涉黑山内政。2018年，在黑山与塞尔维亚合并100周年之际，黑山国内就这一历史事件进行过热烈的讨论。其间，黑山政府公开支持关于合并"非法"的历史修正研究和叙事。2019年夏季，黑塞两国的紧张关系反映到民间领域，出现了关于"黑山警方虐待塞尔维亚游客"的新闻报道，并在两国体育俱乐部间的几次比赛中有所体现。

（二）引入《宗教自由法》的争议

2018年以来，黑山政府宣布将通过《宗教自由法》，主要焦点涉及1918年黑山并入南斯拉夫王国之前黑山所有的房地产应作为文化遗产归还黑山。由于塞教会在1918年之后"继承"了黑山东正教的大多数房地产，塞教会强烈反对这项法案并认为黑山政府在"夺取"其房地产。不久，塞教会回应称，该法案代表着对教会和东正教信徒价值观的攻击，由此导致争议扩展到意识形态领域。

2019年12月底，社会主义者民主党提议了该法案（全称《宗教或信仰自由以及黑山宗教社区法律地位法》），经执政联盟多数票支持，该法案于2020年1月生效。该法案受到塞教会领袖、黑山和沿海地区主教（Metropolitan of Montenegro and the Coastlands）阿姆菲洛希耶·拉多维奇（Amfilohije Radović）的指控，后者于2019年12月底宣布，塞教会将继续举行"利迪亚运动"（东正教宗教游行活动），以抵制该法案的实行。2020年1月，塞教会在庆祝新年和"主显节"之际组织的宗教游行聚集了数千名民众，俨然已变成了一场政治抗议活动。在游行期间，阿姆菲洛希耶等宗教和政治人物批评黑山的新宗教法案，并呼吁所有的信徒进行抵制。他还宣布，与教会关系密切的圈子将以每周两次的频率继续组织游行，从而创造一支抵制黑山政府实行该法案的草根力量。以马尔科维奇为首的黑山政府几次邀请阿姆菲洛希耶主教等组织游行活动的人士商谈法案的实行问题，但在舆论对法案的态度出现两极分化的情况下，塞教会与黑山政府达成共识的空间越来越少。

在利迪亚运动取得初步成功后，塞教会领导人决定继续组织游行，直到黑山政府撤销该法案。2020年1—2月，利迪亚运动之下组织的游行聚集的民众越来越多。虽然在参加游行的人数上存在争议，但利迪亚运动的确把所有塞族/亲塞政治力量团结了起来。到2月中旬，该运动已经形成一个"反对力量"的平台，开始引起塞族/亲塞政党之外势力的支持，并被称为唯一反政府的力量。利迪亚运动从宗教运动发展为反政府的全民政治平台，至少有两个原因。一是游行活动的连续性。直到3月底政府因疫情禁止公民进行大规模活动，利迪亚运动每周都在黑山几个城市组织游行。政府的禁令虽然让利迪亚运动暂停，但是其动力实际并未消失。二是利迪亚运动名义下的游行在三个多月里没有失去支持者，还可能吸引了新人加入。虽然参加游行的具体人数无法确定，但即使根据亲政府媒体的报道，有的游行也能集合2万—3万人，这在总人口约60万人的黑山绝对不算少，而且每次游行都至少有1000名以上的参加者。总之，该运动持续数月，不仅没有失去人们的支持，反而得到了国外的关注和支持。

（三）入盟进程停滞，民主标准下降

2012年6月，黑山开始了入盟谈判。虽然黑山民间、非政府组织和专家发出警告，称黑山的改革进程是虚伪的，但欧盟还是稳步推进黑山的入盟进程。2017年，欧盟称黑山是西巴尔干国家中迈向欧盟的"榜样"，也认为其是入盟最有前景的国家。在 2017 年黑山加入北约之后，欧盟与黑山政府共推"亲西反塞"的策略，甚至欧盟驻黑山代表都拒绝与同所谓的俄罗斯"代理人"有密切关系的亲塞/塞族反对党进行交谈。对于西方来说，久卡诺维奇及其政党能够确保黑山的稳定性和可预测性。在久卡诺维奇主张亲欧路线的情况下，西方愿意"忽略"黑山在完成政治转型和实行必要的政治和社会改革上的拖延态度。

但是，2019 年的"钱袋丑闻"等腐败事件加剧了政权的裂痕，不仅以民主阵线党为主的亲塞/塞族议员拒绝参加议会活动，反对党如改革行动党也开始举行抵抗活动。另外，在 2019 年黑山发生了几次对记者的袭击事件之后，非政府组织关于其涉及"深层国家"（deep state，即国家背后的国家）的警告意见被反映到布鲁塞尔，写入了 2019 年欧盟对黑山入盟进程的报告中。

2019 年以来，西方国家对黑山法治和民主标准方面出现下降的批评性评论有所增加。非政府组织"自由之家"的报告显示，除了 2017 年有短期的改善，黑山近十年的民主评分一直在下降，该国在 2019—2020 年甚至被称为"混合政权"。根据这份报告以及其他非政府组织发布的警告，民主制的衰落、威权统治的加剧、腐败和权力滥用现象的持续，以及执行欧盟扩员政策的缓慢，对黑山的入盟进程产生了消极影响。

此外，新冠疫情暴发后，欧盟与其候选国间的沟通出现异常，这对黑山执政党造成严重的消极影响。正如有些分析人士指出的那样，面对欧扩政策停滞和西巴尔干国家以各种方式推进"稳治"政权，欧盟需要重新考虑入盟标准，其中黑山的情况是影响欧盟考虑的一个重要因素。黑山政界和媒体逐渐被灌输了这样一个地缘政治论点，那就是黑山在加入北约后就失去了西方的支持，因为对西方来说黑山已经扮演了自己的角色或完成了自己的"使命"（这是反对党联盟在竞选期间所宣扬的）。

在政坛力量的"供应"方面，竞选期间黑山反对党虽未组成一个"雨伞式"联盟，但三个反对党联盟（即以民主阵线为首的亲塞/塞族政党"为了黑山的未来"，以中间的民主黑山党为首"和平是我们的国家"，以及以联合改革运动为首的"白纸黑字"）之间的分歧并未凸显。在竞选活动中，三个反对党分工合作，在"近欧"和"反塞"两翼攻击社会主义者民主党，批评其在两翼都没有取得成功，即入盟谈判处于停滞，而亲塞选民疏离政府，公民的情绪被歪曲，并造成两族之间的冲突。其中，受到利迪亚运动领导人支持的"为了黑山的未来"吸引了保守和持传统价值观的选民，他们坚持宣扬政权已经变成了"反人民"的平台，批评《宗教自由法》的实行和对塞族政治力量的威胁。"和平是我们的国家"和"白纸黑字"聚焦最近黑山加入欧盟进程中出现的曲折，提出"近欧"策略长期处于僵局，并试图向欧盟表现出它们可以取代社会主义者民主党成为欧盟的可靠伙伴。

（四）对亲塞政治力量影响"安全化"的失衡

根据 2020 年大选之前大多数媒体的报道，黑山政府在应对经济危机和新冠疫情方面做得很不到位。到 8 月举行竞选时，体现黑山经济发生倒退的数据已为公众所知，如国债总额从 2019 年占国内生产总值的 70%—80%，到 2021 年初已经超过 80%，主要国企（如黑山航空公司）处于崩溃状态。

公众对政府应对疫情措施的不满主要源于政府在防控疫情和救治病患方面工作不力。尽管黑山是最后一个出现确诊病例的欧洲国家，也没有出现确诊人数大幅增加的现象，但是由于国家医疗设施陈旧，其被评估为无法大规模收治患者，因此卫生部只好通过较为严格的防控措施（如实行宵禁和出行限制），企图弥补应对设施上的不足。最为敏感的是，疫情初期黑山缺乏呼吸机，而政府在当时国际市场混乱的情况下难以采购呼吸机等医疗设备。3 月底，政府正式向北约提出国际援助请求，希望北约援建一所有 1000 张病床的移动医院，并希望获得多达 600 万个医用外科口罩。然而，黑山通过塞尔维亚运输所采购的呼吸机时遇到了问题，塞尔维亚海关扣押了包括呼吸机在内的所有关键医疗设备，造成两国关系再次出现紧张。几天后，塞尔维亚海关放行了运往黑山的这批医疗设备，但这并未中止黑山当局对塞尔维亚的批评与抨击。尽管如此，部分媒体还是认为，黑山政府抨击塞尔维亚体现了不应有的"疫情政治化"情况。

在 5 月底和 6 月初，塞尔维亚和黑山媒体大量报道了黑山政府将疫情政治化的做法或借助特殊情况挑起与塞尔维亚紧张关系的行为。当时第一波疫情开始出现缓解，黑山政府决定像很多邻国一样放宽出入境限制。然而，此后黑山政府对符合标准的几乎所有邻国都开放了边界，其中却不包括塞尔维亚。虽然马尔科维奇总理提出，塞尔维亚暂时不符合"十万人中不超五个患者"的标准，但大多数媒体还是认为这种措施是继续禁止黑山与塞尔维亚打破交通封锁的借口，旨在防止在塞尔维亚的黑山亲塞/塞族侨民在竞选期间回到黑山。

然而，这种封锁措施对黑山经济造成了直接影响，因为旅游业对黑山经济至关重要。① 2020 年疫情期间欧洲和周边国家的旅游业都出现衰退，旺季的预计总收入基本都没有达到 2019 年的 40%。2020 年 7 月底，黑山旅游业公司协会预计黑山旅游业的旺季总收入将下降 94%，是东南欧国家中降幅最大的国家。其中，黑山政府负有很大的责任。5 月底第一波疫情开始缓解的时候，黑山政府并没有很快跟随邻国采取一系列措施来"挽救"旅游业。在空运几乎完全中断的情况下，国外旅行社取消了大部分预约到黑山的旅行，这导致黑山大酒店的房间使用率不到 20%。而作为黑山旅游业发展榜样的克罗地亚，其旅游部和国家旅游局开始补贴国内游客，并利用出入境放宽的机会向周边国家自驾游客集中开展推销活动。此外，克罗地亚政府接受了确诊率增加的风险，决定整个旺季都开放边界。与此相反，黑山政府并未及时停止大部分的出入境和出行限制措施，认为旺季的惨淡情况已经注定，因此旅游业相关机构几乎没有作出政策调整。

一方面，由于与塞尔维亚关系紧张等问题，黑山政府没有抓住机会采取措施以减少旅游业大幅下滑。另一方面，塞尔维亚是黑山游客的主要来源国家之一，而且许多来自塞尔维亚的游客符合疫情期间黑山的入境标准（如能开车到达）。但是，黑山政府推迟向塞尔维亚开放边界，并在旺季发出预告，称要对塞尔维亚游客严加管控，这也影响了塞尔维亚游客对黑山当局的信任，导致很多塞尔维亚游客并未前往黑山。②

四、结论

2020 年 9 月 14 日，黑山国家选举委员会公布了议会选举的结果：在 81 个议席中，时任总统久卡诺维奇领导的社会主义者民主党获得了 30 个席位；三个反对党联盟得票率分列二至四位，其中民主阵线领导的"为了黑山的未来"获得 27 个议席，民主黑山党领导的"和平是我们的国家"获得 10 个议席，联

---

① 根据几份相关报告的数据，黑山是世界上最依赖旅游业的"非岛屿国家"，其国内生产总值中旅游业的占比超过 30%。此外，旅游业也是黑山"最民主化的"事业（除了大型酒店，黑山旅游和服务业中大部分酒店、旅馆、餐厅由小型和"家庭式"公司经营），因此其经济受到了新冠疫情的沉重打击。

② "Crna Gora u 2020: prva smjena vlasti, krah turizma zbog korone," *Poslovni dnevnik*, 2020-12-29, https://www.poslovni.hr/regija/crna-gora-u-2020-prva-smjena-vlasti-krah-turizma-zbog-korone-4265642.

合改革运动领导的"白纸黑字"获得 4 个议席。三个反对党联盟共获得 41 个议席，超过组阁所需的半数议席，它们将根据此前达成的协议联合组建政府。

虽然社会主义者民主党获得了最多席位，但它与传统执政伙伴党（社会民主党、社会民主者党、穆族党、阿族名单、阿族联盟）总共获得的议席还差一席才能超过组阁所需的半数议席。这主要是由于克族代表发生分裂，造成两个克族政党都没有获得议席。黑山和地区媒体发表了如《执政 30 多年的社会主义者民主党即将下台》等主题文章，社交媒体上甚至有人公开宣称久卡诺维奇"（可能）即将逃亡"。然而，反对党的组阁过程并不是很顺畅，新政府直到 12 月才组建完成。

此外，黑山国家机构"非党派化"的进程之后逐渐开始。在选举后的公共讨论中，社会主义者民主党选举失利的原因首先被归结于"离塞近欧"策略的后果，即对亲塞政治力量采取了"安全化"策略，导致亲欧与亲塞之间的分歧发生极化，也不可避免地影响了本来支持社会主义者民主党的选民的态度。加上利迪亚运动的作用以及疫情造成的社会矛盾和经济困难，这些因素都成为选举中影响选票计算的"黑天鹅"。由此，黑山社会转型中的第一次"权力转移"可以说已经顺利完成，但是之后黑山政坛存在的主要分歧及其对社会层面造成的影响并未消失，而是会继续突出。

中国国家形象在西巴尔干地区的积极塑造

李永强　孟泳旭

内容提要　中国与西巴尔干地区的交往加深，为中国国家形象在西巴尔干地区的积极塑造确立了相应的基础。中国国家形象在西巴尔干地区的积极塑造，不仅能够有效促进中国与西巴尔干国家关系的整体提升与优化，改善西巴尔干地区的整体发展状况，还能为在推进中国-中东欧国家合作和深化中欧全面战略伙伴关系背景下构建具有鲜明中国特色的战略传播体系提供有力的支持。

关 键 词　西巴尔干地区；中国；国家形象；中东欧

作者简介　李永强，当代中国与世界研究院对外传播研究中心助理研究员；孟泳旭，吉林大学东北亚研究院国际政治研究所博士研究生

自新冠疫情暴发以来，中国对外交往在全球范围的持续推进，对于其国家形象的积极塑造确立了相对有利的条件。在新冠疫情的长期持续造成中国与西巴尔干国家的正常交往遭遇冲击的同时，中国对后疫情时代西巴尔干地区的发展具有的重要意义也随之得到有效彰显。在这一背景下，积极塑造中国在西巴尔干地区的国家形象，对于增进中国与巴尔干地区国家的关系，优化中国在巴尔干地区乃至中东欧的影响力具有关键性意义；对于充实与优化中国-中东欧国家合作、中欧关系等具有战略性意义；对于后疫情时代全球范围内改善中国国家形象的态势具有实践性意义。

一、后疫情时代在西巴尔干地区塑造中国国家形象的基础

根据习近平主席关于加强我国国际传播能力建设的"5·31"重要讲话的精神,① 中国在全球范围内加强国际传播能力建设,意在借助讲好中国故事、传播好中国声音,展示中国良好的国家形象。因此,国际传播能力的加强将为中国塑造良好的国家形象构筑坚实的基础。从更广泛的中欧关系发展层面考虑,中国在西巴尔干地区积极塑造良好的国家形象,能够为稳定和深化中欧关系探索一条相对可靠的路径。

虽然中国在西巴尔干地区的积极存在是一个相对较新的现象,但过去十年间中国在该地区的影响力已稳步增长。② 同时,也有研究指出,尽管西方国家对中国的疑虑在增加,但在后疫情时代中国在西巴尔干地区的角色更可能趋于中心化。③ 这一局面的原因包括:第一,新冠疫情对于欧洲经济与欧洲内部国际协调的影响已经在一定程度上削弱了欧盟对西巴尔干地区的各种支持;第二,中国推动共建"一带一路"倡议,为西巴尔干各国带来了实质性的经济收益;第三,中国与西巴尔干国家间并未有实质性的矛盾与分歧,合作已然成为中国与西巴尔干地区关系的主流。

从西巴尔干国家应对疫情的整体态势上分析,在全球范围内能有效保障其获得疫苗供应的主要国家是中国而非西方国家。更为重要的是,在欧盟和美国没有满足该地区国家的关键需求之后,中国正被进一步视为"B计划"选项。④ 这是指面对新冠疫情,西巴尔干国家在寻求外部援助和支持的过程中,已经显示出青睐于中国的趋向。在这一背景下,中国与西巴尔干国家之间的关系发展迎来了战略性的契机。相应的研究结论指出,有一点是明确的:在后疫情时

---

① 《加强和改进国际传播工作　展示真实立体全面的中国》,《人民日报(海外版)》2021年6月2日第1版。

② "Western Balkans at the Crossroads: Assessing Influences of Non-Western External Actors," The Prague Security Studies Institute, May 2019, p. 11.

③ "Big Brother: Serbia's Media Are Creating Nation of China Lovers China Will Loom Large in Balkans Once Pandemic Is Over," 20 June 2021, https://balkaninsight.com/2021/04/13/china-will-loom-large-in-balkans-once-pandemic-is-over/.

④ "China Will Loom Large in Balkans Once Pandemic Is Over," 5 May 2021, https://www.balkancrossroads.com/chinese-growing-influence-covid-19.

代，没有人能够在不考虑中国的情况下谈论巴尔干问题。①

以上研究表明，中国与西巴尔干国家之间的关系正在随着后疫情时代西巴尔干地区的持续发展得到有效推进。有鉴于此，中国相应国家形象的塑造趋向至少可以从三个方面进行预测：第一，中国在西巴尔干地区实现相对有效的国家形象塑造，能够促进中国与西巴尔干国家的互利发展；第二，中国在西巴尔干地区的国家形象塑造相对滞后，一旦为别有用心的势力所利用，将影响共建"一带一路"倡议在巴尔干地区的有效推进，同时制约中国-中东欧国家合作的积极发展；第三，中国国家形象在西巴尔干地区实现积极塑造的同时，也面临相对严峻的国家形象塑造危机，即出现喜忧参半的局面。

概括来说，后疫情时代中国与西巴尔干地区的关系已呈现出更为密切和积极的态势。2021年2月，习近平主席在中国-中东欧国家领导人峰会上的主旨讲话中表示，中方计划今后5年从中东欧国家进口累计价值1700亿美元以上的商品，愿积极利用中国国际进口博览会、中国-中东欧国家博览会等平台扩大自中东欧国家进口商品，通过建立中国-中东欧国家卫生和植物卫生工作组机制、检验检疫联络咨询点，合并相近产品风险等级评估等措施，优化中东欧国家农食产品输华准入评估程序，加快准入进程。② 这表明中国正在积极深化与拓展中国-中东欧国家合作，而西巴尔干国家作为其中的重要组成部分也将随之受益。此外，共建"一带一路"倡议对接中国-中东欧国家合作的实现，已经展现为中国发展的红利惠及中东欧的整体发展。特别是乘着共建"一带一路"倡议的东风，希腊比雷埃夫斯港、塞尔维亚斯梅戴雷沃钢厂、克罗地亚佩列沙茨跨海大桥、匈塞铁路等一大批合作项目顺利实施，为相关国家的经济社会发展注入蓬勃动力。

应当认识到的是，中国在西巴尔干地区塑造国家形象的良好基础在于，第一，西巴尔干国家的国内舆论环境对中国相对友好。较之西欧国家在人权、生态等问题上敌视和抹黑中国的态度，西巴尔干国家的舆论立场更多地处于并不了解实际情况的境地。第二，西巴尔干国家更加关注有效推进本国的经济发展与区域性的发展协调，注重本国的基础设施建设与产业结构转型优化等。因

---

① "China Will Loom Large in Balkans Once Pandemic Is Over," 5 May 2021, https://www.balkancrossroads.com/chinese-growing-influence-covid-19.

② 《习近平在中国-中东欧国家领导人峰会上的主旨讲话（全文）》，2021年2月10日，新华网，http://www.xinhuanet.com/politics/leaders/2021-02/09/c_1127086632.htm。

此，对于积极帮助西巴尔干国家的中国，在媒体宣传与舆论引导等方面处于相对有利或至少并不被动的态势。第三，近年来民粹主义在中东欧乃至整个欧洲的普遍回潮对西巴尔干国家参与国际事务的影响较小，西巴尔干国家的关注重点仍在于本国的安全与发展等议题。因此，积极塑造中国在西巴尔干地区的国家形象客观上具有一定的有利条件。

二、中国在西巴尔干地区塑造国家形象的障碍

在进入 21 世纪的第三个十年后，中国与西巴尔干地区的交往已经呈现出更为密切的态势。在不到十年的时间里，在审视西巴尔干地区在全球政治经济中的发展轨迹时，该地区与中国的合作和关系发展已经成为重要议题之一。在共建"一带一路"倡议和推进中国-中东欧国家合作的框架下，中国通过积极的经济外交影响西巴尔干国家的对华态度，以促进中国与西巴尔干国家合作的深入。[①] 按照上述分析，在西巴尔干地区乃至整个巴尔干地区，中国的影响力尤其是中国的经济影响力已经得到较为充分的彰显。共建"一带一路"倡议在西巴尔干地区的持续推进，较为直接地推动了中国国家形象的塑造。

但是，应充分认识到，中国在西巴尔干地区塑造积极的国家形象在客观上也面临着相应的障碍。尽管有些障碍处于相对隐性的状态，但中国的国际传播能力较为薄弱，中国与美西方国家的关系发展复杂而微妙等因素，均在相当程度上会造成一定的制约和影响。

这些障碍的历史性原因在于，欧盟对西巴尔干地区的影响力具有长期性和稳定性，而中国的影响力较之缺乏相应的规模效应。现实原因则在于，第一，中国与西巴尔干地区既有的经济、文化联系仍不够深入和密切，难以与主导欧盟事务的德国等国家相比。第二，欧盟长期以来对西巴尔干地区的支持较多（尤其是在推动西巴尔干地区经济发展方面），因此中国在该地区塑造国家形象的同时至少要向西巴尔干国家乃至整个欧盟传递的信息是：中国与西巴尔干国家发展关系并不意味着中国将取代欧盟，而是意在推动中国与欧盟的有效协调，从而促进西巴尔干地区的充分发展；中国与欧盟之间围绕西巴尔干地区整

---

① "West's Tension with China Presents Balkans with Tough Choices," 13 May 2021, https://balkaninsight.com/2021/04/02/wests-tension-with-china-presents-balkans-with-tough-choices/.

体发展可以开展第三方市场合作的模式，从而摆脱"零和博弈"的陷阱。

有鉴于此，中国在西巴尔干地区的国家形象塑造，不仅要考虑西巴尔干国家的国内舆论环境，还要有效改变欧盟的相关认知。后疫情时代的到来客观上为中国与欧盟在西巴尔干地区实现积极互动明确了相应的前置条件。从更为广泛的中国提出的构建人类命运共同体的相关视角分析，中国与欧盟之间围绕西巴尔干地区的整体发展实现协调合作，是符合中国和整个欧洲的共同利益的。根据以上分析，中国在西巴尔干地区积极塑造国家形象时对于欧盟的考虑，至少涉及以下三种变量：第一种变量在于，促使欧盟积极改善对于中国与西巴尔干国家发展关系的立场，即中国与欧盟应寻求合作，而非制造对抗；第二种变量在于，突出强调中国参与西巴尔干地区事务中的非军事、非安全属性，至少在一定时期内应促使欧盟在对待中国参与西巴尔干地区事务时保持相对理性的态度；第三种变量在于，应着眼于中国在整个巴尔干半岛的积极作为并给予明确诠释，尤其针对国际社会进行充分宣介。参照以上分析，中国在西巴尔干地区塑造国家形象的困难大致表现为以下三点。

第一，西巴尔干国家之间和内部的文化差异相对明显，这种差异在一定程度上影响着这些国家各阶层和媒体对于开展对华合作的态度。同时，某些反华势力很可能借助这些差异，在西巴尔干地区有意渲染"中国威胁论"等论调，损害中国的国家形象。此外，在意识形态领域，可能出现的分歧和矛盾对于中国塑造国家形象也存在潜在的制约。

同时，西巴尔干地区相对复杂的民族矛盾和宗教矛盾等，造成相对复杂的舆论环境。中国在西巴尔干地区的国家形象塑造需要应对可能出现的问题，尤其是要应对好某些反华势力刻意渲染中国在民族关系、意识形态等领域与西巴尔干国家之间的差异，有意挑拨舆论对立，人为制造矛盾分歧。例如，有西方媒体有意将中国等国家对于西巴尔干国家抗击新冠疫情的支持曲解为所谓的"疫苗外交"。然而，这种将中国在疫情期间对西巴尔干国家的援助和支持视为以"疫苗外交"扩大地缘政治影响力是明显缺乏依据的。以中国与西巴尔干国家之间的关系发展作为分析对象，中国向这些国家提供疫苗并不意味着要求这些国家给予必要的政治性回馈，中国也并未因提供疫苗而要求在这些国家进行军事部署。因此，这种分析属于故意曲解，但这一局面一定程度上意味着中国在西巴尔干地区的国家形象塑造需要面对上述分析所提到的障碍——将中国与西巴尔干国家的正常交往"污名化"的态势制约着中国国家形象的塑造。

第二，某些西欧国家乃至整个欧盟对于中国在中东欧地区的活动有所猜忌，以过时的地缘政治、权力政治思维将中国与巴尔干和中东欧国家之间的正常交往视为中国谋取势力范围。其背后的根源在于，西方国家对中国提倡的共同发展和人类命运共同体理念的认知并不充分。在西方尤其是欧洲国家较为传统的政治理念中，更多地带有鲜明的现实主义色彩和均势思想的印记。由此，中国与西巴尔干国家发展关系乃至中国-中东欧国家合作的持续推进，往往容易引发来自欧盟的疑虑与不满。这一局面的存在与持续，如果得不到及时且有效的转变，不仅会影响中国-中东欧国家合作和中欧关系的发展，也会使共建"一带一路"倡议的推进陷入僵局。

需要指出的是，在目前欧洲的产业链结构中，包括西巴尔干地区在内的中东欧地区多处于产业链的中低端。然而，当西巴尔干国家参与中国-中东欧国家合作和共建"一带一路"倡议，驱动产业转型升级时，处于产业链结构顶端的某些西欧国家可能未必能在短期内接受这一态势。

第三，从中国自身的情况考虑，在地理位置相对遥远的西巴尔干地区有效地塑造国家形象，客观上需要充分甚至饱和式加强既有的国际传播能力建设。例如，当中国支持西巴尔干国家抗击新冠疫情，却被西方媒体曲解为中国谋求霸权或者势力范围时，中国必须进一步提升国际话语权予以反击。

此外，在西巴尔干国家中，除了塞尔维亚 2016 年与中国建立了全面战略伙伴关系，双方开展了较高层次的战略协作，更多西巴尔干国家的公众与媒体尚需进一步加强对于中国的合理认知。这一过程的实现客观上需要投入更多的时间和资源，才能争取西巴尔干国家乃至更多欧洲国家媒体与公众对中国的认可。同时，也应充分认识到，这种转变是一个长期性的过程，很难一蹴而就。

可以说，中国在西巴尔干地区塑造国家形象所面临的上述困难是相当复杂的。中国不仅需要将既有的关于自身国家形象的国际传播融入到与西巴尔干国家的正常交往中，而且要在中欧关系中消除误解、弥合分歧。此外，中国需要加强国际传播能力建设和体系构建，推动形成同本国综合国力和国际地位相匹配的国际话语权。

三、中国在西巴尔干地区塑造国家形象的路径

在加强我国国际传播能力建设方面，习近平主席指出："要广泛宣介中国主张、中国智慧、中国方案，我国日益走近世界舞台中央，有能力也有责任在

全球事务中发挥更大作用，同各国一道为解决全人类问题作出更大贡献。"① 从全球范围的国际战略博弈层面看，中国塑造良好的国家形象，需要积极宣介中国对于世界的贡献，展现中国在全球事务中所发挥的积极作用。从未来的发展趋势来看，中国在西巴尔干地区国家形象的积极塑造，能够加强中国在中东欧乃至整个欧洲的战略性影响。这不仅有助于保护中国在整个欧洲的战略利益，还能促进中国与西方国家之间建构稳定均衡的战略关系，从而更好地应对美国联合欧洲发起的对华遏制。

习近平主席强调，"我们要进一步加强和改进国际传播，努力塑造可信、可爱、可敬的中国形象"。② 具体到西巴尔干地区，中国国家形象的塑造应围绕中国作为世界和平的建设者、全球发展的贡献者、国际秩序的维护者、公共产品的提供者，承担大国责任，展现大国担当（可信）；中国积极支持西巴尔干国家的发展，进而获得它们的支持（可爱）；中国能够有效控制与应对可能出现的危机（可敬）。基于上述分析，中国在西巴尔干地区塑造国家形象的路径，大致可以从以下三个方面进行探索。

第一，在西巴尔干地区积极营造有利于塑造中国国家形象的舆论环境。例如，应支持在西巴尔干国家主流媒体发表宣介关于中国发展成就、中国与西巴尔干国家开展有效国际合作等内容的文章，鼓励更多西巴尔干国家的媒体人士、学者、意见领袖等来华访问交流等。

第二，加快构建中国话语和中国叙事体系，并在实践中与中国和西巴尔干国家的交往需要相契合。中国故事具有不同的内涵，对于不同对象所讲述的中国故事也是有区别的。对于西巴尔干国家乃至中东欧地区，应展示中国当代的发展成就，尤其是突出中国与它们的友好关系，推动中国叙事与中国故事在西巴尔干地区的积极传播。

第三，广泛宣介中国主张、中国智慧、中国方案，主要是宣传中国-中东欧国家合作和共建"一带一路"倡议，继而将中国国家形象的充分塑造、解读为中国对于西巴尔干地区发展的贡献，同时展现中国的国际责任。

---

① 《加强和改进国际传播工作　展示真实立体全面的中国》，《人民日报（海外版）》2021 年 6 月 2 日第 1 版。

② 同上。

四、结论

在西巴尔干地区塑造中国良好的国家形象，能够对整个中东欧地区产生辐射效应，优化与改善中国在中东欧的战略态势，进而深化互利共赢的中欧全面战略伙伴关系。中国国家形象在西巴尔干地区的积极塑造，应依托于中国国际传播能力的加强。中国与世界关系的定位，将借助国家形象的积极塑造得到更为清晰、更为全面的体现。

巴尔干地区经济发展研究*

李长青　曹增敏

　　内容提要　本文基于巴尔干地区各国的历史数据，对比分析了各国的经贸发展情况，以及中国与各国经贸合作的基本情况。本文首先从总体层面分析了巴尔干地区各国的经济规模、经济增长率、国内生产总值、失业率、贸易规模、贸易差额等基本经济数据，然后结合中国与巴尔干各国的国际贸易和投资数据，分析了中国与其的经贸关系。

　　关　键　词　巴尔干地区；经济发展；中国；经贸关系

　　作者简介　李长青，西南财经大学中东欧与巴尔干研究中心副教授；曹增敏，西南财经大学 2021 级博士研究生

一、引言

　　巴尔干半岛与西班牙、葡萄牙所在的伊比利亚半岛及意大利所在的亚平宁半岛并称为南欧三大半岛。本文涉及的巴尔干国家包括希腊、保加利亚、阿尔巴尼亚、黑山、北马其顿、波黑、斯洛文尼亚、克罗地亚、塞尔维亚、罗马尼亚，不包括土耳其。欧盟基于自身政治、经济和安全等方面考虑，经历了三次东扩，目前巴尔干地区的希腊、斯洛文尼亚、克罗地亚、罗马尼亚和保加利亚

　　* 基金项目：教育部人文社科项目（21YJC790071）。

五国都已成为欧盟成员国，其他五国由于地处于巴尔干半岛的西部，因此也被称为西巴尔干国家。

近年来巴尔干地区政治相对稳定，经济也得到了一定的发展。由于地理和历史原因，巴尔干地区的经贸受到欧盟政策的影响比较大，其主要贸易伙伴也大都是欧盟成员。在中国-中东欧国家合作启动后，中国和巴尔干国家各领域的交流合作日趋紧密，双边贸易额不断攀升。中国在 2021 年甚至成为塞尔维亚的第二大进口来源地，进口占比为 12.8%。本文简要对巴尔干国家近年来的经济发展情况进行比较分析，然后梳理中国与巴尔干国家的国际经贸数据，试图提出促进中国与巴尔干国家经贸发展的政策建议。

二、巴尔干国家的基本经济状况

（一）巴尔干国家的经济规模

由于南斯拉夫社会主义联邦共和国从 1991 年开始解体，斯洛文尼亚、克罗地亚、波黑、北马其顿相继宣布独立，1992 年塞尔维亚和黑山组成的南联盟（2003 年改名"塞尔维亚和黑山"）也在 2006 年解体（其中，2008 年科索沃脱离塞尔维亚独立，但未获国际普遍承认），因此前南联邦国家在联邦解体前各自的经济数据暂时缺失，而巴尔干国家中非前南联邦国家 1980 年以来的经济数据相对完整。本文在研究塞尔维亚、斯洛文尼亚、克罗地亚、北马其顿、波黑、黑山等国的经济发展情况时，重点研究其独立后的经济发展状况。

1. 1980—2000 年非前南联邦国家的 GDP 状况

从希腊、罗马尼亚、保加利亚、阿尔巴尼亚四国来看，这四个国家的经济规模差异很大。如表 1 所示，希腊的经济规模最大，罗马尼亚次之，保加利亚第三，阿尔巴尼亚最小。其中，1980 年希腊的 GDP 达到 565.3 亿美元，同时期罗马尼亚、保加利亚和阿尔巴尼亚的 GDP 分别为 460.5 亿美元、323.5 亿美元和 19.5 亿美元。2000 年，希腊的 GDP 达到 1310.8 亿美元，相比 1980 年增长了 2.3 倍，而同时期罗马尼亚、保加利亚和阿尔巴尼亚的 GDP 分别为 372.8 亿美元、132.5 亿美元和 34.8 亿美元。其中，罗马尼亚和保加利亚的 GDP 不但没有增长，反而萎缩了 20% 和 60%。阿尔巴尼亚、保加利亚和罗马尼亚都卷入了东欧剧变，这也造成其 GDP 在 1989—1991 年出现断崖式下滑。虽然 20 世纪 90 年代这三国的经济略有起色，但总体上仍增长乏力。

表1　1980—2000 年非前南联邦国家的 GDP 状况　（单位：10 亿美元）

年份	国家			
	希腊	阿尔巴尼亚	保加利亚	罗马尼亚
1980	56.53	1.95	32.35	46.05
1981	52.16	2.23	34.9	55.32
1982	54.42	2.3	36.39	55.38
1983	49.18	2.32	37.4	48.4
1984	47.92	2.29	39.73	39.11
1985	47.53	2.34	34.02	48.29
1986	55.95	2.59	30.11	52.29
1987	65.13	2.57	34.9	58.48
1988	75.8	2.53	57.03	60.54
1989	78.58	2.78	58.08	54.24
1990	97.14	2.22	25.61	38.52
1991	104.74	1.33	2.51	29.07
1992	115.48	0.84	10.18	19.78
1993	108.1	1.46	5.53	26.62
1994	115.69	2.36	9.72	30.38
1995	135.79	2.88	16.28	35.84
1996	144.64	3.2	12.3	35.69
1997	142.12	2.26	11.32	35.64
1998	143.42	2.56	15.03	42.54
1999	148.15	3.21	13.63	35.95
2000	131.08	3.48	13.25	37.28

2. 2001 年以来巴尔干主要国家的 GDP

由表 2 可以看出，2001 年以来希腊和罗马尼亚的经济规模在巴尔干国家中遥遥领先。其中，希腊的 GDP 在 2001—2008 年一直快速增长，从 2001 年的 1351.6 亿美元上升到 2008 年的 3528.7 亿美元。但是，2008 年之后希腊的 GDP 快速下滑，近几年虽然其在某些年份经济偶有增长，但依然没有恢复到 2008 年的鼎盛状态。罗马尼亚的 GDP 在 2001—2008 年也保持快速增长，从 2001 年的 404 亿美元上升到 2008 年的 2143.2 亿美元。2008 年罗马尼亚 GDP 快速下滑，但是 2011 年开始止跌回升，到 2017 年基本达到 2008 年的经济水平；2021 年其 GDP 达到 2872.8 亿美元，已经远超其 2008 年的经济水平。

表2　2001 年以来巴尔干主要国家的 GDP　　　（单位：10 亿美元）

国家	年份									
	2001	2003	2005	2007	2009	2011	2013	2015	2017	2019
希腊	135.16	200.61	245.92	316.25	328.16	282.95	238.56	195.42	200.06	205.35
阿尔巴尼亚	3.93	5.61	8.05	10.68	12.04	12.9	12.78	11.39	13.05	15.28
保加利亚	14.18	21.15	29.87	44.4	52.02	57.39	55.62	50.65	59.09	68.56
罗马尼亚	40.4	57.81	98.45	174.59	174.1	183.33	190.8	177.73	211.7	249.7
斯洛文尼亚	20.9	29.67	36.26	48.07	50.51	51.58	48.42	43.11	48.57	54.19
克罗地亚	23.06	34.68	45.38	60.07	62.6	62.54	58.19	49.53	55.48	60.75
北马其顿	3.71	4.95	6.26	8.34	9.4	10.5	10.82	10.07	11.34	12.55
波黑	5.78	8.48	10.94	15.32	17.6	18.63	18.16	16.21	18.08	20.2
塞尔维亚	12.32	21.23	27.52	43.43	45.19	49.31	48.43	39.66	44.18	51.48
黑山	1.15	1.68	2.26	3.69	4.17	4.54	4.47	4.06	4.86	5.54

注：由于篇幅所限，本表仅保留了奇数年份数据。

该地区其他 8 个国家的 GDP 规模较小，除黑山外，其余 7 国属于百亿美元级别。这 8 个国家的经济发展情况也都类似之处，比如都是在 2008 年遭遇经济下滑，之后经济在波动中缓慢增长。除克罗地亚外，其他 7 个国家 2021 年的 GDP 都超过了 2008 年的水平。

（二）巴尔干国家的人均 GDP

人均 GDP 是衡量人民生活水平的一个重要指标，其在某种程度上比 GDP 总量更能反映一国或一个地区的富裕程度和经济发展水平。由表 3 可以看出，2001—2008 年巴尔干各国的人均 GDP 都处于快速上升期，虽然 2008—2010 年各国人均 GDP 都出现了急剧下滑，但 2011 年之后，除希腊外的其他各国人均 GDP 都出现了不同程度的回升。截至 2021 年，除希腊外，其他 9 国的人均 GDP 都高于 2008 年的水平。不过，希腊 2008 年的人均 GDP 为 31902 美元，之后一直在波动中下滑；2021 年其人均 GDP 为 19827 美元，仅为 2008 年的 62%。

表 3　2001—2021 年巴尔干国家人均 GDP 情况　　（单位：美元）

国家	年份										
	2001	2003	2005	2007	2009	2011	2013	2015	2017	2019	2021
希腊	12473	18378	22418	28656	29578	25437	21680	17997	18578	19147	19827
阿尔巴尼亚	1284	1846	2674	3595	4114	4440	4416	3954	4526	5305	5837
保加利亚	1797	2711	3870	5812	6878	7832	7676	7080	8382	9863	11332
罗马尼亚	1803	2673	4604	8262	8518	9076	9530	8942	10777	12861	14864
斯洛文尼亚	10502	14874	18152	23912	24854	25156	23517	20899	23511	26039	28939
克罗地亚	5355	8054	10215	13542	14134	14608	13673	11781	13450	14945	15808
北马其顿	1840	2441	3072	4076	4579	5097	5240	4860	5462	6044	6712
波黑	1540	2254	2904	4073	4711	5090	5126	4727	5392	6120	6648
塞尔维亚	1642	2839	3698	5883	6172	6815	6757	5589	6293	7392	8794
黑山	1894	2746	3680	5984	6746	7327	7189	6517	7800	8911	8838

注：由于篇幅所限，本表仅保留了奇数年份数据。

一般认为，人均 GDP 达到 15000—25000 美元可以被看作初级发达国家，人均 GDP 达到 25000—35000 美元可以被看作中等发达国家，人均 GDP 超过 35000 美元则为高度发达国家。由表 3 可以看出，希腊和斯洛文尼亚的人均 GDP 明显高于其他巴尔干国家。其中，2011 年以前希腊是该地区人均 GDP 最高的国家；2011 年之后，斯洛文尼亚的人均 GDP 最高。如仅考虑人均 GDP 这个指标，斯洛文尼亚属于中等发达国家；希腊曾经是中等发达国家，目前属于初级发达国家；克罗地亚属于高收入发展中国家与初级发达国家之间的门槛国家；阿尔巴尼亚人均 GDP 低于 6000 美元，属于低收入发展中国家；保加利亚、罗马尼亚、北马其顿、波黑、塞尔维亚和黑山等六国的人均 GDP 达到 6000—12000 美元，属于中等收入发展中国家。

（三）巴尔干国家的失业率

失业率是一个国家失业状况的主要指标，可以反映一定时期内该国全部劳动人口的就业情况。一般来说，失业率与经济增长率具有反向的对应变动关系。由表4可以看出1997—2021年巴尔干地区主要国家的失业率情况。其中，1997—2021年斯洛文尼亚和罗马尼亚的失业率相对较低，波动相对平缓，失业率大约维持在4%—10%。阿尔巴尼亚、塞尔维亚和克罗地亚三国失业率相对较高，变化波动相对较大，失业率的波动区间为7%—23%。北马其顿、希腊和波黑三国的失业率很高，波动较为剧烈，失业率的波动区间为8%—37%。其中，北马其顿1997—2012年的失业率都超过了30%，近几年才逐步回落到16%左右；波黑的失业率虽然比北马其顿稍微好一点，但两者总体上都较高；希腊的失业率在1997—2008年保持在8%—12%的区间，但2008年之后其失业率急剧上升，2013年一度达到27.48%，而后又逐步回落到15%左右。

表4　1997—2021年巴尔干国家的失业率情况

国家	年份												
	1997	1999	2001	2003	2005	2007	2009	2011	2013	2015	2017	2019	2021
北马其顿	36.1	32.41	30.52	36.69	37.25	34.93	32.18	31.38	29	26.05	22.38	17.25	15.94
希腊	10.3	12.13	10.78	9.78	10	8.4	9.6	17.85	27.48	24.9	21.45	17.33	15.84
波黑	32.3	31.1	31.1	31.1	31.1	29	24.1	27.6	27.5	27.7	20.5	15.7	15.8
阿尔巴尼亚	14.9	18.4	16.44	15	14.1	13.4	13.8	14	15.9	17.1	13.7	11.47	12
塞尔维亚	12.26	13.3	12.2	16	21.83	18.8	16.9	23.6	23	18.23	14.05	10.91	9.33
克罗地亚	9.91	18.63	21.51	19.07	17.58	14.73	14.52	17.37	19.81	17.07	12.43	7.76	8.38
罗马尼亚	7.85	7.18	7.33	7.84	7.14	6.34	6.28	7.17	7.1	6.81	4.93	3.91	4.9
斯洛文尼亚	6.92	7.41	6.19	6.7	6.54	4.86	5.89	8.24	10.18	9.03	6.6	4.47	4.45

注：由于篇幅所限，本表仅保留了奇数年份数据。

2021年全球前十大经济体的平均失业率大约为5.78%，其中最低的是日本，其失业率仅为2.8%；最高的是意大利，其失业率为9.5%。在巴尔干地区，2021年斯洛文尼亚和罗马尼亚的失业率分别为4.45%和4.9%，从全球范围来看这两国的失业率相对较低。2021年阿尔巴尼亚、塞尔维亚和克罗地亚的失业率相对较高，分别为12%、9.33%和8.38%。2021年北马其顿、希腊和波黑的失业率很高，分别达到了 15.94%、15.84% 和 15.8%，这与近年来这三国缓慢的经济发展有密切关系。

（四）巴尔干国家的国际贸易状况

1. 贸易总规模

国际贸易可以调节国内生产要素的利用率，改善国际供求关系，并能反映一国对外经济交往的密切程度。由表 5 可以看出，巴尔干地区的国际贸易总规模都不是很大，总规模超过千亿美元的只有罗马尼亚和希腊两个国家。2021年，这两个国家的贸易总规模分别为 2047.12 亿美元和 1246.12 亿美元。2021年，贸易总规模最小的两个巴尔干国家是波黑和黑山，其规模为 57.89 亿美元和 34.80 亿美元。

表 5　2004—2021 年巴尔干主要国家进出口贸易情况　（单位：亿美元）

| 年份 | 国家 | | | | | | | | | |
	罗马尼亚	希腊	斯洛文尼亚	保加利亚	克罗地亚	塞尔维亚	北马其顿	阿尔巴尼亚	波黑	黑山
2004	560.35	727.09	334.50	243.43	246.13	142.73	46.08	29.01	13.57	16.41
2005	681.31	761.70	375.22	299.86	273.33	149.37	52.69	32.84	16.40	17.55
2006	835.72	887.27	443.24	382.46	318.79	195.98	61.83	38.38	22.70	23.82
2007	1107.08	1111.18	563.56	484.13	382.03	277.93	84.21	52.35	29.02	34.60
2008	1331.15	1269.56	635.90	589.40	448.51	350.16	108.73	65.86	34.19	43.11
2009	945.52	988.17	467.31	397.29	316.76	241.51	77.36	56.16	26.19	26.84
2010	1116.21	938.37	513.81	460.78	318.78	262.66	87.05	61.51	32.03	26.34
2011	1394.12	1003.15	606.38	607.29	360.79	316.41	112.06	73.43	38.53	31.68
2012	1282.71	969.95	554.72	594.04	332.02	301.49	100.26	68.54	34.47	28.13
2013	1392.88	970.11	580.09	638.42	346.74	351.60	108.63	72.28	37.55	28.54
2014	1472.60	978.92	605.74	639.88	367.51	350.41	122.10	76.61	39.21	28.09
2015	1304.55	754.07	524.63	546.92	334.24	312.51	109.15	62.54	34.85	23.95
2016	1380.08	749.61	543.53	556.51	354.77	337.82	115.24	66.28	35.41	26.41

续表

年份	国家									
	罗马尼亚	希腊	斯洛文尼亚	保加利亚	克罗地亚	塞尔维亚	北马其顿	阿尔巴尼亚	波黑	黑山
2017	1558.66	859.36	630.49	655.92	403.80	389.17	133.05	75.50	41.80	30.16
2018	1777.23	1033.91	727.47	717.58	453.24	451.22	159.64	88.15	47.76	34.86
2019	1738.53	1003.12	757.41	712.35	450.67	463.64	166.35	86.29	43.62	33.77
2020	1626.83	908.95	741.55	669.49	429.52	457.34	153.44	80.74	40.03	28.17
2021	2047.12	1246.12	958.03	877.83	565.67	593.65	195.73	112.97	57.89	34.80

巴尔干各国的贸易规模基本都呈现出上升趋势，无论是贸易规模较大的罗马尼亚、希腊，还是贸易规模较小的波黑、黑山等国家，都获得了一定幅度的增长。通过对比各国 2021 年和 2004 年的贸易规模可以看出，阿尔巴尼亚的贸易增幅最大，其 2021 年的贸易规模是 2004 年的 4.27 倍；希腊的贸易规模增幅最小，其 2021 年的贸易规模是 2004 年的 1.71 倍。

2. 贸易差额

贸易差额是一国出口总额与进口总额之间的差额，用以表明一国对外贸易的收支状况。由表 6 可以看出，巴尔干各国的国际贸易普遍处于逆差状态。除了斯洛文尼亚有部分年份是贸易顺差，其余各国几乎每年都处于贸易逆差状态。这说明巴尔干各国产品和服务的竞争力不强，向国外出口的货物和服务较少，从国外进口的产品和服务较多。

表 6　2004—2021 年巴尔干国家贸易差额统计表　　（单位：亿美元）

年份	国家									
	罗马尼亚	希腊	斯洛文尼亚	保加利亚	克罗地亚	塞尔维亚	北马其顿	波黑	阿尔巴尼亚	黑山
2004	-89.78	-394.93	-16.92	-45.13	-85.65	-72.27	-12.56	-27.22	-16.93	-5.17
2005	-128.17	-392.45	-17.30	-64.63	-97.88	-59.79	-11.87	-33.26	-19.66	-8.37
2006	-186.92	-457.33	-17.39	-81.12	-111.26	-67.44	-13.82	-29.30	-22.60	-12.75
2007	-298.06	-582.40	-26.42	-114.27	-134.75	-101.43	-18.42	-40.26	-30.86	-22.15

续表

年份	国家									
	罗马尼亚	希腊	斯洛文尼亚	保加利亚	克罗地亚	塞尔维亚	北马其顿	波黑	阿尔巴尼亚	黑山
2008	-344.12	-648.28	-43.91	-144.65	-166.03	-130.69	-29.82	-50.79	-39.02	-30.93
2009	-137.15	-487.46	-14.39	-71.97	-107.29	-74.63	-21.79	-32.07	-34.15	-19.14
2010	-126.01	-377.51	-19.48	-48.77	-82.56	-66.76	-21.48	-28.21	-30.42	-17.58
2011	-134.35	-328.85	-21.54	-43.69	-93.51	-80.83	-25.86	-33.76	-34.40	-19.04
2012	-123.86	-263.40	-13.12	-60.25	-84.65	-76.97	-23.82	-31.02	-29.16	-18.69
2013	-76.43	-247.02	-7.51	-47.21	-91.90	-59.40	-23.34	-29.17	-25.64	-18.56
2014	-80.36	-260.18	4.71	-53.34	-90.63	-53.51	-23.43	-31.04	-28.11	-19.25
2015	-92.76	-182.60	7.11	-37.40	-77.37	-44.99	-19.01	-25.70	-23.93	-16.91
2016	-110.31	-186.64	9.63	-22.74	-81.82	-40.16	-19.98	-26.39	-27.05	-19.20
2017	-146.11	-208.48	7.40	-26.71	-88.38	-49.23	-20.23	-29.86	-29.66	-21.78
2018	-178.43	-243.73	2.01	-41.31	-109.03	-66.44	-21.46	-32.32	-30.65	-25.42
2019	-193.62	-244.77	-5.91	-43.10	-109.41	-70.98	-22.53	-35.67	-31.89	-24.46
2020	-209.66	-206.89	8.74	-31.16	-90.21	-67.33	-20.76	-28.02	-30.68	-19.82
2021	-280.01	-300.43	-24.06	-50.26	-110.30	-82.33	-31.97	-33.63	-41.73	-24.46
2021年进出口比	1.32	1.64	1.05	1.12	1.48	1.32	1.39	1.58	2.17	5.73
2021年逆差在贸易总规模中的占比	13.7%	24.1%	2.5%	5.7%	19.5%	13.9%	16.3%	36.9%	22.5%	70.3%

从逆差规模来看，2021 年该地区的贸易大国罗马尼亚和希腊的逆差较大，分别为-280.01 亿美元和-300.43 亿美元。2021 年斯洛文尼亚和黑山的逆差规模较小，分别为-24.06 亿美元和-24.46 亿美元，但是这不意味着这两个国家的情况相似，恰恰相反，这两个国家位于两个极端。由于各国经济规模和外贸规模差异很大，所以仅仅看贸易差额很难对各国的贸易状态进行比较。因此，我们用一国的贸易逆差比来进一步探寻各国的贸易结构。如表 6 表示，表内最后一行是 2021 年巴尔干各国逆差绝对值与该国当年贸易总规模的比值。由此可以看出，虽然斯洛文尼亚和黑山的逆差规模较小，但是由于斯洛文尼亚的贸易规模较大，贸易逆差仅占其贸易总规模的 2.5%，而黑山的贸易逆差占其贸易总规模的 70.3%，因此从这两个国家的贸易收支结构来看，斯洛文尼亚的进出口结构相对合理，接近于贸易平衡，而黑山的贸易收支严重不平衡，逆差比率过大。

当然，我们还可以通过进口额与出口额的比值来判断贸易的平衡性问题。由表 6 倒数第二行的进出口比值可以看出，巴尔干各国的进出口比值普遍都大于 1，说明其进口大于出口，因此普遍处于逆差状态。其中，黑山的进出口比值最大（5.73），逆差严重；斯洛文尼亚的进出口比值最小（1.05），基本处于收支平衡状态。

三、中国与巴尔干国家的经贸状况

（一）贸易状况

1. 贸易总额

中国与巴尔干各国的贸易总额反映了两者间经济联系的紧密程度。首先，由表 7 可以看出，中国与巴尔干各国的贸易总额都不大，范围从几千万美元到几十亿美元不等。其中，中国在该地区最大的贸易伙伴是希腊，2021 年双边贸易额为 121.5 亿美元。其次，近年来中国与巴尔干各主要国家的贸易总额有了较大幅度的增长，比如中国与希腊 2021 年的贸易额是 2007 年的 3.55 倍，与罗马尼亚 2021 年的贸易额是 2007 年的 4.31 倍，与塞尔维亚 2021 年的贸易额是 2007 年的 8.73 倍。

表 7　中国与巴尔干各国的贸易总额　　　　　　　　　（单位：亿美元）

年份	国家								
	希腊	罗马尼亚	斯洛文尼亚	保加利亚	塞尔维亚	克罗地亚	阿尔巴尼亚	北马其顿	波黑
2007	34.2	23.7	8	9.7	3.7	15.8	1.5	0.9	0.8
2008	42.6	32.5	11	13.4	5	18.1	2.8	0.8	0.8
2009	36.7	28.1	9	7.4	3.4	11.9	2.7	0.8	0.5
2010	43.5	37.6	15.6	9.8	4	13.9	3.5	1.4	0.6
2011	43.0	44	18.8	14.6	4.7	16.2	4.4	2.5	0.7
2012	40.2	37.8	18.2	18.9	5.1	13.7	4.9	2.3	0.7
2013	36.5	40.3	21.4	20.7	6.1	14.9	5.6	1.7	1.1
2014	45.3	47.4	23.2	21.6	5.4	11.3	5.7	1.7	3.2
2015	39.5	44.6	23.8	17.9	5.5	11	5.6	2.2	1.1
2016	44.9	49	27.1	16.5	5.9	11.8	6.4	1.4	1.1
2017	51.8	56	33.8	21.4	7.6	13.4	6.5	1.6	1.4
2018	70.6	66.7	50.2	25.9	9.5	15.4	6.5	1.5	1.9
2019	84.7	69	39.3	27.2	13.9	15.4	7	2.8	1.9
2020	78.1	77.6	39.6	29.2	21.2	17	6.5	3.8	1.9
2021	121.5	102.2	60	41.1	32.3	23.2	7.6	5.9	2.7
2021年对华贸易额在总贸易额中的占比	9.8%	5.0%	6.3%	4.7%	5.4%	4.1%	6.7%	3.0%	4.7%

表 7 的最后一行是 2021 年巴尔干各国与中国的贸易额在本国总贸易额中的比重。从中可以看出，2021 年中国与巴尔干各国的贸易额占该国总贸易额的比重较低，范围在 3%—9.8%。

巴尔干地区的希腊、斯洛文尼亚、保加利亚、罗马尼亚和克罗地亚五国都是欧盟国家，其商品可以免税出口到欧盟其他国家。同时，由于地理距离、交通成本、交易习惯等原因，巴尔干地区非欧盟成员国的主要贸易伙伴也是欧盟国家。比如，2021年塞尔维亚的进出口总额约合593.61亿美元，出口额和进口额分别为255.64亿美元和337.97亿美元。其中，欧盟是塞尔维亚最大的贸易伙伴，其64.5%的出口额和57.1%的进口额来自欧盟。从国别来看，塞尔维亚前五位的出口目的地依次为德国（占比12.7%）、意大利（占比8.5%）、波黑（占比7.2%）、罗马尼亚（占比5.5%）和匈牙利（占比5.0%）；前五位的进口来源地分别为德国（占比13.2%）、中国（占比12.8%）、意大利（占比8.1%）、俄罗斯（占比5.4%）和土耳其（占比5.0%）。

2. 贸易差额

表8反映了中国与巴尔干各国的贸易差额，可以看出中国在其中基本处于逆差状态，仅对个别国家（比如希腊）处于顺差状态。由于我国与巴尔干各国的贸易规模都不大，因此顺逆差绝对值都较小，比如2021年我国对希腊的顺差额为1.4亿美元，对其他各国基本均为逆差。

表8　中国与巴尔干各国的贸易差额　　　　（单位：亿美元）

年份	国家										
	希腊	阿尔巴尼亚	保加利亚	斯洛文尼亚	克罗地亚	北马其顿	波黑	塞尔维亚	黑山	罗马尼亚	10国合计
2007	1.5	-0.6	-0.8	-0.4	0.8	0	-0.2	0.2	0	-0.7	-0.1
2008	2.2	-0.7	-1	-0.4	1.1	-0.1	0	0.4	0.1	-0.7	0.9
2009	1.3	-0.4	-0.8	-0.5	0.4	-0.2	-0.1	0	0.1	-2	-2.2
2010	0.1	-1.3	-2.6	-0.4	0.8	-0.9	-0.1	-0.2	0	-4.6	-9.1
2011	0.4	-1.3	-3.6	-0.3	0.7	-1.5	-0.3	-0.4	0	-6	-12.2
2012	-0.7	-1.1	-7.3	-1	0.6	-1.3	-0.2	-0.6	-0.1	-7	-18.7
2013	-1.1	-2	-8.5	-1.2	0.3	-1	-0.4	-1.4	-0.1	-9.3	-24.3
2014	0.7	-1.5	-8.7	-1.3	0	-0.8	-0.1	-0.7	-0.4	-12	-24.7
2015	0.8	-0.8	-6.4	-0.8	-0.1	-1.2	-0.5	-0.9	-0.1	-9.8	-19.9
2016	1.4	-0.8	-4.8	-2.1	-0.6	-0.4	-0.4	-1.2	-0.2	-11.1	-20.2
2017	0.5	-1.5	-8.5	-2.1	-0.7	-0.8	-0.5	-1.6	-0.5	-14.5	-30.2

年份	国家										
	希腊	阿尔巴尼亚	保加利亚	斯洛文尼亚	克罗地亚	北马其顿	波黑	塞尔维亚	黑山	罗马尼亚	10国合计
2018	0.9	-0.5	-10	-1.5	-0.8	-0.4	-0.7	-1.5	-0.2	-17.2	-31.9
2019	0.5	-0.4	-10.1	-1.8	-0.1	-1.3	-0.7	-2.6	-0.3	-18.7	-35.4
2020	-0.7	-0.2	-12.2	-1.6	0.2	-2.1	-0.6	-3.4	-0.5	-21.3	-42.3
2021	1.4	-1.1	-15.7	-1	-1.4	-3.4	-1.2	-7.6	0	-28.4	-58.3

从表6中可以看出，巴尔干10国的贸易情况总体上是进口大于出口，处于逆差状态。而从表8中可以看出，2007—2021年中国对巴尔干10国的贸易一直处于逆差状态，而且该逆差虽有部分年份的波动，但整体呈上升趋势，这也说明巴尔干国家在双边贸易中基本处于相对获益的状态。

（二）中国对巴尔干地区的投资状况

1. 投资流量

从表9来看，中国对巴尔干地区直接投资流量的规模不是很大，近年来最大的一笔是2021年对塞尔维亚的投资，金额为2.06亿美元；其次是2018年对塞尔维亚的投资，金额为1.53亿美元；中国其他年份对该地区的投资都低于1亿美元。当然，由于股权换算或投资收益为负的再投资金额，导致中国对一些国家的投资为负。

表9　2013—2021年中国对巴尔干国家直接投资流量情况（单位：万美元）

年份	国家									
	罗马尼亚	希腊	斯洛文尼亚	保加利亚	克罗地亚	塞尔维亚	北马其顿	阿尔巴尼亚	波黑	黑山
2013	217	190	—	2069	—	—	—	—	—	—
2014	4225		—	2042	355	1169	—	—	—	—
2015	6332	-137	—	5916		763	-1		162	—
2016	1588	2939	2186	-1503	22	3079	—	1	85	—

年份	国家									
	罗马尼亚	希腊	斯洛文尼亚	保加利亚	克罗地亚	塞尔维亚	北马其顿	阿尔巴尼亚	波黑	黑山
2017	1586	2857	39	8887	3184	7921	—	21	—	1665
2018	157	6030	1328	-168	2239	15341	183	172	0	1272
2019	8411	57	2684	246	2869	3360	-1338	69	1219	2266
2020	1310	717	-13294	57	15446	13931	-400	10	858	6725
2021	513	656	304	25	1515	20576	272	—	482	5909

2. 投资存量

从表 10 可以看出，中国对巴尔干地区的投资存量大体处于上升趋势。2014 年中国对巴尔干 10 国的投资存量为 5.45 亿美元，之后持续上升。2021 年中国对巴尔干 10 国的投资存量为 15.32 亿美元，是 2014 年的 2.8 倍。具体到国家层面，各国间差异很大。比如 2021 年中国对塞尔维亚的投资存量为 4.82 亿美元，对克罗地亚的投资存量为 2.46 亿美元，对罗马尼亚的投资存量为 2.2 亿美元，而对阿尔巴尼亚的投资存量仅为 485 万美元。同时，由于投资亏损等原因，中国对一些国家的投资存量处于波动或减少状态，比如中国对希腊、斯洛文尼亚、阿尔巴尼亚等国的投资存量近年来处于剧烈波动状态。

表 10　2013—2021 年中国对巴尔干国家直接投资存量情况（单位：万美元）

年份	国家										
	罗马尼亚	希腊	斯洛文尼亚	保加利亚	克罗地亚	塞尔维亚	北马其顿	阿尔巴尼亚	波黑	黑山	10 国合计
2013	14513	11979	500	14985	831	—					—
2014	19137	12085	500	17020	1187	2971	211	703	613	32	54459
2015	36137	11948	500	23597	1182	4979	211	695	775	32	80056
2016	39150	4808	2686	16607	1199	8268	210	727	860	443	74958
2017	31007	18222	2725	25046	3908	17002	203	478	434	3945	102970
2018	30462	24247	4009	17109	6908	27141	3630	642	434	6286	120868

续表

年份	国家										
	罗马尼亚	希腊	斯洛文尼亚	保加利亚	克罗地亚	塞尔维亚	北马其顿	阿尔巴尼亚	波黑	黑山	10国合计
2019	42827	23102	18960	15681	9840	16473	2109	711	1670	8509	139882
2020	31316	12629	4680	15584	25264	31057	1710	600	2286	15308	140434
2021	22011	13295	5018	15131	24553	48229	1793	485	2122	20601	153238

四、小结与政策建议

（一）小结

巴尔干地区位于欧亚两洲的接壤处，是欧洲的下腹部，扼黑海、地中海的咽喉，战略位置十分重要。近年来，由于政治相对稳定，巴尔干各国的经济得到一定程度的发展。

第一，从国内经济指标来看，该地区各国的经济规模差异很大。希腊和罗马尼亚的经济规模在巴尔干地区遥遥领先，该地区其他8个国家的GDP规模较小。该地区各国家的经济发展情况也都类似，都是在2008年遭遇经济下滑，之后又恢复缓慢增长。该地区人均GDP差异很大，其中希腊和斯洛文尼亚的人均GDP明显高于其他国家，属于较为发达国家；克罗地亚属于高收入发展中国家与初级发达国家之间的门槛国家；阿尔巴尼亚属于低收入发展中国家；其余国家属于中等收入发展中国家。巴尔干各国的失业率差异很大，1997—2021年斯洛文尼亚和罗马尼亚的失业率相对较低，维持在4%—10%；阿尔巴尼亚、塞尔维亚和克罗地亚三国失业率相对较高，变化波动较大，达到9%—21%；北马其顿、希腊和波黑三国失业率很高，波动较为剧烈，达到9%—37%。

第二，从贸易数据来看，巴尔干国家的国际贸易总规模都不是很大，其中超过千亿美元的只有罗马尼亚和希腊两个国家，不过各国的贸易规模基本都呈现出上升趋势。但是，巴尔干各国的贸易普遍处于逆差状态，除了斯洛文尼亚在部分年份是贸易顺差，其余各国几乎每年都处于贸易逆差状态。

第三，从中国与该地区各国的经贸关系来看，中国与巴尔干各国的贸易总额都不大，幅度从几千万美元到几十亿美元不等。近年来，中国与巴尔干地区各主要国家的贸易总额有了较大幅度的增长。虽然中国对该地区的投资规模不是很大，但是总体的投资存量大体处于上升趋势，其中国别间差异很大，例如中国对塞尔维亚、克罗地亚和罗马尼亚的投资存量相对较高，对其他国家的投资存量相对较低。

（二）政策建议

欧盟通过签署《稳定与联系协议》、提供财政援助、推行贸易优惠政策、建立"欧洲伙伴关系"等方式来促进西巴尔干国家的发展，但是从近年的发展状况来看，欧盟将会持续援助西巴尔干国家，但不会急切地拉它们入盟。因此，中国应该基于经贸合作持续发力，促进与巴尔干国家形成更为紧密的经贸关系。

1. 加大与巴尔干国家的经贸合作

近年来，中国与巴尔干国家的贸易关系不断发展，双边贸易额稳步提升。中国可以利用中国-中东欧国家合作机制，将双边经贸合作做大做实，将与巴尔干国家的合作建设成为中欧合作的重要组成部分。中国应在遵守国际通行规则和欧盟法律法规框架的基础上，深化与巴尔干国家的经贸合作，推动中东欧国家的加速发展，开创中国同欧洲合作的新途径，使中国-巴尔干国家合作成为中国-中东欧合作的样本项目，成为"一带一路"倡议融入欧洲经济圈的重要接口。

2. 深化基础设施建设合作

交通运输对巴尔干地区的发展极其重要，是促进双边经济发展、加强友好合作的桥梁。中国-中东欧国家合作机制建立以来，提出了"加快推进互联互通""构建互联互通新走廊""开展基础设施建设合作"等内容。中国应积极利用"一带一路"合作重点项目匈塞铁路的示范效应，促进中国铁路产品设备及施工和调试过程通过巴尔干国家相关机构的认证，实现中国铁路技术装备与欧盟铁路互联互通技术规范对接，为促进巴尔干地区与欧洲中西部之间形成畅通的铁路网络作出贡献。

3. 发挥好金融的支撑作用

中国应全面强化金融服务实体经济的支撑作用，加大对重点外贸产业的支持，加强对重点涉外企业的信贷支持，深入推进科技金融高质量发展，对重点企业制定个性化、精准化的融资服务方案，不断提升贸易便利化水平，支持符合条件的支付机构和银行凭交易电子信息为跨境电子商务、外贸综合服务等贸易新业态相关市场主体提供高效、低成本的跨境资金结算服务。同时，应指导金融机构为进出口企业提供更多的汇率风险管理产品，并积极发挥中国信保的作用，为我国企业与巴尔干国家进行贸易与投资合作提供出口信用保险业务。

"协和民主"的困境
——波黑塞族共和国政党政治发展启示

陈慧稚

内容提要 "协和民主"模式对于维持多元社会政治稳定的功与过数十年来争论不断，但该模式至今仍是主流的后冲突社会的政治制度方案，其在西巴尔干国家波黑的实践尤其受到关注。波黑具有大多数协和民主制度的特征，尤以波黑塞族共和国最为鲜明。然而，波黑的"协和民主"实践至今并不稳定。分析波黑塞族共和国政党政治的发展历程，可为研究协和民主模式在特定条件下的运行特点提供启示。作者认为，"协和民主"有制度但不等于有精英之间的合作；该制度的有效实践需确保社会各区块执政精英的大联盟；如各区块产生较强的反对派，可能促使社会分裂加剧，也可能最终使有关民族走向去政治化，但受制于"协和民主"制度本身，这一过程不可能一帆风顺。

关 键 词 协和民主；波黑；塞族共和国

作者简介 陈慧稚，首都师范大学文明区划研究中心特聘研究员

美国政治学家利普哈特 1969 年提出的"协和民主"（consociational democracy）是当代最知名和最具影响力的极度分裂社会和后冲突社会的政治制度方案，[①]冷战结束后成为国际社会主流的和平和民主构建对策，在包括波黑在内的多个

---

① Mirjana Kasapović, *Bosna i Hercegovina 1990-2020：Rat，država i demokracija* （Zagreb：Školska knjiga，2020），str. 250.

西巴尔干国家得到实施，① 其中以波黑模式最为典型。波黑战争结束近 30 年来，"协和民主"制度在该国的实践备受学术界关注，也充满争议。本文将通过对波黑实体之一塞族共和国政党政治发展的分析，指出"协和民主"制度在特定条件下对于维持一国政治稳定的功用和缺陷。本文第一部分概述"协和民主"理论及对该理论的批判，第二部分阐述波黑"协和民主"制度的滥觞及特点，第三部分分析波黑塞族共和国政党政治的发展，第四部分对波黑塞族共和国案例对于"协和民主"模式理论和实践的启示进行总结。

一、协和民主：理论及批判

利普哈特"协和民主"思想的产生背景，包括政治学理论和实践中多数民主模式的主导地位，去殖民化过程中有关新生国家多数民主制度有效性讨论的兴起，以及利普哈特作为荷兰人对于当时荷兰民主模式的认识。② 在其 1977 年首次系统论述"协和民主"制度的著作《多元社会中的民主：一项比较研究》中，利普哈特认为，奥地利、比利时、荷兰和瑞士的"协和民主"经验能为第三世界被宗教、意识形态、语言、地域、文化或民族等性质的区块隔阂所分割的"多元社会"提供建立民主制度的可能。③

利普哈特认为，"协和民主"具有四大基本特征：（1）由多元社会各重要区块的政治领导人组成大联盟政府，区别于多数民主制下按简单多数原则产生的"小联盟"，这是"协和民主"最为重要的机制；（2）相互否决或协同多数原则；（3）在政治代表、公职任命和公共财政配置方面，主要坚持比例性原则；（4）每一区块在处理其内部事务上高度自治。④

如果说多数民主制度的目标是代表一国大多数公民的利益，那么"协和民主"制度的意义就在于代表尽可能多公民的利益。⑤ 这一制度力争在利普哈特

---

① Soeren Keil, "Power-Sharing Success and Failures in the Western Balkans," *State-Building and Democratization in Bosnia and Western Balkans* (New York: Routledge, 2016), pp. 194-195.

② Damir Kapidžić, *Multietnička demokracija* (Sarajevo: Fakultet političkih nauka, 2019), str. 148.

③ 阿伦·利普哈特：《多元社会中的民主：一项比较研究》，刘伟译，上海人民出版社，2012，第2—3页。

④ 同上，第23—24页。

⑤ Kapidžić (2019), str. 147.

所言的"精英卡特尔"之间建立稳定的民主，而他认为一个稳定的"协和民主"国家应满足五项指标：不存在革命；不存在暴力；不存在不满；政府的稳定；宪法的延续性。① 但有学者指出，正因为"协和民主"有赖于政治精英的合作，其必定是稳定的，所以如果不存在这样的合作；一个国家就是不稳定的，也无所谓"协和民主"。② 利普哈特本人早年即发现，"在协和民主国家，多元社会的离心倾向被各区块领袖合作的态度与行为抵消，精英的合作成为其首要特征"。③ 而多元社会中如果精英行为表现为彼此对立，则该民主政体并非协和民主，而是"离心民主"，是不稳定的。④ 因此，政治精英之间如不存在共识文化，可能导致被移植的"协和民主"制度水土不服，尽管利普哈特在后期的研究中更加强调促使精英进行对话的制度建设。⑤

关于"协和民主"制度在政治关系分裂的多族群国家中的实际效用，数十年来的多种研究得出了不同的结论，⑥ 但对于该理论及其思想基础的本质批判来自于建构主义和自由民主制度的崇尚者。他们认为"协和民主"坚持原始的身份观，忽略身份的建构主义维度，非但不解决基于民族的政治动员这一弊病，还将其制度化，同时给了政治精英操弄民族差异的机会；⑦ "教条式"的民族集体权利不仅有悖理性原则，将本民族对其他民族施加的不公视为其权利，从实际后果来看也易导致大规模人道主义灾难。⑧ 此外，他们还质疑为了保持和平是否应该把具有歧视性的政治安排制度化。⑨ 最激烈的批评者直指"协和民主"基于种族歧视和种族隔离，为沙文主义者和法西斯主义者张目。⑩

对此，有"协和民主"的推崇者指出，他们大多也是自由民主的拥护者，但是在分裂的国家"不止存在一个社会"，它们之间的关系不应是单纯的公民社会。⑪ 甚至利普哈特"协和民主"理论的最大竞争对手——聚集化（centripetal）

① Kasapović（2020），str. 283.
② Kapidžić（2019），str. 154.
③ 利普哈特（2012），第 1 页。
④ 同上，第 90—91 页。
⑤ Kapidžić（2019），str. 149-150.
⑥ Isti，str. 152-153.
⑦ Isti，str. 153.
⑧ Sabrina P. Ramet, *Čija demokracija? Nacionalizam, religija i doktrina kolektivnih prava u srednjoj i jugoistočnoj Europi nakon 1989* (Zagreb：Alinea, 2001)，str. 21.
⑨ Soeren Keil, "Equality and Inequality in Bosnia and Herzegovina," *The Principle of Equality in Diverse States-Reconciling Autonomy with Equal Rights and Opportunities* (Leiden：Brill, 2021), p.351.
⑩ Kasapović（2020），str. 259.
⑪ Isti，str. 268.

理论的创始人霍洛维茨也承认，虽然他的理论提出通过选举机制等激励机制可以中和政客的行为，使其妥协，这一点是"协和民主"做不到的，但接受一整套激励机制的案例很难找到。① 同样值得注意的是，在分析一国内少数民族分裂行为时，霍洛维茨也指出，民族政治具有的"流动性"比那些称某些民族永久敌对的人感觉中的更大。②

此外，"协和民主"理论的鼻祖利普哈特认为"协和民主"有助于保持多元社会长期稳定，但他也不否认在比例选举制下，潜在的反体制、反政体的新兴政党获得发言权之后可能摒弃"协和民主"。"当社会变得较不多元，而让人们越来越觉得协和民主不再必要时，要从协和民主转变为更具竞争性的民主政体，这并不太困难。"③ 利普哈特后期的"协和民主"思想为经典"协和民主"的自由化开放了路径，一些"协和民主"研究者故区分了族群身份比较僵化的"集团式协和民主"和族群身份构建开放的"自由式协和民主"，认为如果每个族群中建立超族群身份的政治力量均占上风，则"协和民主"极有可能被瓦解，但在内外因素影响下，"协和民主"的转型将是一个极其复杂的过程。④

波黑是公认的典型的实行"协和民主"制度的国家，但其三个主体民族——波什尼亚克族（下称"波族"）、塞尔维亚族（下称"塞族"）和克罗地亚族（下称"克族"）——对于国家前景和"协和民主"制度有不同意见，这也体现在三个民族的学者对于"协和民主"及其相关概念的不同看法上。波族学者多持批判意见，而塞族和克族学者则多持支持意见。⑤波黑/克罗地亚学者卡萨波维奇则认为，应该把对于"协和民主"制度本身的批评和"协和民主"模式政府的行为加以区分，更加注重对于"协和民主"四大制度安排之间的关系以及政客行为的研究。⑥

---

① Donald L. Horowitz, "A Right to Secede?" *Nomos*, Vol. 45, Secession and Self-Determination (2003), p. 72.

② Ibid., p. 58.

③ 利普哈特（2012），第41—42页。

④ Kasapović (2020), str. 270-271.

⑤ Kasapović (2020), str. 159; Asim Mujkić, *Pravda i etnonacionalizam* (Sarajevo: Centar za ljudska prava Univerziteta u Sarajevu & Fondacija Heinrich Böll, Ured u Sarajevu, 2010), str. 62-66.

⑥ Kasapović (2020), str. 291.

二、波黑：共同而分裂的国家

波黑①目前的"协和民主"制度是通过 1995 年结束波黑战争的《代顿和平协议》建立的。1992 年波黑战争爆发，主要是因为三个主体民族对于波黑是否应脱离南斯拉夫独立以及波黑内部政治结构重组存在不同诉求。尽管从一开始，波黑塞族和克族的领导政党就为单方面成立的单一民族政权划定了领土范围，但这并不意味着两个民族对波黑毫无归属感。② 波黑塞族和克族在 19 世纪到 20 世纪初形成了民族意识，但甚至在这一时期也有诸多文献证据显示，波黑人大多以其宗教信仰身份——即东正教徒、天主教徒和穆斯林——自称或被称，或是无论宗教信仰都自称或被称"波什尼亚克人"；③ 波族民族身份确立则要等到南联邦时期——在波黑战争期间，波族这一族名才取代穆斯林族。

在南联邦时期，波黑 1990 年首次举行多党制选举。由于留给政党形成和动员的时间太短，④ 民族身份成了政治动员的总体基调。波族、塞族和克族的

①　根据 2013 年的人口普查结果，波黑总人口为 353.1 万，波族（穆斯林）、塞族和克族人口分别占 50.1%、30.9% 和 15.4%。波黑战争前（1991 年）的最后一次人口普查显示当时波黑总人口为 347.7 万，波族、塞族和克族人口分别占 43.5%、31.2% 和 17.4%。波黑战争前，波黑各民族高度混居，战后各民族相对聚居，人口分布变化详见陈慧稚：《巴尔干国家概览：波黑》，世界知识出版社，2019，第 58 页，注释 1。

②　波黑塞族政权塞族共和国在成立之初叫波黑塞族共和国，数月后才改称塞族共和国。参见 Florian Bieber, *Bosna i Hercegovina poslije rata: Politički sistem u podjeljenom društvu* (Sarajevo: Buybook), 2008, str. 29. 也有学者认为波斯尼亚自古以来就是塞族国家，波黑塞族称波斯尼亚王国唯一的女王耶伦娜·格鲁巴·科特罗马尼奇（Jelena Gruba Kotromanić，在位时间 1395—1398 年）是塞族国家的第一位女性领导人。参见 Čedomir Antić and Nenad Kecmanović, *Istorija Republike Srpske* (Beograd: Nedeljnik, 2016), str. 345. 波黑克族政权黑塞哥-波斯尼亚克族共同体名称中的"黑塞哥-波斯尼亚"就是指波黑，最早在 1900 年被使用。参见陈慧稚（2019），第 9 页，注释 3。波黑克族至今仍纪念从黑塞哥维那嫁入波斯尼亚王国王室而成为王国最后一位王后的卡塔琳娜·科萨查·科特罗马尼奇（Katarina Kosača Kotromanić）。波黑波族、塞族和克族语言相通、交流无碍，且波黑塞族和波黑其他民族均使用 ijekavica 口音，和塞尔维亚塞族使用的 ekavica 口音不同。

③　参见 Senaid Hadžić, *Bosna i Hercegovina u vrijeme pojave (veliko) nacionalnih ideja* (Tuzla: Arhiv Tuzlanskog kantona, 2016). 波黑/克罗地亚文化学者洛夫伦诺维奇认为波黑克族是在 20 世纪 30 年代大规模接受其克族民族身份的，参见 Ivan Lovrenović, *Bosanski Hrvati-Esej o agoniji jedne evropsko-orijentalne mikrokulture* (Zagreb: Durieux, 2002), str. 16；但他也认为波黑克族民族身份已是既定事实，不可能回到从前，参见 Lovrenović (2002), str. 8。

④　Kapidžić (2019), str. 149-150; Bieber (2008), str. 29.

三大民族政党民主行动党（SDA）、塞族民主党（SDS）和波黑克族民主共同体（HDZ BiH）以在选举中击败其他对手为共同目标结盟，甚至互相助选。新的选举和政治制度延续了前南斯拉夫时期一贯的民族配额原则，波黑主席团由波族、塞族和克族成员各两名和其他民族成员一名组成，选民每人可选 7 名候选人，得票数最高者胜选；议会两院——人民院和地方院——分别经由比例代表制和两轮多数代表制选举产生，前者在全国划分 7 个大选区，后者以各市镇为选区。三大民族政党以明显优势胜选并共同执政之后，曾就以具有"协和民主"特征的方案改革波黑政治制度进行过讨论，[①] 但时值南斯拉夫最后的动荡岁月，三党对于波黑国家未来有着不同诉求，塞族希望留在南斯拉夫，克族希望随波黑或自我独立，而波族一开始甚为犹豫，最后则在西方的承诺下坚定了波黑独立的取向。最终，随着南斯拉夫分崩离析，波黑也来到了生死存亡的关头。

南斯拉夫解体前，已介入当地局势的西方很早便开始干预波黑问题，成为波黑战争及其战后发展中的关键因素，但西方在斡旋立场上经常举棋不定。波黑战争前夕，在波黑塞族共和国 1992 年 1 月 9 日宣布成立的情况下，欧盟[②]仍然决定根据波黑公投结果接受波黑独立，尽管塞族对波黑独立公投进行了全面抵制。波黑战前和战争期间，欧盟主导的多份和平方案均包括按照民族原则建立联邦或邦联制的波黑国家，但均由于至少交战一方不同意而流产。欧盟从一开始便建议波黑按照民族原则划分三民族政权领土的做法鼓励了战争和种族清洗行为；[③] 而波族作为波黑最大民族则纠结于"正义的战争"和"不正义的和平"这一"假两难推理"之中，也即接受分割波黑的方案就是罔顾波族利益，而反对这一方案则会让战争旷日持久。[④]

在美国主导下，波黑波族和克族在 1994 年初签署结束双方敌对的《华盛顿协议》，在波黑率先建立波黑联邦，为寻求"正义的和平"迈出了第一步。除了国际社会施压克罗地亚退出波黑战争的积极影响，非出自波黑克族民主共同体的波黑团结克族人士呼吁实行以维护波黑主权领土完整为原则的救国方案

---

① Bieber（2008），str. 34.

② 当时为欧共体。

③ Kasim I. Begić, *Bosna i Hercegovina od Vanceove misije do Daytonskog sporazuma*（Sarajevo：Bosanska knjiga, 1997），str. 100-101.

④ Isti, str. 146.

也是促成协议的重要因素。①

　　波黑战争后期，坚持本民族"神圣领土"②的塞族仍不愿放弃领土诉求，寻求彻底脱离波黑而独立。③ 最终结束波黑战争的《代顿和平协议》签署后，未参与协议谈判的波黑塞族和克族都不满意，成了该协议根本的合法性矛盾所在。④ 根据协议，现波黑塞族共和国领土⑤和其战果基本相符，但塞族对失去对波黑克拉伊纳地区、萨拉热窝部分地区和布尔奇科的控制耿耿于怀，不过他们此后逐渐看到了这一协议对波黑塞族共和国的特殊意义，毕竟协议下的波黑与波黑战争期间的那个波黑共和国已经不可同日而语；塞族共和国作为波黑的一个具有高度自治权的实体受国际法保护，而该协议所设立的国际社会驻波黑高级代表⑥职责有限。⑦

　　不过，塞族很快也发现事情并不简单。《代顿和平协议》及其对波黑的"协和民主"制度安排让波黑起死回生，但战后初期继续掌控波黑政治的各民族精英并不准备妥协，使波黑国家层面的政治生活陷入瘫痪。国际社会通过为高级代表配置"波恩权力"，在波黑进行了大刀阔斧的改革，⑧ 在波黑战后政治发展历程中留下了不可磨灭的印记。不过，因为高级代表未能修改作为《代顿和平协议》附件的波黑宪法，波黑"协和民主"制度的基本框架并没有受到影响。

　　波黑的"协和民主"制度以民族为区块进行构建。在国家层面，其大联盟的特征主要表现为要求通过共识产生决策的由波族、塞族和克族各一名成员组成的波黑主席团；波黑议会代表院对选自两个实体的议员数量的硬性规定；具

① Begić（1997），str. 166–170.

② Ivo Komšić, *Preživljena zemlja-Tko je，kada i gdje dijelio BiH*（Zagreb：Prometej，2006），str. 414.

③ 有些塞族政客认为他们当时已经"走得太远，不能回头"，如果接受留在波黑框架下的和平方案，必将被作为战争犯遭到清算。Begić（1997），str. 220.

④ Maja Ružić, "Bosnia and Herzegovina：A Continuation of War by Other Means," *International Issues & Slovak Foreign Policy Affairs*，Vol. 21，No. 1–2，Nuclear Energy at a Crossroads（2012），pp. 76–77.

⑤ 占波黑国土面积的49%。

⑥ 正式头衔为高级代表。

⑦ Antić & Kecmanović（2016），str. 340–341；另见 Sanja Golijanin, "Republika Srpska," *Država，politika i Društvo u Bosni i Hercegovini-Analiza postdejtonskog političkog sistema*（Sarajevo：University Press，2011），str. 438。

⑧ 关于高级代表机制在波黑的发展和争议，详见 Mateja Peter, "No Exit：The Decline of the International Administration in Bosnia and Herzegovina," *State-Building and Democratization in Bosnia and Western Balkans*，pp. 131–149。

有立法权力的波黑议会民族院三个主体民族的人数均等，且塞族议员全部选自塞族共和国；波黑部长会议（波黑政府）对各实体部长人数的要求；等等。在实际政治生活中，波黑实体和民族间相互否决的机制经常被使用。"协和民主"的比例性原则和各区块自治原则在波黑也有体现。但是，塞族和克族这两个波黑较小的主体民族拥有的权力并不平等：塞族拥有自己的实体，而克族没有；[①]波黑主席团塞族成员只能从塞族共和国选出，而波黑主席团波族成员和克族成员都在另一实体波黑联邦选出。虽然三名成员的候选人均不要求只能由其对应民族选民选出，但因为塞族共和国塞族人口占绝对多数，[②] 因此当选者必定基本依靠塞族选票当选，而在波黑联邦，已出现过多次克族候选人凭借波族选票当选的情况。克族认为这极不公平，本就对"协和民主"颇为抵触的波族则认为确保波黑主席团克族成员由克族选民选出将加剧波族和克族之间的"种族隔离"。波黑联邦没有完全实现波族和克族之间的"协和民主"，也被认为是该实体政治运转效率低下的原因。[③] 因此，波黑可被视为具有大多数经典"协和民主"制度特征的权力高度分散的国家。正如霍洛维茨所言，完全落实"协和民主"制度的国家很罕见，因为"协和民主"本质上是对少数民族的政治保障，而多数民族更倾向于多数人统治的模式。[④]

尽管《代顿和平协议》体现了对波黑和平发展的良好愿望，[⑤] 纵观波黑战后的政治发展历程，其"协和民主"实践表现出"妥协文化"或者信任[⑥]的长

---

① 波黑联邦分为 10 个州，其中 3 个州以克族人口为主，2 个州克族和波族人口比例相当。波黑联邦州的政治结构比波黑联邦和波黑国家简单得多，因此克族在其人口占多数的州能保持对政府的控制。陈慧稚（2019），第 44—45 页。

② 根据波黑 2013 年人口普查的结果，塞族共和国共有人口 122.8 万，其中 81.5%为塞族，14%为波族，2.4%为克族。

③ Kasapović（2020），str. 398.

④ Horowitz（2003），p. 72.

⑤ 现任美国驻波黑大使迈克尔·墨菲（Michael Murphy）曾就波黑政客评论说："《代顿和平协议》有它的缺点……但是里面没有一个字让（波黑的）精英们操纵选举、阻碍政治、拒绝妥协、使用挑衅言论或攻击整个国家的宪法基础。" 参见波黑媒体 2022 年 11 月 2 日的报道，"Murphy：Oni koji nastoje srušiti Schmidta i OHR trebali bi pažljivije razmotriti posljedice，" https：//www.klix.ba/vijesti/bih/murphy-oni-koji-nastoje-srusiti-schmidta-i-ohr-trebali-bi-pazljivije-razmotriti-posljedice/221102048，访问日期：2022 年 12 月 26 日。

⑥ Florian Bieber，"Bosnia and Herzegovina：A Failed Success，" *State-Building and Democratization in Bosnia and Western Balkans*，pp. 215-216. 利普哈特本人也指出，"协和民主"因其机制特征被认为存在的最大问题就是可能导致政治瘫痪，但他也认为有关特征也可能在决策方面发挥积极作用，且有利于"协和民主"的长期稳定。利普哈特（2012），第 41 页。

期缺失，① 而对民族集体权利的坚持导致民族和解进程缓慢，尤其是在对波黑历史和涉波黑战争问题上始终存在严重的差异化认识或知识，以及民族政治精英通常靠彼此间的冲突而非合作维持统治。② 但是，就波黑的"协和民主"制度本身而言，如果完全搁置随《代顿和平协议》和后续的布尔奇科仲裁已经尘埃落定的领土争议，波黑塞族相对于波黑其他两个民族来说某种程度上可能还处于权力优势地位，但其和波黑联邦（主要是波黑最大民族波族）之间的关系仍然不稳定，这表现为塞族政治精英反复的独立要求。③ 为什么会这样？塞族共和国政党政治的发展历程或许能给我们一些启示。

三、波黑塞族共和国：同而不和

和波黑联邦不同，塞族共和国为单一制。该实体的半总统制政体自从波黑战争时期延续至今，但在 2000 年之后根据波黑宪法法院关于波黑三个主体民族在全境享有平等权利的判决进行了有限调整，包括：在其一院制议会的基础上增设一个没有立法权的民族院；规定议会 83 名议员中至少有 4 名议员来自同一主体民族；④ 增设 2 名和塞族共和国总统来自不同民族的权力极其有限的副总统；政府部长和宪法法院及最高法院法官必须包括一定比例的非塞族成

---

① 现任高级代表克里斯蒂安·施密特（Christian Schmidt）曾说："我有时感到这里的人（作者注：指波黑人）觉得妥协就是软弱的象征。"参见波黑媒体 2022 年 8 月 19 日的报道，"Veliki intervju Christiana Schmidta za Klix. ba：U presudi 'Ljubić' sud nije uvidio da Dom naroda predstavlja i kantone," https：//www. klix. ba/vijesti/bih/veliki-intervju-christiana-schmidta-za-klix-ba-u-presudi-ljubic-sud-nije-uvidio-da-dom-naroda-predstavlja-i-kantone/220818123，访问日期：2022 年 12 月 26 日。

② Mujkić（2010），str. 69.

③ 以美欧为首的西方似乎越来越倾向于把塞族精英挑战波黑宪法秩序的言论视为"说辞"（rhetoric），而非箭在弦上亟待落实的具体政治计划，但也屡次对其试图撕毁《代顿和平协议》的行为予以警告。然而，在迫于外部压力独立无望的情况下，塞族无论如何已经把他们的塞族共和国视为一个"国家"，而且非但不反对《代顿和平协议》，还成了可能是波黑最拥护该协议的民族，但是要求回到所谓"原初的代顿协议"，也即要求收回在高级代表干预下曾从实体转移给波黑国家的职权。如今，塞族共和国是波黑唯一庆祝《代顿和平协议》签署纪念日的地区，由此可见一斑。

④ 高级代表同期所颁布的塞族共和国和波黑联邦宪法修正案中均包含此规定，但因其并没有明确是否要求实体议会议员必须包括全部三个主体民族，对此条规定似可有另一种解读，也即只需满足某一主体民族议员人数超过四名即可。根据实际选举结果，两个实体的议会议员构成通常达不到每个主体民族必须有至少四人的标准。

员；等等。① 因此，塞族政党基本掌控着该实体的政治进程。

波黑战后以来，波黑塞族政党数量不断增长，但塞族民主党、民主进步党（PDP）② 和独立社会民主人士联盟（SNSD）③ 三党在选举表现上总体较为突出，因此也是塞族共和国政党政治最相关的政党。塞族三党在波黑战后历次大选中在塞族共和国人民议会和波黑议会代表院所获席位数见表 1 和表 2。④

表 1　波黑塞族三党历年获塞族共和国人民议会席位数（总数 83）

年份	塞族民主党	民主进步党	独立社会民主人士联盟
1996	45	—	—
1998	19	—	6
2000	31	11	11
2002	26	9	19
2006	17	8	41
2010	18	7	37
2014	24	7	29
2018	16*	9	28
2022	13	8	29

表 2　波黑塞族三党历年获波黑议会代表院席位数（总数 14）

年份	塞族民主党	民主进步党	独立社会民主人士联盟
1996	9	—	—
1998	4	—	4*
2000	6	2	2*
2002	5	3	3
2006	3	1	7

---

① 在塞族共和国，实际上政府的非塞族部长也多来自本地的塞族政党。

② 波黑社会主义共和国时期担任过波黑主席团成员的姆拉登·伊万尼奇（Mladen Ivanić）于 1999 年创立的政党。

③ 波黑社会主义共和国时期担任过今塞族共和国拉克塔希镇（Laktaši）镇长的前商人米洛拉德·多迪克（Milorad Dodik）于 1996 年创立的政党。

④ 数据综合了 Golijanin（2011），str. 447，以及波黑议会官网和波黑中选委官网的信息。

年份	塞族民主党	民主进步党	独立社会民主人士联盟
2010	4	1	8
2014	5	1*	6
2018	3	2	6
2022	2	2	6

*和其他政党结盟获得的席位总数。

波黑塞族政党政治发展迄今可分为三个阶段。

第一阶段为 1992 年到 1997 年。在 1990 年波黑大选议会人民院选举中获得 83.8%[①]塞族选民支持的塞族民主党在整个波黑战争期间都是波黑塞族的领导政党。战后首次波黑大选在自由选举条件成疑的情况下仓促举行,[②] 结果塞族民主党和波族、克族的战时领导政党再次以压倒性优势在两个实体和国家层面获得选举胜利。但是,三党在和平的波黑只是把热战变成冷战,在涉及波黑国家运转的所有基础性问题上都无法达成共识。[③]

第二阶段为 1997 年到 2006 年。为缓解波黑政治困局,1997 年获得"波恩权力"的高级代表获准在波黑各政党无法达成共识时颁布具有临时性效力的法律,以及撤换其认为违反《代顿和平协议》的波黑政府官员。高级代表根据"波恩权力"颁布各项决定的高峰期为 1999 年到 2006 年,尤其是在 2002 年到 2004 年。[④] 在此期间,波黑在高级代表的推动下完成了税务、边防、情报和国防体系改革,撤销实体军队建制,设立了波黑法院和全国性司法行政管理机构波黑高级法官和检察官会议。[⑤] 与此同时,为数众多的高层政府官员被高级代表撤换,有些还被禁止参加选举和在政党中任职。塞族是受此类制裁最多的民族,共有近 50 名官员受影响;对这些人的制裁主要发生在 2005 年之前,其后

---

① Kapidžić(2019),str. 182.

② Hoda Dedić, *Bosna i Hercegovina i Evropska unija:pretpostavke i dosezi integracije*(Tuzla:Bosanska riječ,2015),str. 78-79.

③ Isti,str. 80.

④ Isti,str. 95.

⑤ 《代顿和平协议》附件 4 波黑宪法规定波黑国家机构的职权仅包括外交、外贸、关税、财政政策,移民、难民和外国人庇护政策,国际和实体间刑事执法,建立和运作共同的和跨国通信设施,实体间交通和空中交通管理等,但也规定在两个实体都同意的情况下,波黑国家机构也可承担其他职权,增设政府机构。

他们被逐渐解禁。[1]

受到制裁的不乏塞族高官，且大多来自塞族民主党，其中多人是因藏匿波黑战争战犯、塞族民主党创始人和第一任党主席卡拉季奇而受制裁。一方面，这是因为塞族民主党在这一时期仍具有较强实力，在大多数时间内作为塞族共和国和波黑国家的执政党，高官较多；另一方面，国际社会显然欲借高级代表之手打压塞族民主党及其右翼盟友，望以此改善波黑政治氛围。

这一时期，塞族民主党起初便因为塞族共和国经济改革问题出现分化，甚至在 1997 年初发生了塞族共和国警察机构分裂的重大政治危机。[2] 此后，领衔党内改革派的比利亚娜·普拉夫西奇（Biljana Plavšić）另立新党，和其他几个政党联合在当年的塞族共和国临时议会选举中获胜，独立社会民主人士联盟领导人多迪克被时任塞族共和国总统的普拉夫西奇任命为总理，由此登上政治舞台。2002 年，普拉夫西奇向前南斯拉夫国际刑事法庭承认部分战争罪罪行，次年起开始服刑，由此其政治生涯告终。从 2000 年到 2006 年，塞族民主党在波黑大选中的表现每况愈下，但因和民主进步党结盟而仍能保持执政党地位。同期，独立社会民主人士联盟不断走向政治前台，在担任塞族共和国反对党期间和波族政党过从甚密，甚至反对塞族共和国阻碍波黑国家机构发展，要求新增和强化波黑国家职权，[3] 也因此颇受西方青睐。

2006 年是塞族共和国政党政治发展的一个重要转折点。当年 3 月，塞族民主党、民主进步党、独立社会民主人士联盟和波族、克族的主要政党就波黑宪法改革方案达成初步一致意见，该方案在西方斡旋下产生，包括在波黑国家层面增设两个新政府部门、波黑主席团调整为一正二副且由议会选出等内容。该方案虽然没有涉及波黑"协和民主"核心制度安排的调整，但显然是向"强中央"迈出的一步。然而，最终因为部分波族政党要求取缔波黑实体以及有克族政党要求成立克族的第三实体，该方案未能在波黑议会投票通过。此外，当年5 月黑山举行了独立公投，波黑塞族的民族主义情绪骤然上升。在塞族阵营，

---

[1] 作者汇总高级代表办公室官网信息得出的数据。因部分人员的民族无法查证，故未能给出准确数据。实际上受到高级代表制裁的波黑克族官员人数也不少，超 40 人，其中相当一部分人（也包括一些高官）受制裁和 2001 年波黑克族民主共同体领袖成立克族自治政权有关。波族官员受制裁人数相比其他两个民族较少，有 20 余人，且没有高层官员受制裁。

[2] Antić & Kecmanović（2016），str. 345–346.

[3] Momir Dejanović, *22 godine višepartizma u Bosni i Hercegovini, Srbiji i Hrvatskoj* (Sarajevo：Rabic，2014)，str. 130.

最终成功利用了这一波民族主义浪潮的是多迪克领衔的独立社会民主人士联盟，该党把为塞族共和国争取自决权作为竞选纲领，① 在 2006 年大选中成为大赢家，一跃成为塞族共和国和波黑国家的执政党。在波黑主要政党就波黑宪法改革已经达成共识的情况下，极端诉求的重现没有受到抵制，反而再度登堂入室。独立社会民主人士联盟的上位显示出波黑塞族选民对"战时的政治说辞"② 仍然很买账。相应地，这也被视为是塞族选民对塞族民主党和民主进步党未能抵御住西方压力的惩罚。③

尽管波黑三个民族的政党在 2006 年大选前夕针锋相对、剑拔弩张，但却没有任何政客因此受到高级代表制裁。这一方面是因为有关政客的言论并没有转化为行动，④ 另一方面也是因为国际社会从 2005 年便开始讨论关闭高级代表办公室，旨在使波黑逐步走向政治自主，这被视为波黑加入欧盟的前提。俄罗斯作为高级代表政策指导机制和平实施委员会⑤的成员，其在乌克兰"橙色革命"之后在巴尔干和欧盟政策上的转变⑥对于波黑塞族政治诉求的表达也产生了深远影响。

第三阶段为 2006 年到 2022 年。这一阶段，独立社会民主人士联盟在塞族共和国稳固执政，大多数时间参与中央政府事务，但和波族政党在涉及塞族共和国职权和分离权问题上的立场南辕北辙。对于多迪克频繁的挑战高级代表权威和波黑宪法秩序的言论，由于西方和俄罗斯以及西方国家内部存在不同意见，⑦ 高级代表敢怒而不敢为，从未动用"波恩权力"对其施加任何制裁；但是，波黑的邻国和国际社会主要力量也多次强调，《代顿和平协议》下波黑的主权和领土完整不容挑战。

这一时期，塞族政党之间的竞争也相当激烈。一贯在竞选纲领中强调塞族共和国宪法地位及其塞族利益捍卫者角色的塞族民主党从 2010 年开始把斗争矛头指向了独立社会民主人士联盟，由此转变为塞族共和国既得利益集团的批

---

① Momir Dejanović（2014），str. 130.

② John Hulsey, "Party Politics in Bosnia and Herzegovina," *State-Building and Democratization in Bosnia and Western Balkans*, p. 56.

③ Antić & Kecmanović（2016），str. 350.

④ 但 2005 年之前也有波黑官员"因言获罪"被高级代表撤换的案例。

⑤ 陈慧稚（2019），第 157—158 页。

⑥ Antić & Kecmanović（2016），str. 354.

⑦ 马泰亚·彼得指出，在波黑实地从事维和任务的人员和外部人员对于波黑政治局势的感受也存在差异，参见 Peter（2016），p. 139。另见陈慧稚（2019），第 161 页。

判者。它要求打破政党裙带利益关系、打击司法系统腐败等，的确剑指社会顽疾，尽管其是否真实存在改革意愿存疑。[①] 2014 年 4 月，同为欧洲人民党（EPP）党团成员的塞族民主党、民主进步党和波族的民主行动党以及克族的两大主要政党签署了一份关于波黑各民族尊重彼此的身份和传统并将共同朝融入欧洲一体化方向努力的宣言。[②] 在当年的波黑大选中，塞族民主党、民主进步党和前塞族民主党副主席德拉甘·查维奇（Dragan Ćavić）领导的人民民主运动（NDP）组成的"变革联盟"（SzP）在波黑议会代表院选举中表现出色，民主进步党领导人伊万尼奇战胜独立社会民主人士联盟的候选人，当选为波黑主席团塞族成员，"变革联盟"随后和其他宣言签署方共同组成 2014 届波黑政府，但当届塞族共和国议会和政府仍然由独立社会民主人士联盟掌控。这是首次出现塞族共和国执政党和波黑国家层面的塞族执政党不一致的情况。

2014 届波黑政府的工作成果获得广泛赞誉，尤其是担任对外贸易和经济关系部部长的塞族民主党高层米尔科·沙罗维奇（Mirko Šarović）的工作能力和态度受到舆论极大肯定。也正是在这一时期，波黑向欧盟提交了入盟申请。与此同时，独立社会民主人士联盟在塞族共和国一边谴责其反对党出卖塞族利益，一边加紧设置民族主义议程：2015 年 7 月，塞族共和国议会决定举行关于高级代表施加的法律以及波黑法院和检察院的设立是否合法的公投，尽管后来未予实施；[③] 2015 年 8 月，出台了《塞族共和国自由和独立宣言》，要求将波黑重组为国家联盟；[④] 2016 年 9 月，举行了关于"塞族共和国日"的公投。[⑤] 通过这些操作，独立社会民主人士联盟在 2016 年地方选举和 2018 年波黑大选后如愿巩固了其执政力量，并取代塞族民主党和民主进步党，成为 2018 届波黑政府的塞族执政党。

---

① Dejanović（2014），str. 126.

② 波黑媒体 2013 年 12 月 29 日的报道，"Deklaracija o BiH i EU okupljadva HDZ-a，SDA，PDP i SDS," https：//www. vecernji. ba/vijesti/deklaracija-o-bih-i-eu-okuplja-dva-hdz-a-sda-pdp-i-sds-912394，访问日期：2022 年 12 月 28 日。该宣言虽然是在 2014 年 2 月波黑爆发严重社会抗议活动之后签署的，但在 2013 年就已拟定。

③ 陈慧稚（2019），第 35 页。

④ Antić & Kecmanović（2016），str. 373.

⑤ 详见陈慧稚：《波黑》，载《中东欧国家发展报告（2016—2017）》，社会科学文献出版社，2018，第 156 页、第 158—159 页。关于塞族共和国立法庆祝 1992 年 1 月 9 日是否违反波黑宪法的问题，其实是民主行动党领导人巴基尔·伊泽特贝戈维奇（Bakir Izetbegović）2013 年时向波黑宪法法院提出的。2015 年法院判定其违宪，此事"无意间"在民主行动党及其 2014 届政府的塞族盟友之间制造了一些裂痕。Antić & Kecmanović（2016），str. 377-378.

但是，塞族民主党和民主进步党并没有停止对独立社会民主人士联盟的斗争，尤其是民主进步党的几名年轻政客把政治斗争街头化、表演化、运动化，在塞族共和国最大城市和政治中心巴尼亚卢卡制造了极大的影响。民主进步党的青年政客德拉什科·斯塔尼武科维奇（Draško Stanivuković）在 2020 年地方选举中一举当选为巴尼亚卢卡市长；在 2022 年波黑大选中，同样来自该党的青年政客耶莱娜·特里维奇（Jelena Trivić）虽然在波黑主席团塞族成员竞选中败给多迪克，在巴尼亚卢卡获得的选票却超过多迪克。但塞族反对派阵营内部出现争风吃醋、争权夺利，团结性比 2014 年时大大降低，在 2022 年大选中存在感不强，在波黑政治安排问题上也和多迪克保持一致。加之 2021 年高级代表颁布把否认大屠杀罪入刑的波黑刑法修正案后独立社会民主人士联盟的又一波民族主义操作，使反对派实力进一步被削弱，独立社会民主人士联盟则赢家通吃。此外，多迪克这次很快抓住了进入中央政府的机会，两大关键因素不可忽视：一是来自波族新执政联盟的善意和妥协，二是波黑从欧盟潜在候选国被提升为欧盟候选国的发展契机。

塞族和波族未来能否搁置争议、实现合作共赢，还有很多挑战。但是，塞族共和国过去 10 余年的内部政治竞争也表明，波黑各民族新的政治身份的形成并非没有可能。令人印象深刻的是，特里维奇曾说，虽然民主进步党可能在坚持塞族利益方面比独立社会民主人士联盟有过之而无不及，并且以多迪克为首的塞族政治精英会靠"虚假的民族主义"和操纵选举夺取权力，然而，"诚实、知耻、勇敢、正直、讲原则，这才是塞族该有的样子，而不是傲慢、腐败、拳打脚踢、威吓、作弊，这些是反塞族的表现"。①

四、结论

通过以上对波黑塞族共和国在波黑"协和民主"制度下政党政治发展的梳理和分析，我们可以从"协和民主"模式在特定条件下的运行特点中得出以下结论。

---

① 特里维奇 2022 年 10 月 29 日接受 Face TV 专访时所说，"Trivić: Dok sam živa, ne priznajem rezultate CIK-a! Dodik se bahati i krade! EU nam bliža od Rusije!" https：//www.youtube.com/watch？v＝uLtexj Rb2Qo，访问日期：2022 年 12 月 28 日。

第一，在实行"协和民主"制度的多民族国家，各民族区块并不是天然的合作伙伴，各民族精英之间的合作意愿是"协和民主"正常运转的重要条件。没有共同的政治纲领就不能称为达成共识。[①] 如果对于建设共同国家没有任何诉求，那么即使各民族权力在该制度下已经达到顶峰，它们之间可能仍然不会合作。各民族必须形成某种共同愿景，或者必须有至少一方妥协，且对国家主权领土完整和民族团结存在一定自发或是外因维系的认同感，否则很难形成有效的执政联盟。

第二，在各民族高度集体化但政治竞争开放的情况下，最好确保各民族区块的执政力量组成国家层面的大联盟，否则容易进一步加剧各民族分化。因为实行比例代表制且允许国家议会简单多数执政，可能导致各民族区块和国家两个层面的执政党不一致，在"协和民主"制度下，各民族区块将民族问题政治化的要求易于反复出现，从而导致民族关系持续紧张，民族间的互信更难建立。但是，一个民族存在较强的或者在国家层面执政的反对派所带来的一个优势，可能更能促进各民族之间以共同掌权为目标进行合作，从而促进多民族合作和互信的发展。

第三，在民族分裂倾向比较严重且各民族拥有高度自治权的多民族国家，如果分裂前景迫于外部压力又显得不太可能，很容易揭穿政治精英利用民族主义操纵选民的把戏。但因为各民族较高的自治权长期以来制造的符号化印象，分裂倾向始终有一定的民意基础。在这种情况下，如果存在较强的反对派，区块的执政精英可能铤而走险，坐实分裂目标，但反对派也可能通过持续的斗争形成新的政治身份，将民族"去政治化"，和其他民族去政治化的力量共同改变"协和民主"制度。但是，受制于现行的"协和民主"制度本身，在无外界强力推动的情况下，这一过程将注定是曲折而漫长的。因此，在"协和民主"制度中，精英的责任感非常重要。

---

① Dedić（2015），str. 105.

史料编译

意大利、巴尔干与二战之始：
法文档案选编（三）*

杨紫桐 编译

译者简介 杨紫桐，中国国家图书馆馆员

19391110，FD000430

法国驻意大利大使弗朗索瓦–庞塞致部长会议主席①
兼外交部长达拉第电（第 4806/DT 号文件）②
（1939 年 11 月 10 日）

我非常感兴趣地阅读了我国驻安卡拉大使 3 月 4 日、6 日和 9 日发来的第 2091、2102/2104 和 2110 号电报，这些电报是通过昨晚送达罗马的箱子转给我的。马西格利先生（M. Massigli）③ 收到的指示和他对罗马尼亚提案所表达的观点突出了巴尔干问题目前的困难。然而，它们所暗示的意大利方面的指向和活动并不完全符合我在这里的观察。

事实上，如果说法西斯政府几周前似乎急于在其主持下建立一个巴尔干集

　＊ 国家社科基金社团主题学术活动资助"关于二战起源问题的档案整理与研究（第一期）：档案目录整理"（20STA006）阶段性成果。
　① 即法国总理，其在法兰西第三和第四共和国时期又被称为部长会议主席。
　② 文献来源：*DDF*，1939，Tome Ⅱ，pp. 642–643。
　③ 勒内·马西格利（Massigli René），时任法国驻土耳其大使。

团，其主要目的是保护半岛免受冲突可能蔓延的影响，那么另一方面，自那时以来，其意图似乎因犹豫不决而放缓，其目前的立场相当保留和迟疑。我尤其不认为意大利可以成为罗马尼亚建议的煽动者。上个月，当被希腊部长问及意大利采取行动在巴尔干半岛组建一个中立国集团的可能性时，齐亚诺伯爵①的所有回答都仅限于列出其国家与南斯拉夫、匈牙利、保加利亚和希腊的良好关系。他补充说："至于罗马尼亚，首先，它最好与我们的匈牙利朋友们和谐相处。"这种对于罗马尼亚的保留态度从那一时期起，由于该国面临的威胁，甚至有所增长。意大利目前可能不希望声援一个在它看来存在严重危险的国家，且在法西斯领导人看来，该国未来至少会坚持对比萨拉比亚和多布罗加的切割。它还意识到，任何把罗马尼亚排除在外的建立巴尔干集团的计划目前在执行过程中都将面临几乎无法克服的障碍。德国和苏联的企图没能让意大利感到安全，在其内心深处，仍保存着关于扩张的微弱愿望，但它将尽可能避免直面冲突。简而言之，罗马政府认为，巴尔干地区的局势仍然存在着太多的未知数，以至于它认为最合适的是在中立的标签下把意大利公开的保护确立下来。因此，它目前的态度是期望远大于行动。

无论如何，罗马尼亚的立场和对罗马尼亚未来的疑虑无疑是意大利在巴尔干地区政策摇摆不定的主要原因之一。在这样的状态下，实现意大利与罗马尼亚的联合是难以想象的。

此外，我注意到，我驻罗马的土耳其同行，一个智慧又沉稳的人，似乎不赞同安卡拉领导层在面对意大利时的猜疑和敌意。拉普格巴伊杜尔（Ragip Baydur）②先生跟我们一样，或者说，跟所有人一样，不信任意大利。但他在必要且细致地观察之后认为，在三方协议签署之后，看在意大利政府仍在犹豫的立场上，尝试改善与罗马的关系，向其表达相互协商和合作的意愿，并抓住机把它吸引过来，让其不至于完全倒向德国和苏联一边并采取冒险的解决方法，仍不失为一个好政策。即使意大利没有回应，或者说，他们对这些主动示好的反应很差。至少我们为将其引上一条更好的道路做了必要的工作。

土耳其大使的看法在我看来是正确的。这是好的，而且，我认为这样的观

---

① 加莱阿佐·齐亚诺（Galeazzo Ciano），时任意大利外长。
② 侯赛因·拉格普·巴伊杜尔（Huseyn Ragip Baydur），时任土耳其驻罗马大使。

点也体现在阁下 11 月 6 日发送的第 1335 号电报中①。

19391117, FD000431

蓬塞致达拉第电（第 4932/DT 号文件）②
（1939 年 11 月 17 日）

今天（11 月 17 日）③，在我与齐亚诺伯爵的谈话中，我问了齐亚诺伯爵意大利在巴尔干半岛的态度。特别是我们最近讨论过的，意大利在关于巴尔干中立集团的建议问题上所采取的立场。

齐亚诺伯爵回复我说，"意大利基本上没有对这个计划持反对态度。（意大利对此计划）既不赞成也不排斥。因为它不准备参与其中。意大利不想失去其行动的自由，也不想承担它也许很难履行的义务，它不想把自己束缚在一个自己无法控制的制度中，该制度的稳定性可能会受到考验，且其未来并不确定。意大利也不想以官方宣布的中立立场确定与巴尔干国家的关系，这不符合它自 9 月初以来在当前冲突中一直奉行的政策。意大利现在仅限于观察和等待，它决定置身于可能实现的联合之外"。

在回顾各个国家时，齐亚诺伯爵补充说："我们与南斯拉夫的关系在各个方面都非常好。我们与希腊的关系也得到了显著的改善。我们将尝试进一步改善关系。与保加利亚的关系是好的，但没有一项特殊协定把这种良好关系在书面上落实下来。至于匈牙利，您是知道的，我们的关系很紧密。"

然后，我向他询问意大利国王得到圣-艾迪安王位④的传言是否是真的。

---

① 这份电报同时被发送给伦敦、布加勒斯特、贝尔格莱德和雅典。这份电报收录于 1940 年档案，罗歇档案第十卷。"尽管我们希望意大利能够作为一个欧洲大国，为维持巴尔干地区的和平而有兴趣在对德国和保加利亚的行动中展开有效合作，但它作为唯一一个欧洲大国参与一个地区集团，使后者完全处于它的控制下，是不合适的。"文献未收录。——原编者注

② 文献来源：*DDF*, 1939, Tome , pp. 678-680。

③ 见 346 号文献。——原编者注

④ 参见 11 月 7 日驻罗马教廷大使给外交部第 475 号电报，内容涉及他的一名同事与加埃唐德波旁-帕尔马王子（le prince Gaétan de Bourbon-Parme）关于"近几日在罗马流传的关于意大利和匈牙利可能在维克托·伊曼纽尔国王治下联合的传闻"（见 Z 欧洲，1918—1940 年，奥地利，第 176 卷，文献未收录）。在他 11 月 16 日给外交部的第 4896 号电报中，A. 弗朗索瓦·蓬塞报告了匈牙利代表团在罗马的存在，以及上述传言的流行（罗歇文件，1940 年，第六卷，文献未收录）。——原编者注

部长向我明确保证，没有采取任何相关行动，因此传闻是假的。

"但是，他说，即使这是真的，在他看来，法国也不应该不乐于见到这种情况。"

我向他指出，他列举的国家中忽略了罗马尼亚。这显然是最让他为难的。他避免谈话涉及这个话题。

在谈到巴尔干国家不确定的未来以及履行承担下来的义务时可能存在的难处时，他引用了比萨拉比亚的例子，称苏联可能会试图突然占领此地。

我回答说，如果苏联面对的是一个更完整的联合国家集团，则它的意愿会更小。此外，在我看来，意大利的利益应该是：不仅要防止战争蔓延到巴尔干半岛，还要阻止德国和苏联的扩张。

"是的，"齐亚诺伯爵回复我说，"但是如何阻止这种扩张呢？你们自己会怎么做呢？"

我无法从我对话者那里得到更多的消息，尽管我试图说服他：认为有可能在无视罗马尼亚命运的情况下捍卫巴尔干和平的这一想法是徒劳的。

至于土耳其，齐亚诺伯爵向我表示，没有任何特别的外交正在进行，当下也没有与安卡拉进行任何谈判。

19391120，FD000432

蓬塞致达拉第电（第 601/DT 号文件）①②
（1939 年 11 月 20 日）

从齐亚诺伯爵③近期对我表达的内容看，意大利应该不会组织布加勒斯特关于促成一个或多或少受其控制的巴尔干国家集团的意图。但罗马政府应该不愿意进一步妥协，去接受公开支持这一联邦的诞生，该联邦天然地至少是间接地反对苏联和德国。在他看来，巴尔干局势太微妙也太危险，以至于他不能接受走上这样一条道路，从而有助于巩固他从未表示出满足的领土现状。

意大利不想冒令保加利亚不快的风险，保加利亚对罗马尼亚多布罗加的

① 文献来源：*DDF*，1939，Tome Ⅱ，pp. 686—690。
② 给伦敦、安卡拉、布加勒斯特和莫斯科的通电。——原编者注
③ 见第 347 号文件。——原编者注

（领土）主张是众所周知的，也不想得罪匈牙利，后者也没有放弃其对于特拉西瓦尼亚地区的主张。相反，法西斯政府寻求逐渐加强与布达佩斯和索非亚的关系。此外，他认为罗马尼亚目前的状态非常不稳定。在罗马，人们总是对布加勒斯特政府表达出最大程度的怀疑，且他们也不准备毫无保留地接受（布加勒斯特的）主张。德意志帝国的企图、苏联的威胁、匈牙利和保加利亚的愿望都是影响欧洲局势的未知数。因此，对于尚未正式保持中立的意大利来说，将自己置于巴尔干中立国之首的时机还不成熟。加强巴尔干半岛的和平无疑会带来很多好处，但首先这不会使罗马尼亚受益，而且这也会给意大利带来许多困难，特别是在其与柏林的关系方面。

在这样的情况下，意大利似乎正朝着双边协定的模式迈进，其结果应该是围绕在它周围建立一个它可以依靠的友好国家带。

意大利与南斯拉夫的关系非常紧密。因此，罗马和贝尔格莱德之间不太可能在酝酿新的安排。

南斯拉夫和保加利亚之间的关系相当好，今后贝尔格莱德政府和索非亚政府间不会存在任何严重的争端。

匈牙利与南斯拉夫之间的关系仍在持续改善。这种萌芽中的友好关系可能转化为关于少数群体的协议。预计不久就将达成这种协议。

在匈牙利和保加利亚之间，存在着一个抱有修正主义愿望的共同体，将这两个国家置于同一平台上，尽管两国彼此间没有特别的联系。人们普遍认为，南斯拉夫和希腊之间的争端已经最终解决，我们并不认为南斯拉夫政府计划通过恢复其对萨洛尼卡的图谋来干扰巴尔干的平衡。

相反，南斯拉夫正在展开斡旋，使希腊更亲近保加利亚。在这一点上，意大利或多或少同意英国人的观点，认为索非亚政府目前不可能维持其对卡瓦拉和亚历山德波利斯的主张而不冒将战火烧遍整个巴尔干半岛的风险。

尚待解决的最微妙的问题是罗马尼亚和保加利亚之间的关系。在基吉宫①的圈子里，人们自然而然地认为，保加利亚把多布罗加归还给罗马尼亚，是任何试图巩固巴尔干地区中立地位的认真尝试的必要开端。但是人们非常清楚这种可能性给罗马方面带来的困难，以及开这个先河将会给布加勒斯特领导人带来的危险，这一先例将自然而然地诱惑匈牙利人和苏联人！因此，目前在意大利首都的非官方圈子中，似乎只考虑缔结一系列双边条约，为任何更充分的建

_____

① 意大利总理的官邸。

设进行有用的初步工作。

意大利法西斯在外交上当然不打算在巴尔干采取消极态度。它希望在意大利拥有切身利益的地区采取谨慎但有效的行动。

在这项耐心的阐释工作中，匈牙利①占有特殊的地位。我已经找机会向部里通报了这些天重新开始流传的流言，即意大利和匈牙利之间所谓的"个人联盟"计划——维克托·伊曼纽尔国王②将被授予圣艾蒂安的王冠③。我还告诉阁下，齐亚诺伯爵曾经正式地告知我，匈牙利方面从未向意大利领导人提出此类建议。然而，意大利外交部长并没有表示这一消息是荒谬的，他甚至说，就算发生这种可能性，法国也没有理由对此抱怨。④ 现在这种流言看起来是从美国人那里传出来的。他们这么做的动机自然是因为匈牙利因为感到德国的威胁，而本能地转向罗马，以防德国试图威胁其安全。有些人还预测霍尔蒂上将（l'amiral Horthy）⑤ 有可能会被刺杀，或者会消失在政治舞台上。人们相信，摄政王被纳粹将控制其国家的恐惧所困扰，他个人会非常赞同意大利的解决方案，在他看来这对匈牙利来说是真正的保障和最好的保证。众所周知，哈布斯堡王朝很难在布达佩斯重返王位。奥托大公在匈牙利几乎没有支持者。我们还知道希特勒特别不喜欢他，认为他是德国的强烈反对者。匈牙利王国依然没有国王，不能再指望一个民族性的、传统的王朝了。这也就是为什么很多外国观察家认为，匈牙利人民（或者至少他们的领导人）有一天可能会通过要求意大利接受匈牙利的王冠而转向古老的萨沃伊家族（maison de Savoie）。

但就目前而言，这种可能性似乎还为时过早。然而，完全有理由相信，意大利最近几周一直在积极努力加强与匈牙利人的关系。

许多展现意匈友好关系的事情最近刚刚发生。维克托·伊曼纽尔国王被任命为著名的匈牙利团的名誉上校。还有一个（匈牙利）文化代表团在罗马与意大利政府的所有重要人物进行了频繁和亲密的接触。

根据罗马尼亚驻罗马教廷大使收集到的资料，不久前，在罗马产生了一种对德国可能在匈牙利采取行动的担忧。人们担心德国在看到入侵荷兰和比利时会遇到的困难并且在攻击马其诺防线时，会考虑对匈牙利进行干涉，要么是通

---

① 1939 年 11 月 16 日，第 4896 号电报（罗歇文件，1940 年，第六卷，文献未收录）。
② 维克托·伊曼纽尔三世（Victor Emmanuel Ⅲ），意大利国王。
③ 匈牙利王冠。
④ 见第 347 号文件。——原编者注
⑤ 霍尔蒂·米克洛什（Miklós Horthy），海军上将，匈牙利摄政王。

过匈牙利的领土攻击罗马尼亚，要么是由纳粹在其国内挑起政变。意大利将会研究各种方式的行动的可能性。除了"个人联盟"这一远未成熟的方案之外，它还考虑建立一种间接的匈牙利保护国。它尤其考虑了向布达佩斯提供单边保护的可能性，其类似于英法对罗马尼亚的优待。难道不应该说墨索里尼先生想抓住11月15日威尼斯广场发生示威活动①的机会，在他的阳台上宣布匈牙利独立的不可侵犯性，这对意大利来说是至关重要的吗？然而，齐亚诺伯爵从柏林政府那里得到了第三帝国日后对匈牙利绥靖的倾向，（这使）墨索里尼先生的讲话变得毫无意义。

很难确定11月15日的这种示威游行所对应的等级。此外，根据我从各方面得到的信息，我有理由猜想，罗马和布达佩斯正在积极开展一项军事联盟计划，旨在加强两国之间已经紧密团结的关系，但（该计划）尚未包含具体承诺。意大利很有可能正在寻找一种方法，要让欧洲主要国家明白匈牙利属于其政治行动区范围内，并且它不会允许其他国家在布达佩斯寻求发挥主导作用的可能。显然，意大利和匈牙利之间的军事同盟如果在不久后缔结，将是一个极其重要的事态发展，将对整个巴尔干半岛造成严重后果。意大利明显不会因此使得第三帝国满意，因为此举将严重挫败第三帝国在巴尔干地区的意图。但它也可能包含对罗马尼亚领土完整构成威胁的隐藏意图。事实上，尽管目前意大利已经建议布达佩斯政府不要不合时宜地提出其对特兰西瓦尼亚的领土要求，但人们仍不能接受匈牙利仅为了抵抗第三帝国潜在的企图而接受与意大利的联系。意大利–匈牙利协定的条款应该让两国可以比之前更好地进行外交政策上的合作，并在时机成熟时能够相互依赖以实现其国家目的。

这项协定可能标志着意大利在巴尔干地区新政策的起点，并且如果南斯拉夫可以被更彻底地策动，那么将使布达佩斯、贝尔格莱德和索非亚政府更容易地团结在罗马周围。意大利和希腊之间正在改善的关系也自然会有所发展。只有罗马尼亚和土耳其可能处于新的集团之外，这可能会加强意大利在巴尔干半岛的威望和地位且不至于使它暴露在危险中，也不会使它依赖于现有的领土状态，而意大利对于这种领土现状有着必然地将其加以改变的诉求。

当然，也许事态发展得没有这么快。但这似乎是意大利法西斯政府期待的方向，我想，在这个意义上，它打算继续其巴尔干政策。

总理先生，请允许我向您致以崇高的敬意。

———————————

① 学生示威游行，游行中使用了反法标语。见第346号文件。——原编者注

19391206，FD000433

法国驻苏联大使那齐亚①致达拉第电（第 1582—1586 号②）③

（1939 年 12 月 6 日）

意大利大使馆的一位工作人员最近对一个中立外交官讲起，他的政府在反对西班牙布尔什维克主义上并没有作出比征服埃塞俄比亚以在欧洲其他地区获得自由空间更大的努力。

从内部角度看，我们可以认为，事实上，墨索里尼先生必须考虑寻求在外交政策上与希特勒先生保持一致……

但是，对于一个在 7 个月前于耶稣受难日袭击阿尔巴尼亚的国家来说，意大利为支持芬兰反抗苏联而组织的示威活动④不能仅从表面上进行理解。根据我们对于元首（墨索里尼）的了解，我们可以寻找其行动背后的策略，或者这种愤慨背后准备着手的行动。巴尔干国家的代表们在这方面没有表达与我的土耳其同行一样的关切。

后者在这一事件上非常秘密地告诉我，在莫斯科谈判期间，斯大林曾用了近 20 分钟坚持要求萨拉科格鲁⑤先生与英法做切割，并转而接近意大利。⑥

尽管 10 月 2 日就已经有了这样的压力，但当我们不能把罗马放置在柏林－莫斯科圈子之外时，这仍应该引起我们的注意。

如果意大利、苏联和德国在中欧和巴尔干地区存在利益冲突，这可能导致三个极权主义国家之间的协议或者冲突。墨索里尼先生不想成为次要人物，也不想卷入全面战争，他会通过最近的示威活动，试图引出柏林和莫斯科的提议，因为在预见到芬兰将被"清算"时，第三帝国和苏联关于瓜分巴尔干半岛

---

① 那齐亚（Naggiar），时任法国驻苏联大使。曾于 1939 年 8 月《苏德互不侵犯条约》签订后被召回，1939 年 11 月 15 日又再度赴任。

② 依据序号，该电报被发送到巴黎，但在法国驻土耳其大使馆的马西格利（Massigli）文件中被发现。——原编者注

③ 文献来源：DDF，1939，Tome Ⅱ，pp. 784–785。

④ 关于这场游行，见第 381 号文件。——原编者注

⑤ 穆罕默德·苏克鲁·萨拉科格鲁（Mehmet Şükrü Saracoğlu），时任土耳其外交部长。

⑥ 关于莫洛托夫、斯大林和萨拉科格鲁先生于 1939 年 10 月 2 日在莫斯科的会谈，主要见第 177号、第 179 号、第 180 号和第 181 号档案。——原编者注

的可能性会成为现实。

不排除他们那边提出一个比我们这边更令人满意的出价，也不排除出现一个允许意大利在亚得里亚海或其他地方"封堵住布尔什维克主义"的承诺。

为了避免出现这种后果严重的不测事件，同盟国政府应该避免在地中海以及东方过于团结或者过于强大。

19391208，FD000434

蓬塞致达拉第信件（第 5382 号）①
（1939 年 12 月 6 日）

齐亚诺伯爵在最近的谈话中②，并没有把谈话引向巴尔干问题上，而且也没有向我透露法西斯政府目前在外交方面的具体工作，特别是对布达佩斯的工作。然而，正如法西斯大委员会会议结束时发表的公报③中表明的那样，意大利非常关心巴尔干局势，甚至倾注了自己全部的注意力。根据罗马的传言，目前正在积极与匈牙利政府进行谈判。意大利出于对苏联在巴尔干地区的宣传攻势的担忧，打算给予匈牙利领导人全力协助的保障。如果需要的话，它准备支援他们，无论是为了抵抗苏联从外部可能的行动，还是为了镇压内部的共产主义运动。有人甚至声称，最近意大利订购了 1 万面小型匈牙利国旗，它们将被分给特种摩托化部队，这些部队可能会在第一时间被派往匈牙利。贝尔格莱德已经进行了谨慎的民意测试，为了在应布达佩斯要求采取必要措施防止布尔什维克主义干涉巴尔干地区时，给予意大利通过南斯拉夫领土的权利。罗马预计南斯拉夫政府原则上会接受，因为其本身也担心苏联的影响。在某些圈子里，人们甚至谈到在意大利的支持或保护下，按照当前的斯洛伐克模式，以克罗地亚-斯洛文尼亚为模版建立意大利与匈牙利王国之间的关系。此外，在罗马外交和政治界，仍然有关于在一段时间内请维克托·伊曼纽尔三世国王接受匈牙利王位的计划。在布拉建立一个 30 人的武装指挥部后，布伦纳的工事和预防措施得到积极推进，这给人以意大利越来越明显地向巴尔干和南斯拉夫进行军

---

① 文献来源：*DDF*，1939，Tome Ⅱ，pp. 796-799。
② 之前的 12 月 6 日，见第 394 号文件。——原编者注
③ 法西斯大委员会于 12 月 7 日开会。见第 394 号文件，脚注 10。——原编者注

事部署的印象。当然，我只是在记录这些不同的迹象；但这些迹象值得我们关注。如果意大利春天开始行进，它朝着这个方向发展并不是没有可能。

此外，我的一位同事昨天有机会询问基吉官的政治主任，关于其对于这些谣言的看法。瓜尔纳斯凯利先生（M. Guarnaschelli）[①] 比他的领导回复得更为明确。他首先表明，在他看来，"罗马尼亚政府的计划可以被认为是注定失败的。建立一个旨在维持匈牙利和保加利亚不满意的领土状态的巴尔干集团是不可能的。尽管意大利断定罗马尼亚的倡议会最终失败而一直冷眼旁观，它还是为布达佩斯和索非亚提供了适度的建议"。在这方面，瓜尔纳斯凯利先生向我的同事指出，"与国外的传闻相反，第三帝国此时绝不会强迫匈牙利人坚持他们对特兰西瓦尼亚的诉求。对此，在罗马我们有最好的证明。德国与意大利一样，希望避免战火燃及巴尔干国家。它不希望对罗马尼亚发动攻击，让盟军和土耳其人以及叙利亚的法国远征军一起构成萨洛尼卡的前线"。据这位意大利高官说，目前第三帝国的计划没有任何变化，没有理由担心巴尔干地区在短期内出现复杂情况。

在谈到苏联在巴尔干的行动时，政治主任表现出了相当的担忧。他说"共产主义宣传不仅在保加利亚非常活跃，而且在整个巴尔干地区，罗马尼亚、比萨拉比亚甚至匈牙利在喀尔巴阡山脉的新省份和卢森尼亚的边界上都能感受到。但匈牙利政府决心切断内部和外部的所有共产主义活动。在时机成熟时，它会毫不软弱、毫不犹豫地采取行动——在罗马，我们对此相当肯定"。瓜尔纳斯凯利先生并没有隐藏罗马政府对这一问题的极大关注，这对它来说至关重要。

我的同事随后提到克罗地亚大主教最近在罗马发表的讲话，讲话里明确表示，在萨格勒布，任何解决方案——即使是处于意大利的保护下——也比与塞族人长期共存更为可取。政治主任回复说，对此他并不了解。但是他补充说，确实如此，根据从基吉官得到的消息，南斯拉夫的内政并不令人满意。塞族人和克族人之间的矛盾不断加深，分离主义思想也越来越盛行。尽管如此，瓜尔纳斯凯利先生并不认为只要继续感知到外部威胁，分裂就会继续下去。相反，他相信，如果（外部危险）有所缓和，克罗地亚问题很快就会变得愈加尖锐。在萨格勒布和卢布尔雅那，人们害怕德国人远超意大利人。这是很明显的。此外，根据瓜尔纳斯凯利先生的说法，第三帝国的宣传主要不是出于政治目的，

---

① 瓜尔纳斯凯利（Guarnaschelli），时任意大利外交部政治事务副主任。

而更多出于经济目的，新的德国商会的建立就可以证明这点。然而，德国驻马里博尔总领事在苏台德地区作为煽动家的存在会引起南斯拉夫政府的合理关切。就意大利而言，它不会采取任何主动行动；其行动只限密切关注影响其根本利益的时局变化。克罗地亚-斯洛文尼亚联邦的想法在瓜尔纳斯凯利先生看来并不荒谬；他只是觉得该想法尚不成熟。他认为，苏联在南斯拉夫的威胁并非没有引起顾虑，特别是比起第三帝国。这位意大利外交官特别提到了斯托亚迪诺维奇（Stoyadinovitch）[1] 先生在达尔马提亚采取的行动，认为后者正试图拿回一部分他的同胞曾经丢掉的国土，并想要以他的方式解决克罗地亚问题，并且他很清楚这个问题的严重性。简而言之，情况还是很艰难，且可能会让人们很惊讶。

　　最后，瓜尔纳斯凯利先生对苏联进行了严厉的批评。据他说，莫斯科和罗马之间的关系向来不是很热络，现在愈加冷淡。高层对芬兰学生抗议的支持就很说明这一问题。[2] 意大利的全部同情都倒向芬兰——一场卑劣入侵的受害者。台伯河畔的人们好奇：直到现在还如此宽容地对待莫斯科的英国和法国，这次在日内瓦是否会采取明确且坚决的态度。[3] 至于苏联人，我们将见识他们的军事实力，以及他们如何从这场实力的考验中脱颖而出。在三周之内，全世界目睹了德国粉碎波兰。小小的芬兰能承受苏联红军几个月的猛攻以证明后者平庸的资质吗？这场"考验"很有趣。

　　此外，瓜尔纳斯凯利先生毫不掩饰这样一个事实，即第三帝国长期支持芬兰，现在却出于希特勒对斯大林签下的承诺而放弃了芬兰，这给罗马造成了痛苦和不幸的感觉。他最后在结尾时重申，意大利方面正以非常怀疑的态度关注着苏联在巴尔干地区的行动，并将尽全力阻止其发展。

---

① 米兰·斯托亚迪诺维奇（Milan Stoyadinovitch），时任南斯拉夫外交部长。

② 见第 381 号文件。——原编者注

③ 12 月 3 日，应芬兰援引《国联盟约》第 11 条和第 15 条的请求，国联秘书长法国人爱文诺（Joseph Avenol）宣布国联理事会将于 12 月 9 日举行会议，国联大会将于 11 日举行会议，就芬兰现状作出裁决。12 月 4 日，苏联拒绝接受这一传唤原则，认为这一原则没有根据。关于国联的决定，见第 403 号文件，注释 5。——原编者注

19391225，FD000435

蓬塞致达拉第电（第 5737—5746 号）①
（1939 年 12 月 25 日）

昨晚，我在平安夜与齐亚诺伯爵在友善的气氛中进行会面，继续我们 12 月 19 日未完成的对话。②

我首先向这位外交部长表示，我不是被指派来进行任何联络的；我没有得到任何授权；我是以非常个人和私密的方式与他交谈的。但我对巴尔干地区在不久的将来可能发生的事情和可能出现的冲突表示关切。我希望（……）③ 我可以保持一直以来对他的开放和坦诚。他反过来也给我这样的印象。他会和我分享自己的观点。因此，正如我们以前做过的那样，我们将照亮彼此的道路，这也许有助于防止我们两国间的误解或冲突。在巴黎，人们倾向于认为德国和苏联很快就会对匈牙利和罗马尼亚进行侵略，德国会深入爱琴海，苏联会侵入博斯普鲁斯海峡。英法盟军决心不对此袖手旁观；他们会抵抗这股德国–斯拉夫热潮，他们的利益和情感与意大利是一致的。对于英法来说，问题是不要太晚介入。如果没有长时间准备的话，他们在叙利亚和土耳其的部队无法立即越过大陆并在色雷斯或者康斯坦察登陆。但他们并不希望这些初步措施是在意大利对他们抱以戒备和不信任的情况下进行的。相反，就算得不到意大利的协助，他们也非常希望在得到赞成后行动。齐亚诺伯爵对此有何看法？他是否相信德国和苏联人即将对匈牙利和罗马尼亚采取行动？他会让苏联人接管比萨拉比亚吗？如果放任罗马尼亚被牺牲掉，那么保护巴尔干地区不受苏联侵略的愿望不是落空了吗？④ 如果意大利服从理性，决定重新控制罗马尼亚，它会与我们联合行动吗？

齐亚诺伯爵回答了我的这些问题。首先，他不相信德国和苏联有入侵巴尔干地区的可能性。德国人向他进行过保证。此外，一个半月前非常担忧的匈牙

---

① 文献来源：*DDF*, 1939, Tome Ⅱ, pp. 883–885。

② 法国大使与齐亚诺伯爵在后者 12 月 16 日在法西斯大委员会会议上发表讲话之后的会面。关于那场讲话，见第 422 号文件。——原编者注

③ 此处解码有空白。——原编者注

④ 此处解码有空白。——原编者注

利人现在已完全平静了下来。

至于苏联方面，齐亚诺伯爵收到的情报显示，他们在试图牵制芬兰方面遇到了极大的困难，可能并不会急于侵入东南欧而经受新的失败。然而，如果他们决定铤而走险，意大利肯定不会坐视不理。齐亚诺伯爵认同我关于巴尔干地区将形成一个集团，且其中一部分不会通过牺牲另一部分来获救的看法。尽管我之前听说过（意大利会介入），但即使只涉及比萨拉比亚地区，他认为意大利仍会介入。①

至于法国、土耳其和英国的意图，这是个非常微妙的问题。他会以适当的谨慎小心与元首谈论我所提到的问题，并在收集意见、交换看法、互相协商的精神下私下沟通。

齐亚诺伯爵的个人观点是，有必要等局势更明朗，等到有充分理由推断这（入侵）会发生之后再采取行动。太匆忙可能会破坏一切。向前走得太远，我们显然会冒非常大的敏感性风险，引起对方的不信任。

相反，如果我们任由事态自由发展，等待时机成熟，可能今天引起严重困难的事明天它自己就自然地解决了。强力干涉事态发展是鲁莽的，特别是当它们自然的趋向会把它们引向我们理想的方向时。

齐亚诺伯爵会随时向我通报他对他岳父（墨索里尼）进行试探的结果。

从现在开始，我想说，他的建议在我看来是明智的。现在我们面临着双重危险：过早准备和过晚介入。在我看来，这两种危险中，前者危险更大。从齐亚诺伯爵对罗马尼亚的安排中，我们可以看到非常明显的演变。它反映了元首本人态度的变化。正如我的对话者所说，这证明"形势正在变成熟"，并且会变得更加成熟。诚然，如果齐亚诺伯爵明确确认意大利将会在巴尔干抵抗苏联的入侵，那么面对与英法进行军事合作的可能，他会更加犹豫。"也就是说，与德国逆向而行！"这反映了他或者他的领导面对这样的可能性还未做好准备。在我们的对话中，没有一刻提到南斯拉夫问题。然而，关于罗马尼亚，它是巴尔干最敏感的地区之一，也是事态可能会在某一天急转直下，从而让意大利压过我们的地区。

因此，我必须努力继续这场辩论，并且努力进行进一步澄清。

---

① 文件中重点标注。——原编者注

19391228，FD000436

达拉第致蓬塞电（第 1625—1631 号）①
（1939 年 12 月 28 日）

我参照了您的第 5737—5746 号电报②。

您与齐亚诺伯爵以个人身份进行的对话揭示了几个有趣的新元素。我特别注意到您的对话者说，如果苏联入侵罗马尼亚，意大利将进行干预。这似乎与目前意大利政府对罗马尼亚命运的漠不关心相矛盾。因此，我们想知道所谓的干预将以何种形式进行？是否将会限定在纯粹的外交渠道上，还是说它会转变为军事援助？意大利是否能获得匈牙利的授权，从而通过其领土驰援罗马尼亚，而匈牙利本国不会对受援国提出要求？

齐亚诺伯爵在他上次演讲③中公开表示，意大利在巴尔干地区的利益应该是倾向于总体上维持半岛的现状。这种诉求与我们的诉求也是相符的，如果英法与意大利因为相同目标而联手的机会还未被展开讨论甚至还未被提起，那我们相同的目标至少应该保证意大利不至于对我们现在在外交和技术方面所做的准备感到不信任。

德国和苏联的行动会引发意大利的介入，最终意大利只能与英国、法国和土耳其联手行动，而这有利于受威胁的巴尔干国家。元首可能不会赞同这种联合，因为这将使他置身反德阵营，他可能倾向于通过与他们共谋，稳定意大利和匈牙利的盟友，来平衡德国和苏联为自己争取到的地位，以此限制德国和苏联的优势。这样的政策会导致半岛影响力的共享，进而确保意大利获得直接而可观的利益，因此它不会相信在英法的帮助下仅维持现状是可靠的。因此，在这个计划上我们所面临的最大风险就是看到墨索里尼先生决定在时机成熟时，在齐亚诺伯爵态度不明的保证下，为了前面所说的政策将我们已经进行数月的准备工作停滞下来。

因此，正如您指出的那样，我们必须防止任何可能拖延意大利态度转变甚

---

① 文献来源：*DDF*，1939，Tome Ⅱ，pp. 889-890。
② 见第 432 号文件。——原编者注
③ 这是齐亚诺伯爵 12 月 16 日发表的演讲，参见第 422 号文件。——原编者注

至使他们有相反看法的风险。我们也必须避免在任何情况下使意大利政府感到，我们关于巴尔干的任何外交行动和技术准备都依赖于意大利政府的同意；或者让它感到我们对它模棱两可的保证感到满意，从而让它去处理德国和苏联的威胁。

这些陷阱您必然也是洞悉的，我这样提醒您，只是向您强调您必须以极谨慎的态度进行对话。除了让意大利政府了解我们对公开支援的承诺，还应该由您以个人立场来谨慎地剥夺他们对我们立场的任何解释。您能够从齐亚诺伯爵那里获得的关于意大利在各种可能的突发事件中的态度的信息对我们来说都是有用的。在收集它们时，您必须小心，以预先判断这些信息对于我们自己的决策所产生的影响。

我们希望能够让意大利认识到，在维持巴尔干地区现状和地中海地区均势方面，意大利和我们有共同的利益。我们两方都受到德国的意图所带来的潜在威胁……①根据我们的利益和承诺所进行的外交和技术方面的准备工作。要向他们坦率地解释意大利对此无需警惕，而我们仍保留我们行动的自由。这是您谈话的总体方向，您一定要在互信和谐的氛围里与齐亚诺伯爵进行对话，并再次强调这仅代表您个人意见。

---

① 原文件有空白。——原编者注

书评

欧洲现代化的长镜头
——评《南斯拉夫史》

杨 东

作者简介 杨东，《中央社会主义学院学报》编辑，中央社会主义学院统一战线高端智库研究员

德国历史学家玛丽-珍妮·卡利克（Marie-Janine Calic）所著的《南斯拉夫史》（*A History of Yugoslavia*）由美国普渡大学出版社 2019 年出版，是其《20世纪南斯拉夫史》（*Geschichte Jugoslawiens im 20. Jahrhundert*）的英译本。该书在欧美世界产生广泛影响，被誉为继约翰·R. 兰普（John R. Lampe）的《南斯拉夫史》（*Yugoslavia as History：Twice There Was a Country*）之后最好的南斯拉夫通史作品。[1]

一、作者其人

为什么该书能得到这样高的评价？在欧美学界，关于巴尔干地区的研究有两个中心国家，一个是美国，另一个是德国。如果说兰普教授的《南斯拉夫史》是美国学界在这个题目上的代表作的话，那么玛丽-珍妮·卡利克教授的

---

[1] 约翰·R. 兰普，美国马里兰大学历史学教授，曾担任美国驻南斯拉夫大使馆工作人员、伍德罗·威尔逊国际学者中心东欧研究项目主任。他的代表作《南斯拉夫史》由东方出版中心在 2013 年出版了中译本。

这本《南斯拉夫史》则代表了德国学界在这方面的最新成果，而且两人的观点有相似之处。玛丽-珍妮·卡利克是德国路德维希-马克西米利安-慕尼黑大学（LMU）东欧和东南欧历史系教授和巴尔干事务的著名专家。她曾担任欧盟《东南欧稳定公约》特别代表的政治顾问（1999 年至 2002 年），还为萨格勒布的联合国维和部队总部、前南斯拉夫问题国际刑事法庭（海牙）以及欧盟委员会（布鲁塞尔）提供咨询服务。此外，她的家族与巴尔干也有渊源，她的父亲爱德华·卡利克（Edouard Calic）生于克罗地亚，是知名的纳粹德国史研究专家。可以说，玛丽-珍妮·卡利克教授的工作经历为这部《南斯拉夫史》的撰写打下了良好的基础。

二、《南斯拉夫史》的亮点

卡利克教授的这本《南斯拉夫史》简明扼要、通俗易懂地讲述了南斯拉夫的政治、文化、社会和经济生活——从 19 世纪南斯拉夫国家的建立到 20 世纪 90 年代多民族国家南斯拉夫的解体，涵盖了两个南斯拉夫国家——南斯拉夫王国①和南斯拉夫社会主义联邦共和国②的历史。卡利克在这本书中回答了一直萦绕在关注巴尔干的人们心中之问题：南斯拉夫为什么会解体？它的暴力消亡是否可以避免？南部斯拉夫人只是民族主义的受害者吗？卡利克在书中对上述问题都给出了自己的答案。笔者认为，这本书有以下三个亮点。

（一）反驳旧观点

首先，卡利克明确反对将南斯拉夫定义为"人造国家"。有一种流行的观点几乎成为定论，即南斯拉夫是一个多民族的"人造实体"，这种观点隐含的逻辑是南斯拉夫的分裂和消亡是注定的。南斯拉夫的确消失了，但这恰恰是历史研究的一种迷雾，即通过既定的结果确定起因，实质上是反向的因果逻辑。在南斯拉夫必然消失的迷雾之中，又产生了一种定论，即因为南斯拉夫是多民族的国家，是人造之物，所以它不会长久。这种观念涉及"民族国家"（nation state）的概念，该概念源于欧洲，已被广泛运用。根据"民族国家"的概念，

---

① 1918 年建立时被称为塞尔维亚-克罗地亚-斯洛文尼亚王国，1929 年改称南斯拉夫王国。
② 1945 年建立时被称为南斯拉夫联邦人民共和国，1963 年改称南斯拉夫社会主义联邦共和国。

国家应该是"一族一国"，如此才符合人性、正义，才能长久存在。然而，这种"一族一国"的思想，一方面激发了南部斯拉夫人反对奥斯曼帝国、哈布斯堡王朝，实现民族独立和自决；另一方面，却在新的时代导致南斯拉夫的内战和分裂以及各族间的仇杀。① 《南斯拉夫史》怀疑这种定论，力图消除这个"神话"，提出"南斯拉夫不能只用它开始或结束的方式来解释。这个国家存在了整整七十年"。②

在卡利克看来，南斯拉夫的建立是有思想准备和政治计划的，南部斯拉夫人团结成一个国家的观念早在19世纪就已存在，第一次世界大战只是提供了一个机遇，让它成为现实。"南部斯拉夫思想诞生于启蒙运动。进步、人文主义、理性和科学的理想孕育了克罗地亚人和塞尔维亚人存在共性的观念，并将自决、参与、繁荣的愿望导向具体的政治计划：建立南斯拉夫国家。在19世纪这个计划感觉完全是乌托邦，不过，不仅精英团体，而且许多普通人对该计划寄予厚望。因此，虽然建国是第一次世界大战的结果，但它不是一个'人为'的创造。"③ 这种观点与兰普教授相似，而且与20世纪50年代南斯拉夫的历史学者的主流观点一致，但与前南斯拉夫的学者不同的是，卡利克与兰普看到了南斯拉夫的消失。

其次，卡利克反对将巴尔干地区视为欧洲的"火药桶"。她提出"巴尔干火药桶"的说法是一种长期的偏见，源自"东方问题"。"火药桶"原指奥斯曼帝国衰落带来的一系列不稳定，将巴尔干地区定义为"火药桶"是把时代问题与古老的民族、宗教矛盾联系在一起。同时，也将巴尔干地区定义为"非欧洲的"或是欧洲的"他者"。卡利克批评这种观念，称之为欧洲列强"关于东方的陈词滥调和刻板印象"。④ 那么，如何解释当地反复爆发暴力冲突？卡利克认为，"这只是19世纪伴随巴尔干地区外国统治瓦解而开始的民族和国家建设

---

① 民族问题的双刃剑效应令有关南斯拉夫民族问题的讨论分为两种观点：一种认为南斯拉夫是因为尊重民族权利导致地方分权，最终走向分裂（Sabrina Petra Ramet, *Nationalism and Federalism in Yugoslavia: 1963-1983*, Bloomington: Indiana University Press, 1984）；另一种则认为，南斯拉夫地区没有一直贯彻大小民族一律平等的思想，导致民族矛盾，引发冲突。参见马细谱：《巴尔干国家的民族政策及其问题》，《世界民族》2004年第4期。

② Marie-Janine Calic, *A History of Yugoslavia*, Translated by Dona Geyer, West Lafayette（Indiana: Purdue University Press, 2019）, Introduction, p. XI.

③ Marie-Janine Calic, *A History of Yugoslavia*, p. 323.

④ Ibid., p. 38.

的世俗进程的延续",① 其路线图是由多民族国家变为"一族一国"。这与欧洲民族国家演变的路线图是一样的,只是时间上要落后一些,因此,它是欧洲现代化的长镜头。

(二) 运用现代化的解释框架

贯穿《南斯拉夫史》的线索,既不是革命解放的框架,也不是完全应用民族、宗教关系的框架,而是现代化的框架。这个解释框架是将 20 世纪南斯拉夫地区的历史看作该地区追赶西欧、实现现代化的历史过程。而在这一过程中,最精彩的是通过对南斯拉夫王国和南斯拉夫社会主义联邦共和国的叙述,让读者可以思考二者在现代化道路上的差异和作用。

卡利克提出有四个长期的结构性问题贯穿 20 世纪南斯拉夫的发展历程:第一,种族和宗教多样性,其一再引发利益的公平协调和政治制度合法性的问题;第二,与西欧和中欧相比,该地区明显落后,在经济竞争中处于劣势;第三,受外部大国竞争的影响;第四,地区差异明显。这四个因素会因经济危机而加剧,令政治回旋余地一再缩小,进而加剧了人们对国家合法性及其兑现发展承诺能力的怀疑,引发不稳定。南斯拉夫王国是第一个基于南斯拉夫国家理念建立的国家实体,它未能实现工业化的原因不外乎上述四点。值得注意的是,卡利克在讨论南斯拉夫王国失败之处时,敏锐地指出了后发优势只是一种幻觉。将落后视为一种优势,即发展中国家可以通过引进先进的科学和工业技术来"鞭策"工业化和加速成长,实际上是一种幻觉。

现代化框架可以穿透冷战思维,显示出社会主义道路是后发国家实现工业化的有效途径之一。铁托建立的社会主义国家南斯拉夫在一段时间内解决了上述四个结构性问题,使该国在 20 世纪 60—70 年代实现工业化。南斯拉夫的工业、城市、家庭结构、人民的身份认同、阶级关系、消费观念、文化生活全方位地脱离了农业社会。

南斯拉夫社会主义联邦共和国是怎么解决上述四个结构性问题的呢? 卡利克在书中给出了答案。对于民族和宗教多样性所引发的质疑利益分配和政治合法性的问题,南联邦在初创时已有一套成熟的解决方案。由于国家的建立是通过反法西斯战争的胜利实现的,因此政治合法性问题在当时是不存在的;而民族和宗教矛盾,则由于反抗侵略者这一共同目标得以暂时消弭。在社会主义的

① Marie-Janine Calic, *A History of Yugoslavia*, p. 317.

价值体系中，民族和宗教的区别让位于阶级的差别。老游击队中提倡"兄弟情谊与团结"，爱国、团结等原则在战后被不断建构。"和每个国家一样，社会主义的南斯拉夫在 1945 年后创造了自己的建国神话和仪式。该过程的一个重要组成部分是诉诸大众文化和文学。历史人物和民间传说唤起了情感并提供了意义，因为它们从过去的文化价值观中重构了社会主义南斯拉夫的现在。"① 对于落后于西欧、中欧的问题，共产主义理想本身就号召解放和发展生产力。国家赋有发展的使命，并将借助外资和计划经济模式，让这个新的社会主义国家走上快速发展之路。"如果没有共产党制定的充满活力的工业化政策，许多地区可能仍以蜗牛般的速度追赶欧洲的发展水平。"② 对于外部势力的竞争问题，南斯拉夫在冷战时期的外交大放异彩。作为不结盟运动的发起者之一，南斯拉夫在第三世界有较大的影响力。虽然南斯拉夫没有有效解决地区性差异，但在国家整体快速发展的阶段，这并未引起人们的注意，也没有引发地区、民族间的矛盾。

然而，历史的魅力在于变化，正是上述的现代化之路，逐渐孕育出了自己的反面——现代化危机。现代化将社会差异变成了政治工具。《南斯拉夫史》提出南斯拉夫的内部冲突不是民族、宗教、文化多样的必然结果，而是不同的利益、世界观和政治信仰引发的，特别是社会文化转型造成的紧张局势。曾经激发工人积极性的工人自治，让南斯拉夫走上轻积累、重消费之路，而国家又没有处理好积累与消费的关系，导致在所谓"黄金时代"的 20 世纪 60 年代就开始出现贸易逆差、通货膨胀增加和经济增长萎缩。从 20 世纪 70 年代起，各种问题开始浮现。内部的贫富差距拉大，引发各共和国的摩擦和争吵。"诚然，正如西方现代化理论和马克思主义所预测的那样，工业化、城市文化、高等教育、地区流动性和现代大众传播确实推动了种族宽容、世界主义态度和超民族国家认同的扩散。但与此同时，这一进程在人群之间制造了新的竞争，特别是当机构和政府按照'民族要诀'即民族比例分配的时候。"③ 为了避免争吵和化解离心倾向，南斯拉夫 70 年代开始推行权力下放，结果导致统一的国内市场的割裂。铁路、邮政服务和对外贸易实际上被划分为八个子系统，彼此之间的互动越来越少。利益冲突之外，还有意识形态之争。"兄弟情谊和团结"原

---

① Marie-Janine Calic, *A History of Yugoslavia*, p. 189.
② Ibid. , p. 175.
③ Ibid. , p. 255.

则允许每个民族通过科学研究、教科书、纪念碑和出版等手段培养自己的文化记忆，但这是走上制度化疏离道路的重要一步。值得思考的是，南斯拉夫的民族和宗教矛盾，是在工业化激发政治制度改革之后才重新成为人们争论的焦点的。"在政治对抗中，人们及其祖先的实际经历并不重要。重要的是，对过去的解释产生了观察现在的新视角，这给了人们一个新的方向，并产生了表面上的合法性。"① 几十年的国家建构，抵不过民族、宗教因素几百年的建构。那些抽象的理论脱离传统思维，而普通党员以及大众难以理解和把握。随着时间的推移，党的干部发生代际更替，新一代干部头脑中的理念和老游击队员已经不一样。由此，曾经凝聚南斯拉夫的力量改变了。

当我们把政治、经济、安全问题日益归为文化（文明）差别，用一个无所不包而又难以界定的概念去解释和化解复杂的问题时，《南斯拉夫史》用历史过程说明，"实际上，被广泛援引的巴尔干文化在南斯拉夫这场戏的最后一幕中只扮演了一个小角色"。②

（三）对人性的反思

除了民族、国家，《南斯拉夫史》还关注了人性的弱点，完成了认识和反思人性这一人文学科必然的任务。

第一，屠杀和种族清洗。书中虽然明言不再将眼光集中于民族和宗教矛盾，但对这些矛盾引发的终极斗争形式——对人的肉体消灭，使用了大量篇幅描述，反思人性之恶。对于种族清洗、大屠杀的描述和记录，中国史学界关注较少。而这恰恰是该地区民族矛盾、宗教矛盾最直接的表现形式，也是对人性、集体意识的记录和值得借鉴的重要历史经验。暴力伤害留下的伤痛、被害者的统计数字都成了刺激民众神经的原材料。参与各方都试图建构于己有利的历史，这也成为当地学术界的焦点。

卡利克着重观察"种族清洗"这一人性之恶，分析它诞生的原因，极有警示意义。"建立种族排他性的民族国家旨在消灭潜在的反对者——这也是后来'种族清洗'的典型动机。"③ "'种族清洗'和大规模暴行并非自发的，它们是受人指使的。"④ 此外，卡利克还从施暴者与受害者两种角度展示了人性。"正

---

① Marie-Janine Calic, *A History of Yugoslavia*, p. 277.
② Ibid., p. 332.
③ Ibid., p. 145.
④ Ibid., p. 149.

如在每一场内战中一样，一些参与民族主义谋杀狂潮和复仇狂欢的人是狂热的民族主义者和虐待狂，他们的行为纯粹是出于折磨和杀戮的激情。其他人则是抓住机会对邻居进行个人报复或清算过去的社区冲突。""潜在的受害者压制和否认正在发生的事情，其程度令人惊讶，他们安静地坐在家里等待命运。幸存下来的人报告说，他们相信法律和秩序，后来他们希望——事实上，坚信——可以通过循规蹈矩甚至宗教皈依和更名来转移对自己的侵犯。这是一个危险的错误。"①

第二，媒体之恶。卡利克认为，20世纪大众社会和大众媒体的发展，是这些分歧政治化乃至爆发政治冲突的主要原因。她一方面把媒体的发展看作现代化的重要指标之一，另一方面也批评媒体和政客使用虚假、夸张的语言，煽动民族仇恨。"广播、电视和印刷媒体制造了敌人的形象和成见，传播谣言和谎言，激起恐惧、仇恨和报复，打破道德壁垒。它们采取了行之有效的宣传策略，为战争提供必要的心理基础，特别是将一切描绘成非黑即白，妖魔化敌人，忽视、夸大和伪造信息，把当前事件与历史事件、神话相提并论，使用仇恨的语言不断重复上述信息。媒体传播研究者们公正地指出，南斯拉夫战争'仅仅是用军事手段延续晚间新闻'。"② 对此，约翰·R.兰普也认为媒体应对南斯拉夫解体后的战争负责。③

第三，集体安全的漏洞。这种批评针对的是20世纪90年代南斯拉夫爆发的内战和区域战争。卡利克批评联合国——特别是欧洲的安全架构——在波黑战争、科索沃战争中表现出的迟缓、推诿责任和不切实际。所谓的集体安全也具有集体组织的弱点——团结的脆弱、互相观望、个体利益优先。2022年的俄乌冲突再次暴露出欧洲安全架构的弱点——既不能考虑各方的安全底线，又不能保护和平。殷鉴不远，人类从历史中似乎并没有学到什么。

三、《南斯拉夫史》的欠缺和争议

《南斯拉夫史》是一部国别史、一部通史性作品。作者用20余万字去写

---

① Marie-Janine Calic, *A History of Yugoslavia*, p. 152.

② Ibid., pp. 307-308.

③ ［美］约翰·R.兰普：《南斯拉夫史》，刘大平译，东方出版中心，2013，第11页。

100 年的历史，难免会有欠缺，而且该书的一些内容涉及民族、宗教矛盾，也会引发争议和反对意见。

第一，对南斯拉夫王国着墨不多，缺乏对两个南斯拉夫国家的对比。本书涉及两个南斯拉夫国家，作者将它们的历史都归入南部斯拉夫人社会现代化的过程。但南斯拉夫王国这个统一的多民族国家在现代化进程中起了什么作用，作者提及较少，只是介绍了欧洲当时整体的发展对当地的影响。这与南斯拉夫社会主义联邦形成了对比。南斯拉夫社会主义联邦真正实现了该地区的工业化，重塑了当地的政治、经济、社会关系，创造了新的文化理念和审美。这是一场革命。南斯拉夫人的生活条件、生活方式在 20 世纪 60—70 年代已经跟上西欧的水平，谁能够否认那时的南斯拉夫不是现代社会呢？与之相比，作者并没有拿出有力的证据说明南斯拉夫王国的作用。因此，南斯拉夫国家这种统一多民族的国家形式，与现代化之间的关系就不够清晰，似乎多民族统一对现代化并不重要，而社会主义革命成了关键的一步。在这个方面，兰普的《南斯拉夫史》则将两个南斯拉夫和它们的起源连接起来，将它们的实力和其弱点连接起来，并且将其失败和完整的历史背景连接起来。[1] 兰普的意图是把两个南斯拉夫的共性归为专政——一个是王室专政，另一个是共产党专政——推导出"专政必然失败"的结论。然而，这实际是一种预设。在南部斯拉夫人实现联合的过程中，第一个南斯拉夫国家肯定对第二个国家的建立有影响。从这种联系中可以回答南斯拉夫的"思想"是不是脱离实际的关键问题，但作者似乎只缘身在此山中，没有满足读者对此的好奇。

第二，使用一手材料较少。卡利克教授承认，本书欠缺一手材料，特别是欠缺南斯拉夫社会主义联邦共和国的一手材料。另外，她认为这本书的写作是在用全面而紧凑的方法应对一个复杂的、几乎无限的、研究潜力远远没有用尽的主题。因此，她只能在自己的研究基础上，广泛运用他人的成果，即二手文献。不过，因为关于特定主题和时期的出版物较多，但综合研究较少且有许多领域很少或根本没有开展研究，所以本书的内容仍不够全面。

第三，卡利克作为历史学者，希望自己做到客观，称"我希望写这本书时不带偏见，但也不是没有激情"，但由于立场不同，书中的观点还是引来一些争议。比如有人提出，卡利克反对说南斯拉夫是"人造国家"，是在为塞尔维亚人的统治和压迫辩护，否认民族自决权。

---

① ［美］约翰·R. 兰普：《南斯拉夫史》，第 XV 页。

其中，最惹眼的是关于阿洛伊齐耶·斯特皮纳茨（Alojzije Stepinac）主教的评价问题。卡利克在书中表达了自己的看法。"至今，天主教会及其领袖大主教阿洛伊齐耶·斯特皮纳茨的角色仍极具争议。这位以民族主义为导向的神职人员赞美克罗地亚民族、反对共产党，所以认同甚至帮助乌斯塔沙政权。斯特皮纳茨可能不是一名坚定的法西斯主义者，但他肯定也不是新政权的坚决反对者。1941 年 5 月初，为了纪念克罗地亚国独立，他写了一首赞美诗在所有教堂宣读，并把自己任命为克罗地亚首席军事牧师。他在 1941 年 4 月的一份通函中宣布，这个国家实现了一个'百年梦想'，它'不再是舌头……而是血'。梵蒂冈获悉了克罗地亚发生的事情，拒绝批评。"① 另外，她在 2020 年接受一家德国天主教网站的采访时公开说斯特皮纳茨是引发仇恨的人物。这一说法受到一些人的批评，他们根据美国作家埃丝特·吉特曼博士的《斯特皮纳茨：人权的支柱》、英国作家罗宾·哈里斯博士的《斯特皮纳茨：他的生平和时代》等作品，提出斯特皮纳茨在二战期间曾经谴责第三帝国的种族主义意识形态，还发起筹款运动帮助犹太人和其他因战争而逃离祖国的难民。

此外，卡利克在书中记录了南斯拉夫地区的日耳曼人——斯瓦比人——与德意志第三帝国的合作。有些人认为，她对 1945 年后多瑙河地区的斯瓦比人在南斯拉夫的悲惨命运仅用了半页篇幅进行讲述，是在给铁托开罪，伤害了斯瓦比人的感情。

对上述欠缺，卡利克已经意识到了。她认为写作一部南斯拉夫史难以做到面面俱到，而对于争议，她从未改变自己在书中的立场。这恰恰是历史学的魅力，因为没有人能够宣称自己掌握了全部的真相，而卡利克遵从了自己的所见所识。

四、结语

新近的许多研究不再涉及南斯拉夫，而是完全集中于它的继承国。这些研究对今天的塞尔维亚、斯洛文尼亚、克罗地亚等进行回顾性解读，并从目的论角度解释它们的过去，仿佛遥远的历史是这些国家当下地位的先兆。此外，这些研究对各国间互动的表述往往只以冲突和战争的形式呈现。在此过程中，南

---

① Marie-Janine Calic, *A History of Yugoslavia*, p. 147.

斯拉夫时期被缩减为数百年民族历史中一段非常短暂的——尽管并非完全微不足道的——插曲。卡利克的《南斯拉夫史》以创新的视角审视了南斯拉夫多面而复杂的历史，重点关注其在 20 世纪初的重大社会、经济和思想变革，以及向现代工业化大众社会的过渡。她追溯了相关民族、宗教和文化分裂的起源，利用了当时的研究成果，考虑到参与者的不同看法和利益，对各项事件做了均衡的解释。本书的独特之处在于回避了传统的、确定性的解释，即巴尔干"火药桶"之说，或任何当地的特性是南斯拉夫消亡的罪魁祸首的论断。她强调了 20 世纪现代大众社会在差异政治化中的能动性。在分析微妙的政治、社会和经济发展进程的同时，卡利克以生动的方式描述了普通人的经历和情感。本书概括了南斯拉夫各地的历史观点，并将它们联系起来，从而将许多所谓的地区特殊性相对化。毕竟，南斯拉夫是欧洲的一部分，它是欧洲现代化进程中的追赶者。它用 100 年的时间展现了欧洲现代化的全过程，而《南斯拉夫史》恰恰用长镜头把这一过程呈现给了我们。

巴尔干研究的奠基之作
——评《巴尔干近现代史》

孟小琳

作者简介 孟小琳，首都师范大学历史学院硕士研究生

　　《巴尔干近现代史》① 是我国巴尔干研究专家马细谱先生的最新研究成果，是国内学术界第一本系统介绍和论述巴尔干地区和国家近现代史的专著。本书回顾了巴尔干从拜占庭帝国统治时期以来的历史，着重叙述了 15 世纪至今巴尔干在奥斯曼帝国统治时期和第一次世界大战、第二次世界大战、冷战时期以及东欧剧变以来的发展变化。本书以时间为线索，介绍了巴尔干的重要历史事件和历史人物，深入分析了巴尔干地区和国家发展中的特性和共性。自 2021 年出版以来，本书引起了学界的广泛关注。本书除运用了大量的中文和英文史料外，还广泛使用了保加利亚语和塞尔维亚语的文献资料。此外，本书还附有巴尔干大事记，巴尔干国家简况和巴尔干国家总统、总理一览表等图表信息，直观清晰地呈现了巴尔干国家的概况，书中所阐释的内容既有深度又有广度，是一部不可多得的巴尔干史著作。

　　每当提起巴尔干，人们不禁将它与"动荡""落后""封闭"等贬义词相联系，进而联想到第一次世界大战，认为巴尔干是欧洲的"火药桶"。实际上，巴尔干风光秀丽，在中世纪时期也拥有辉煌的历史，但它是如何演变成欧洲的"火药桶"的，人们对其中曲折的历史变化却知之甚少。

　　本书以巴尔干为中心和出发点，考察了中世纪至今巴尔干地区和国家的历

---

　　① 马细谱：《巴尔干近现代史》，中国社会科学出版社，2021。

史。巴尔干半岛位于亚欧大陆交界处，衔接黑海和地中海，因此自古以来这里便是一个多个民族和多种文化交融的地区。希腊人、伊利里亚人、色雷斯人和斯拉夫人等诸多民族先后在这里定居。中世纪时期，由于巴尔干沟通亚欧大陆的特殊地理位置，不同的文化、宗教以及社会制度进一步在该地区交汇，这里成为众多部落和种族的必争之地，巴尔干地区宗教、民族、领土等历史问题由此萌芽。

15 世纪末，随着拜占庭帝国的崩溃和奥斯曼帝国的崛起，奥斯曼土耳其人几乎侵占了整个巴尔干半岛，这是巴尔干地区衰落的开始。奥斯曼帝国征服巴尔干地区后，为巩固统治，实行民族压迫和民族同化政策。为此，巴尔干人民开展了多种形式的斗争运动进行反抗，其中包括早期自发的"哈伊杜克"运动、15—18 世纪多次爆发的反对奥斯曼帝国统治的起义，乃至 18 世纪后期巴尔干地区多地开始出现的民族复兴运动。18 世纪开始，奥斯曼帝国国力衰退，欧洲大国加紧了对"奥斯曼遗产"的争夺。巴尔干半岛西部的达尔马提亚沿岸和爱琴海岛屿被威尼斯侵占，西北部则由奥地利帝国盘踞，三方势力就此在巴尔干半岛展开了激烈争夺。奥斯曼帝国在经历了几次对俄国的战争后实力削弱愈加严重，这极大地鼓舞了巴尔干人民的斗志。从 19 世纪初至 20 世纪初，夹缝中的巴尔干人民展开了轰轰烈烈的争取民族独立的民族解放运动。尽管奥斯曼帝国日益衰败，但巴尔干地区的新兴力量仍然较为弱小，在缺乏外来支援和干预的情况下，其仍无法争取到自身解放。为此，巴尔干人民积极参加了第十次俄土战争，最终在俄国的帮助下获得解放。获得新生的巴尔干人民着手建立了自己的民族国家，以加强民族团结，巩固民族解放的成果。19 世纪 60 年代起，巴尔干国家先后成立了各种政党，并以"巴尔干属于巴尔干人民"作为中心思想，提出了诸多实现联合和联邦的治理方案，但并未解决巴尔干的民族问题。20 世纪初，巴尔干国家基本走上了资本主义的发展道路。

然而，巴尔干国家并未因此走上独立自主的道路，它们被裹挟在大国的利益之中，使得巴尔干的民族主义恶性膨胀，最终在 1912 年 10 月至 1911 年 8 月间爆发了两次巴尔干战争。这两场战争无疑加深了巴尔干国家之间的裂痕和敌视，巴尔干地区的局势愈加紧张，新的战争一触即发。1914 年的萨拉热窝事件引爆了这个"火药桶"，第一次世界大战随之爆发。第一次世界大战期间，巴尔干国家更是盲目地投靠了协约国和同盟国两个帝国主义阵营，致使国家深陷战争的泥淖之中。这场战争使得统治该地区 5 个世纪之久的奥斯曼帝国崩溃，进而从根本上改变了巴尔干地区的政治版图。第一次世界大战是战胜国对战败国的掠夺，无法实现所谓的"公正"，它不仅没有解决巴尔干地区的民族问题和边界问题，反而激化了矛盾，而这些问题很快又会成为新的冲突根源。

两次世界大战期间，巴尔干各国效仿欧美国家实行资本主义政治经济制度。在政治上，巴尔干国家因不具备强大的资产阶级和相对完善的法律体系，所以政治体制从一开始就发展不完善、不健全。在经济上，直至第二次世界大战之前，巴尔干国家也只有中等或是不发达的资本主义工业水平，在欧洲仍是较为落后的农业国。与此同时，《凡尔赛条约》签订后欧美大国对巴尔干地区的争夺进入了一个新的阶段，巴尔干各国的外交政策都有着大国直接或间接干预的痕迹。巴尔干国家间也曾进行合作，但其存在的民族、宗教矛盾和领土争端又使得国家间难以凝聚有效的力量，因此这些合作并未取得有效的成果。第二次世界大战爆发前夕，德意法西斯为独霸巴尔干展开了激烈争夺，但巴尔干人民并没有屈服，他们拿起武器，建立游击队和民族政权组织，积极投入到反法西斯抗争运动的洪流中。可以说，南斯拉夫、希腊等国的反法西斯抵抗运动是第二次世界大战史的重要组成部分。

第二次世界大战后，取得战争胜利的英美和苏联积极向巴尔干国家推销自己的社会模式。巴尔干国家面临亲西方或是亲苏联的抉择，最终希腊和土耳其延续了资本主义政治经济制度，而阿尔巴尼亚、保加利亚、罗马尼亚和南斯拉夫走上了社会主义道路。一方面，美国自英国手中接过"领导世界的火把"后，以帮助希腊和土耳其这两个"自由国家"和遏制"共产主义的威胁"为名，在帮助希腊和土耳其开展重建工作的同时，借机扩大自身在两国的政治经济影响力，使两国从内政到外交都从属于西方集团。但是，希腊和土耳其仅具有多党政治、三权分立、保护私有制等西方资本主义国家发展的一般特点，这就使得两国时常"水土不服"，进而出现党派林立、军队掌权、政变成风的局面。另一方面，阿尔巴尼亚、罗马尼亚、保加利亚、南斯拉夫等国家实行社会主义制度，先后参加了经济互助委员会和华沙条约组织。尽管这些国家的历史和现实情况不尽相同，但各国执政党都致力于加强自身的党政建设，在提高自身领导力的同时维护与各兄弟党和友好国家的关系，积极开展外交，进而提升本国的国际地位和形象。这些国家以苏联为范本，议行合一，重工业优先。虽然这使这些国家在短期内取得了可喜的成绩，但也造成了一些负面影响。在政治方面，存在"以党代政"甚至"以党代法"的情况；在经济方面，因缺少自主性而造成农业落后、工业畸形发展。此外，巴尔干国家社会主义建设中所出现的失误激化了民族矛盾，再加上西方的长期渗透和"演变"，这些都严重动摇了这些国家原有的政治经济制度。20 世纪 90 年代初，随着经互会和华约解散，南斯拉夫联邦解体，欧美大国重新在巴尔干地区争夺势力范围，该地区冷战时期被"冻结"的各种矛盾和争端接连爆发，地区局势再次出现动荡。

站在新的十字路口，"如何发展"成为巴尔干国家最迫切解决的问题。巴尔干地区的前社会主义国家纷纷进行"转轨"，试图通过走上资本主义发展道路"回归欧洲"。欧美等西方国家为彻底消除社会主义在这些国家的影响，先后花了十余年的时间"改造"这些国家，并在经济和政治上牢牢地控制这些国家，使它们成为"二流国家""二等公民"。冷战爆发以来，希腊和土耳其两国成为西方资本主义世界在巴尔干地区的"橱窗"，因此东欧剧变后希腊和土耳其两国的政治和经济相较于巴尔干社会主义国家没有受到灾难性的打击。东欧国家进行社会变革后，希腊和土耳其两国改善和加强了它们同保加利亚、阿尔巴尼亚、罗马尼亚和前南国家的全面合作关系。但是，希腊和土耳其的发展也较为曲折，存在经济滞后和政局不稳的情况。时至今日，由于巴尔干地区特殊的地理位置及其敏感的民族、领土和宗教等问题，这里依旧是欧洲的热点和大国间博弈的舞台。其中，巴尔干地区的民族问题是最不稳定的因素之一。民族问题虽是历史"遗产"，但却是当今的冲突之源。在巴尔干半岛的历史和现实中，一直缺乏切实可行的民族政策，致使民族问题未能得到有效的解决。与此同时，民族矛盾往往又与宗教争端交织勾连，难分难解。自古以来，巴尔干地区就是一个多民族、多宗教的汇集地。这里拥有天主教、东正教和伊斯兰教的信众和教区，不同宗教塑造了不同的风俗、文化和价值观念，而宗教差异造成了相互的对立，加深了彼此的矛盾。民族主义与宗教狂热无疑加剧了巴尔干地区的动荡，正如本书作者所说："巴尔干地区的冲突主要不是文明之间的冲突，而是国家-种族之间的冲突。"①

本书通过回看巴尔干国家的发展，指出了其存在的历史特性及共性。第一，巴尔干半岛的地理位置及其地缘政治在很大程度上影响和决定了巴尔干各国历史的发展进程。第二，巴尔干国家大多被裹挟于大国强权政治的统治之下，缺乏自主意识。巴尔干国家先后处于拜占庭帝国、奥斯曼帝国的统治之下；第一次世界大战期间，协约国与同盟国在这里交锋；凡尔赛体系建立后，大国愈加干预巴尔干地区事务；巴尔干地区更是第二次世界大战的前沿阵地；第二次世界大战后，社会主义和资本主义两大阵营在这里对抗；冷战后，大国

---

① 马细谱：《巴尔干近现代史》，第 1005 页。

在巴尔干卷土重来，这里再次成为大国博弈的战场。第三，巴尔干地区复杂的民族构成以及多种宗教势力形成的文化差异使得地区国家的内部冲突时有发生，国家间边界争端频发，难以形成稳定的区域环境。第四，当代巴尔干国家殷切希望融入欧洲一体化进程，实现它们心中的"欧洲现代化"。

将巴尔干置于历史长河中，不难发现巴尔干的"动荡""落后"是几个世纪以来内部矛盾和外部干预共同作用的结果。中世纪时期保加利亚、塞尔维亚和克罗地亚曾在这里创造了辉煌的历史，但随着奥斯曼帝国的入侵，巴尔干的形势愈加复杂。此后几个世纪里，不同政治、民族和宗教势力在这里搅动风云，注定使得巴尔干难以形成和平稳定的发展环境，这是造成巴尔干落后的根源。

一直以来，国外学界都将巴尔干作为一个重点研究地区，将其作为东南欧研究的重要组成部分给予广泛的关注。很多西欧国家和巴尔干国家都设有巴尔干研究所或研究中心，拥有众多的相关刊物和出版物。相较于国外，我国的巴尔干研究尚处于起步阶段。因此，本书作为国内第一部巴尔干近现代史专著，极大地填补了我国巴尔干研究的学术空白，具有开拓性意义。作者作为国内巴尔干研究的先行者，将几十年来的学术积累汇集在此书中，形成了这部国别史、地区史和专题史的综合研究专著。本书以时间为动线，注重章节之间的连续性，重点介绍巴尔干地区的重大历史事件和重要历史人物，突出每个历史阶段的特点，构建了巴尔干地区的历史框架，推动了巴尔干研究的进一步发展。

历史是以往的现实，现实是未来的历史。现在巴尔干已经不再是欧洲的"火药桶"，但也并非"和平区"，这里仍汇集着民族主义、分裂主义、恐怖主义等诸多不稳定因素。欧美大国的扩张野心蠢蠢欲动，而巴尔干地区依然是众多政治力量博弈的重要地区。同时，巴尔干国家是共建"一带一路"倡议的支持者，因此我们需要打破对巴尔干的刻板印象，回望历史，立足现实，以更加开放包容的心态理性看待巴尔干，促进中国与巴尔干国家的互利共赢。本书正是研究巴尔干的昨天，关注巴尔干的今天，展望巴尔干的明天。正如作者所说："历史工作者的责任，是写好历史，讲好历史故事，发挥历史的正能量。"[1] 综上所述，本书作为一部综合了解学习巴尔干近现代发展历程的通史性著作，值得我们进一步研读。

---

① 马细谱：《巴尔干近现代史》，第 1039 页。

理解巴尔干的另一个维度
——评《巴尔干联合思想与实践（1797—1948）》

王　欢

作者简介　王欢，首都师范大学历史学院博士研究生

　　长期以来，无论是在大众的印象中还是在学者的专业论述中，"巴尔干"一词时常与落后、冲突、分裂等负面词汇相联系，"巴尔干化"（balkanization）也已经成为国际政治学、民族学中的常见术语，用以形容全球范围内分裂、动荡、冲突不休的地区。事实上，巴尔干地区并非总是充满冲突与分裂。1878年的《柏林条约》之前，也没有人称它为"欧洲火药桶"。近代以来巴尔干各民族有着许多追求和平与联合的思想及实践，这些积极因素作为该地区历史遗产的组成部分理应为人们所了解，也应该成为学术关照的重要对象。2022年3月，国内巴尔干研究专家徐刚的《巴尔干联合思想与实践（1797—1948）》[①]由社会科学文献出版社出版，是为国内第一部系统论述巴尔干联合思想与实践的专著。该书基于作者十年前的博士学位论文修改而成，[②]客观呈现了自法国大革命爆发以来至第二次世界大战结束后巴尔干的联合思想及其实践的历史进程，揭示了巴尔干近代历史上较少为人关注的一面。

　　该书作者徐刚是国内巴尔干研究方面的青年学者，他2012年7月毕业于北京大学国际关系学院，获法学博士学位，师从北京大学中东欧研究专家孔凡君

[①]　徐刚：《巴尔干联合思想与实践（1797—1948）》，社会科学文献出版社，2022。
[②]　徐刚：《巴尔干联合思想与实践研究》，博士学位论文，北京大学，2012。

教授；2012 年 10 月至 2014 年 7 月在中国社会科学院俄罗斯东欧中亚研究所博士后流动站从事博士后研究工作，2015 年至 2017 年在中国驻波黑大使馆政治处工作；现任中国社会科学院俄罗斯东欧中亚研究所副研究员、中国社会科学院"一带一路"研究中心副秘书长。他的主要研究领域为巴尔干问题、中国与中东欧关系、欧盟外交，著有《巴尔干地区合作与欧洲一体化》（独著，社会科学文献出版社 2016 年版）、《列国志·罗马尼亚》（合著，社会科学文献出版社 2016 年版）、《曲折的历程：中东欧卷》（合著，东方出版社 2015 年版），并在《欧洲研究》《现代国际关系》《俄罗斯东欧中亚研究》《俄罗斯研究》《俄罗斯学刊》等学术期刊上发表论文 20 余篇。历经十余年的学术研究实践与巴尔干外事工作的磨炼，本书作者在掌握更多相关材料的基础上作出了更加全面和深入的思考，为读者呈现了一部巴尔干研究的学术力作。

在该书的绪论部分，作者首先阐明了选题的背景与意义，继而对相关概念进行了界定，对国内外相关研究的现状进行了评述，最后介绍了全书的框架及研究方法。

本书第一章从两个方面概述了巴尔干联合思想与实践的历史背景。首先，作者概述了巴尔干半岛自古希腊时代至 20 世纪各民族及宗教的发展历程，以及各族群所建立的国家形态的演进，论述对象主要包括阿尔巴尼亚人、南部斯拉夫人（包括斯洛文尼亚人、克罗地亚人、塞尔维亚人、保加利亚人）、希腊人、罗马尼亚人、土耳其人。其次，作者介绍了有关巴尔干地区整合的帝国实践：古希腊—罗马及拜占庭帝国时期整合半岛的努力就一直存在，尤其是罗马时代的政治理念、宗教信仰、法律观念以及发达的交通网络等文化和物质遗产推动了半岛文明的发展，成为后来巴尔干国家"现代性"的重要来源。奥斯曼帝国的入侵打断了欧洲统一的趋势，进一步加剧了巴尔干半岛内部的分裂。巴尔干的联合虽然在宗教角度上具有一定的社会基础，但所谓的"宗教共同体"难以启发民众的觉醒和独立意识。18—19 世纪欧洲大国的君主提出以巴尔干联合来解决"东方问题"的计划，但这些计划都是基于自身防御或扩张的目的，而不是为了解放巴尔干各民族。17 世纪以来的民族解放运动领袖、宗教人士以及民族主义思想家等群体基于各自的角度也提出了一些巴尔干联合的思想主张。

本书第二章梳理与分析了法国大革命至 1878 年柏林会议期间的巴尔干联合思想与计划。首先，作者梳理了 1797—1878 年巴尔干各民族的革命民主主义者关于巴尔干联合的思想与主张，主要包括希腊人里加斯·维列斯迪利斯（Rigas Velestinlis）的巴尔干共和国思想，塞尔维亚人斯维托扎尔·马尔科维奇

（Svetozar Marković）的巴尔干联邦思想以及保加利亚人留宾·卡拉维洛夫（Lyuben Karavelov）、瓦西尔·列夫斯基（Vasil Levski）与赫里斯托·鲍特夫（Khristo Botev）的巴尔干联邦思想等。这些思想方案虽然只是表面化的设计，但无疑推动了巴尔干各民族的解放与独立，促进了各民族的和解与合作。作者从国际形势和巴尔干地区发展两方面分析了这些思想主张无法付诸实施的原因：19 世纪的巴尔干始终处于奥斯曼帝国、奥匈帝国及俄国等大国的拉扯之中，难以主导自己的命运；在联合没有成为时代主导思想的情况下，巴尔干各国的保守主义和民族主义便占据了上风，共同行动只能成为良好的愿望。其次，作者分析了克罗地亚人与塞尔维亚人的南部斯拉夫联合计划，主要有 19 世纪 30—40 年代克罗地亚人扬科·德拉什科维奇（Janko Drašković）、路德维特·盖伊（Ljudevit Gaj）和一大批文学家、诗人倡导的伊利里亚运动，以及 19 世纪 40—60 年代塞尔维亚人伊利亚·加拉沙宁（Ilija Garasšanin）与武克·斯特凡诺维奇·卡拉季奇（Vuk Stefanović Karadzić）等主张的南部斯拉夫联合计划。最后，作者从塞克两民族之间的互斥性、宗教信仰的差异、外部力量的干预、经济社会发展状况等方面分析了 19 世纪南部斯拉夫民族联合失败的原因。

　　本书第三章主要考察了 1878—1929 年巴尔干联合的主张与实践，包括社会主义者的巴尔干联邦主张和第一南斯拉夫的建立及其意义两个部分的内容。在第一部分，作者首先重点讨论了保加利亚社会主义先驱季米特尔·布拉戈耶夫（Dimitar Blagoev）的思想与实践。巴尔干社会民主党人含糊地提出了旨在解决民族矛盾的巴尔干联邦主张，但并没有具体指出实现这一主张的手段，其自身内部各个派别的分化以及不稳定的外部客观环境则使得失败不可避免。第一次世界大战结束后，共产党人成为巴尔干联邦的主要倡导者与推动者，提出了通过无产阶级革命与专政最终建立一个巴尔干苏维埃联邦共和国的目标。作者着重分析了刊物《巴尔干联邦》的创办及停刊的过程，认为巴尔干共产党人在国际社会主义事业陷入低潮的时代背景下完全把共产国际的革命策略生搬硬套到巴尔干民族问题上，其结果注定是失败的。

　　在第二部分，作者对第一南斯拉夫建立的历史过程进行了梳理，分析了第一南斯拉夫建立的历史意义及其消亡的原因。作者认为，第一南斯拉夫的建立是以一种联合的方式彻底改写了南部斯拉夫人自公元 6—7 世纪以来的历史。南斯拉夫各民族步入了共同国家的发展轨道，这是区域整合的一个阶段性成果，而新建立的王国作为国际法意义上的独立主权国家在国际体系中也占有一席之地。作者同时分析了第一南斯拉夫消亡的原因：南斯拉夫各族对新国家的性质存在分歧；各政党对国家体制各持己见，相持不下；大塞尔维亚主义导致第一南斯拉夫没有体现民族平等的原则，没有代表各民族的利益；新国家的治理能力很差，塞尔维亚人主导的政府缺乏多民族治理的经验。

本书第四章主要探讨了 1929—1934 年巴尔干国家的一些知识分子和政治家通过召开半官方的巴尔干会议探索建立一个巴尔干联盟的经历，同时结合两次世界大战期间的历史背景分析了该时期巴尔干联盟运动失败的原因。在1930—1934 年，巴尔干会议一共召开了四次大会和十次理事会会议，将巴尔干联盟运动推向了高潮，其意义不可否定：巴尔干会议在经济、社会、文化等领域达成了多项协定，成立了多个合作机构；各国政府对半官方的巴尔干会议给予了较大关注，这有利于改善巴尔干国家间的关系，使得"巴尔干人的巴尔干"理念深入人心；无论是在实践主体还是在实现手段方面，巴尔干会议都完全区别于以往的联合实践和计划。同时，作者总结了巴尔干会议终结的多方面原因：巴尔干各国之间存在一系列关于少数民族及领土等方面的分歧，这与凡尔赛体系的矛盾是一致的，其突出表现在于以保加利亚为代表的修约国家与其他维约国家之间的针锋相对；巴尔干国家之间的经济合作水平并不高，各国都以出口农产品为主，这增加了竞争关系，而地区内部落后的交通也阻碍了内部产品的流通；巴尔干各国在政治及外交方面都不能实现完全自主，欧洲各大国依然沿用"分而治之"的思路深度干预巴尔干地区事务，使得巴尔干各国随着欧洲大国关系的对立而走向分化。

本书第五章主要叙述了 1944—1948 年作为巴尔干联邦第一步的保南联邦计划的始末，作者结合大量档案以及当事人的经历对该计划进行了详尽的描绘，并从内外两个角度评析了其未能实现的原因。一方面，保南两国的历史恩怨特别是在马其顿问题上的争执使建立联邦缺乏现实基础，在构建联邦的具体问题上尤其是保加利亚加入联邦的身份地位问题上双方存在较大分歧。另一方面，外部因素是保南联邦计划破产的主因——苏联不会支持这个不受自身控制的计划，也不希望这一计划突破其与英美集团达成的妥协框架。同时，该章还从南部斯拉夫联合的层面叙述了南联邦国家的建立及其意义：南联邦国家建立的过程及原则都充分体现了南共对民族平等的重视；南联邦国家从宪法层面明确规定了各民族的自决权；南斯拉夫的国家实力有了很大提升，成为巴尔干地区最有影响力的国家，这无疑是历史上南部斯拉夫人的最大联合。

本书第六章结合巴尔干的历史发展进程，重点从宏观层面总结了影响巴尔干联合的内外因素。其中，内部因素包括：民族繁杂、宗教多样以及各种文明并存；大民族主义泛滥，几乎每一个巴尔干民族都希望恢复本民族在历史上的大国范围，谋求其地区霸权地位；缺乏具有领导能力和权威的国家，民众对于巴尔干整体的观念非常薄弱。外部因素则主要表现为大国的拉扯与干预：边界的划定多半是各方妥协及大国强加的结果，巴尔干各方均不满意；巴尔干各国独立的非同步性也是欧洲大国争夺的结果；大国的介入使得巴尔干地区内部的差异性不断被放大，联合的基础也不断被侵蚀。

作为结束语，作者在最后讨论了当今巴尔干地区面临的几个重要议题：科索沃主权问题、波黑问题、"西巴尔干"的概念问题以及"开放巴尔干"倡议问题。上述问题既是理解巴尔干现状的重要切入点，也是未来巴尔干研究的拓展方向。

综上所述，本书向读者全景式地展现了巴尔干地区自 19 世纪巴尔干民族解放运动至第二次世界大战结束这一个半世纪内不为人熟知的一面，即追求和平与联合的历史。相比于国内现有研究，该书具备以下三个方面的突出特征。

第一，该书在研究主题与研究视角上具有较强创新性。长期以来，在"欧洲火药桶"的思维定式主导下，学者大多关注的是巴尔干地区的大国博弈、民族矛盾以及文明冲突等议题，关于巴尔干联合的研究没有得到足够的重视。[①]《巴尔干联合思想与实践（1797—1948）》作为国内首部专门研究巴尔干联合历史的专著，以"反巴尔干常识"的视角叙述巴尔干近现代历史，进一步补全了巴尔干的历史拼图，无疑将国内的巴尔干研究向前推进了一步。在研究视角上，与长期以来从欧美视角切入巴尔干问题的研究不同，作者有意强调"作为方法的巴尔干研究"，即重视巴尔干地区的本体性，探讨巴尔干地区各族在追求联合的历史进程中所发挥的主体性作用。这体现了作者从巴尔干地区各国的发展自主性增强的现实趋势出发，紧跟在地化的研究视角这一学术前沿。

第二，该书是国际关系学与历史学跨学科交叉研究的成果。"当代人文与社会科学发展的一大潮流就是打破学科界限，进行跨学科的研究，学术创新往

---

① 在国外学界，学者就巴尔干联合问题已经有了一定的研究成果，如著名历史学家斯塔夫里阿诺斯的《巴尔干联邦：近现代巴尔干联合运动史》[L. S. Stavrianos, *Balkan Federation: A History of the Movement toward Balkan Unity in Modern Times* (Wisconsin: George Banta Publishing Co., 1944)] 一书论述了 18 世纪末到第二次世界大战前的巴尔干联合的历史。在国内学界，以马细谱教授为代表的老一辈学者在巴尔干研究方面做了很多开创性工作，其著作《巴尔干纷争》（北京大学出版社 1999 年版）、《巴尔干近现代史》（中国社会科学出版社 2021 年版）、《南斯拉夫通史》（上海社会科学出版社 2020 年版）等对巴尔干联合的思想均有所论及。

往也发生在不同学科的交叉地带……历史学可以帮助国际关系学家运用整体主义而非化约主义的思维方式理解国际政治。"① "实践证明，从历史入手开展现实问题研究有着得天独厚的优势，即由于每个现实问题事实上都是历史发展演变的结果，因此史学研究的长时段视角有助于理解现实问题形成的历史根源及其未来走势。"② 作为国际关系研究出身的学者，该书作者长期从事巴尔干地区的现状研究，发表了大量学术文章与时评，其中既有对现状的分析，也有对历史的追溯。作者在该书开篇即抛出一系列巴尔干现实问题作为引子，继而提出："讨论巴尔干地区的任何一个问题都需要回望过去，需要对该地区进行整体把握。"③ 全书采用历史分析的方法，对大量历史文献进行了引用与解读，最终又回归到现状，对巴尔干地区的未来进行了展望，是为国际关系研究"历史路径"④ 的一次有益实践。

第三，全书主线清晰，可读性强。巴尔干地区的历史与现状千头万绪、纷繁复杂，想了解巴尔干地区的大众或巴尔干研究的初学者往往难以得其要领，即使专业人士在谈及巴尔干相关议题时亦容易失之偏颇，而本书则是以一条清晰的主线串联起了巴尔干地区一个半世纪的历史。全书以时间为经，以巴尔干地区各民族为纬，将巴尔干近现代史上的革命民主人士、社会民主党人、共产党人及二轨活动家的思想与实践统摄于巴尔干联合及南斯拉夫联合两个分主题中，以平铺直叙的方式呈现了巴尔干地区积极的一面，是一部能够帮助读者从整体上理解巴尔干历史与现状的佳作。

除上述三点外，该书也对未来巴尔干研究的拓展具有一定启发性。例如，书中提及了两次世界大战期间的巴尔干运动会以及巴尔干的各种合作组织、合作机构等内容，虽然限于篇幅的原因作者并没有对其展开讨论，但它们仍值得国际关系研究或历史研究方面的学者从"文化路径"继续深挖。总而言之，该书是一部创新性、启发性与可读性兼具的佳作。值得一提的是，2022 年 9 月，区域国别学被正式列入交叉学科门类下的一级学科，在这样一种学科建设的大背景下，该书的出版可谓正逢其时。

---

① 王立新：《国际关系理论家的预测为什么失败？——兼论历史学与国际关系学的差异与互补》，《史学集刊》2020 年第 1 期，第 17 页。
② 梁占军：《构建区域国别学，世界现代史大有可为》，《史学集刊》2022 年第 4 期，第 11 页。
③ 徐刚：《巴尔干联合思想与实践（1797—1948）》，第 3 页。
④ 关于国际关系研究的"历史路径"，可参考刘德斌：《国际关系研究的历史路径》，社会科学文献出版社，2022。

地缘政治视野下的亚得里亚海
——读罗伯特·卡普兰
《亚得里亚海：文明的尽头》

王艺儒

作者简介 王艺儒，首都师范大学国别区域研究院博士生

亚得里亚海位于意大利和巴尔干半岛之间，素有"小地中海"之称，也被认为是"海中之海"。尽管亚得里亚海是地中海的一部分，但很大程度上来说它又是一个封闭的内海。无论在历史上还是从今天来看，亚得里亚海的战略地位都极为重要，是兵家必争之地。当然，亚得里亚海也悄然见证着文明的互动与交流。它不仅是东西方文明、文化的交汇点，也是周边各地产生联系的重要枢纽。然而，在现有的学术研究中，亚得里亚海却经常处于一种边缘化的地位。

一

通过梳理学术史，我们会发现尽管亚得里亚海地位重要，但是相关研究成果并不多见。就目前研究来看，学者们关于亚得里亚海的研究大致可分为以下四类：（1）游记类。此类作品主要是关于亚得里亚海周围自然风光和旅游景点的普及性介绍与导读。例如，《亚得里亚海沿岸》是作家弗雷德里克·汉密尔顿·杰克逊（F. Hamilton Jackson）的旅行回忆录，他浏览了亚得里亚海沿岸

不同的地区，并记述了他所看到的地理、文化和建筑遗址，以及它们的历史意义。①《亚得里亚海的女王：威尼斯艺术和历史之旅》是一本威尼斯深度游的全面指南，更是一本涉及威尼斯历史、文化、艺术的精华读本。书中详细介绍了圣马可大教堂、公爵宫、里亚托桥、美丽圣母教堂、土耳其商馆等100多处著名景点。② 不过，此类书籍学术性价值偏低。（2）自然科学层面的研究。亚得里亚海不仅是重要的交通要道，而且滋养和蕴含了大量的石油天然气以及海洋生物资源。《黑山亚得里亚海沿岸：海洋生物学》从生物学和生态学方面对黑山亚得里亚海沿岸地区进行研究，特别关注其生物多样性、动植物、渔业、海水养殖、海洋爬行动物和哺乳动物，为可持续利用其生物资源提供了科学建议。③《黑山亚得里亚海海岸：海洋化学污染》是两卷中的第二卷，这本书涵盖了海洋化学的各个方面，如海水的水文和海洋学特征，海洋环境中重金属的毒性，码头和海域的质量，以及保护海洋环境免受污染的法律制度。鉴于其广度和深度，本书为研究人员、学生和环境管理者提供了宝贵的信息来源。④（3）政治研究。有部分著作研究亚得里亚海周边国家的政治问题，如关注黑山问题和南斯拉夫问题。⑤（4）海洋文明史研究。有部分学者从文明史的角度展示了亚得里亚海沿岸文明的发展以及交汇情况。例如，《亚得里亚海的历史：海洋及其文明》一书从文明史的角度讲述了从新石器时代至今亚得里亚海的历史，展示了不同文明的丰富文化和艺术遗产，以及它们在亚得里亚海的城市、海岸和各州留下的印记。⑥ 不过，从地缘政治的角度，分析亚得里亚海周边国家的历史问题、现实情况及未来走向的书并不多见。

2022年，湖南人民出版社出版了著名地缘政治学家罗伯特·D. 卡普兰的

---

① F. Hamilton Jackson, *The Shores of the Adriatic：The Austrian Side*, *The Küstenlande*, *Istria*, *and Dalmatia* (London：J. Murray, 1908).

② 哈莎、[意] 白路易：《亚得里亚海的女王：威尼斯艺术和历史之旅》，化学工业出版社，2017。

③ Aleksandar Joksimović (eds.), *The Montenegrin Adriatic Coast：Marine Biology* (Cham：Springer, 2021).

④ Danijela Joksimović (eds.), *The Montenegrin Adriatic Coast：Marine Chemistry Pollution* (Cham：Springer Nature, 2021).

⑤ Emily Anne Beaufort Smyth, *The Eastern Shores of the Adriatic in 1863：With a Visit to Montenegro* (Cambridge：R. Bentley, 1864)；M. Miholjevic, *The Yugoslav Question with Special Regard to the Coasts of the Adriatic* (HardPress, 2012).

⑥ Egidio Ivetic, *History of the Adriatic：A Sea and Its Civilization* (John Wiley & Sons, 2022).

著作《亚得里亚海：文明的尽头》① 的中文版。罗伯特·D. 卡普兰是美国著名地缘政治专家、资深国际事务记者，著有 18 本外交政策和游记类畅销书，还是《大西洋月刊》的资深主笔。2021 年，《外交政策》杂志将他誉为"全球100 位顶尖思想者"之一。卡普兰游历了近 70 个国家，对世界政治局势和地缘政治深有体会。他擅长运用游记的写作手法处理新闻和政治议题，其作品兼具文学性与地缘政治分析的严肃性。卡普兰最具影响力的著作《即将到来的无政府状态》② 被评价为足以与塞缪尔·亨廷顿的《文明的冲突》相媲美的经典作品。卡普兰的一些作品甚至影响了美国几任领导人的决策。而作为游记体形式呈现在读者面前的《亚得里亚海：文明的尽头》一书，也是一部史无前例的对亚得里亚海进行地缘政治纵深思考的国际政治权威代表作。

二

卡普兰的《亚得里亚海：文明的尽头》是一部关于亚得里亚海周边地区地理、文化、历史、宗教、文明、地缘政治以及自我反思内省的著作。作者在研究中注重宏观考察，把亚得里亚海比作"具体而微的寰球""地球缩影"；同时，也通过微观叙述将亚得里亚海周边各地的艺术、音乐、建筑、风景（海洋、喀斯特、石灰岩）和诗歌等各种媒介，以游记的形式融入其中，系统梳理和考察亚得里亚海三千年的历史发展与变迁。书中的叙事线索主要以游记体形式呈现。作者的旅行地包括里米尼、拉文纳、威尼斯、的里雅斯特、皮兰、卢布尔雅那、萨格勒布、伊斯特拉、达尔马提亚、黑山、阿尔巴尼亚和科孚岛。当然，需要指出的是，作者的行程不仅仅是关于旅行，其间还对亚得里亚海周边古代和近代历史、欧洲认同、国家改变边界的概念、其他国家的角色、适应和抵抗以及人们的感受等进行了深入思考。

全书共八章，考察内容各有侧重。具体来说，第一章中作者介绍了旅行从里米尼开始的缘由，他提到意大利里米尼是欧洲的后门，历来都是兵家必争之

---

① Robert D. Kaplan, *Adriatic：A Concert of Civilizations at the End of the Modern Age*（New York：Random House, 2022）. 中译本为［美］罗伯特·D. 卡普兰：《亚得里亚海：文明的尽头》，赵秀福译，湖南人民出版社，2022。

② Robert D. Kaplan, *The Coming Anarchy：Shattering the Dreams of the Post Cold War*（New York：Knopf Doubleday, 2001）.

地，只有从这里才能更好地呈现欧洲曾经是什么样，未来是什么样。① 同时，作者也认为奥斯曼土耳其帝国的入侵推动了"欧洲身份特征"的产生，文艺复兴则加深了欧洲人的整体观念。作者提出欧洲即基督教演变而来，然而欧洲危机的愈加严重，欧洲人须正视其衰落的现实。②

第二章中，作者强调了亚得里亚海的重要性。卡普兰认为"亚得里亚海是一个浓缩版崩溃的古典世界，有很多供古文物研究者和地缘分析家研究的宝贵财富，尤其是当它嵌入一种更具世界性的非洲-欧洲文明之后，这个地区对于一个内部正在不断分裂、外部不断崩溃的 21 世纪的欧洲，更为具有特别的意义"；③ 旅行至拉文那时，作者介绍了狄奥多里克和但丁对西方的塑造。东哥特国王狄奥多里克一世统治期间，罗马帝国进入晚期，也预示了欧洲的不断变化和发展。"从古代到古代晚期，从一个意大利的半岛，经由早期历任教皇……经由拜占庭的挑战，而渐渐成为一个统一的基督教世界，当然这个基督教世界也将发生转变，达到几乎无法辨认的程度。"④ 同时，作者也认为但丁是通过把古典希腊和罗马的哲学与美学内容介绍给中世纪晚期的欧洲，从而使这些古典文化能够在基督教世界之外和中世纪之后得到进一步发展。⑤

第三章中，作者论述了威尼斯的实用主义外交政策。卡普兰写道："以一种排他性的方法建立在为商业而设计的原则之上……"⑥ "十字军的东征，对威尼斯而言是一次发财的机遇，因为威尼斯……把整个时间当作一次商业运作。"而正是威尼斯的这种政策促使东西方文明首先在这里相互碰撞，彼此消融。此外，作者阐述了欧洲权力政治对于威尼斯的影响。

第四章中，在的里雅斯特，作者探究了意大利地理环境的复杂性。作为民族和地缘政治的断层带，的里雅斯特被认为是种族、文化和宗教的边缘地带。作者认为"这个城市容纳了来自西方的罗马人，来自东方的拜占庭人、哥特人……"⑦ 它不仅标志着拉丁世界与斯拉夫世界之间的分界线，还标志着拉丁世界与日耳曼世界之间的分界线。⑧ 当然，这种包容性实际上已经形成了一种

---

① ［美］罗伯特·D. 卡普兰：《亚得里亚海：文明的尽头》，第 27 页。
② 同上，第 39 页。
③ 同上，第 61 页。
④ 同上，第 70 页。
⑤ 同上，第 85 页。
⑥ 同上，第 105 页。
⑦ 同上，第 146 页。
⑧ 同上，第 146 页。

国际性文明。

关于西方文明，历史学家们拥有不同的见解。历史学家诺曼·戴维斯认为，"西方文明从根本上说不过是一些思想观念的混合物，设置这些观念原本不过是为了推进其创设的利益而已"。① 也有学者认为"西方和东方到头来不过是'地理学上的标签'，而不是价值判断"。② 哈罗德·C.雷利认为，"这种文明经过漫长的演变之后，最终强调个人主义、自由主义和独立"，"而西方自由主义的发展源于它满足了权力的利益"。③ 面对这些多样化的观点，卡普兰则进一步指出，"欧洲、西方是一种文化身份，是普世价值的一种'简略表达式'，也是文明杰作的诞生地"。作者同时也指出了欧洲未来发展的方向。他认为目前欧洲已经式微，欧洲只有摆脱民族主义的束缚，坚持一种坚定的世界主义才能不断发展，而欧盟也必须以某种形式作出调整并重振活力。

第五章中，作者途经了斯洛文尼亚和克罗地亚的皮兰、科佩尔、卢布尔雅那和里耶卡，回顾了哈布斯堡王朝和南斯拉夫王国的崩溃，指出帝国崩溃的大趋势不可避免，并认为巴尔干国家的唯一出路就是加入欧盟。同时，卡普兰还指出了欧盟目前所处状态受美俄影响明显，发展曲折。

第六章中，在萨格勒布、斯普利特、科尔丘拉和杜布罗夫尼克，作者提到克罗地亚的移民问题以及加入欧盟会出现的问题。值得一提的是，这一部分中作者提到了中国的作用。卡普兰认为，"如果说21世纪的世界有一个地缘政治中心，那将会是这里：从波斯湾到中国南海，包括中东、中亚和中国，当前中国政府提出的陆上和海上丝绸之路，也即'一带一路'"，"马可·波罗将世界与中国等同起来"。④

第七章中，在科托尔、波德戈里察、地拉那和都拉斯，作者强调了北约和俄罗斯对黑山的争夺取决于黑山的区位优势，同样的情况还存在于保加利亚、前南斯拉夫国家以及阿尔巴尼亚。俄罗斯对于巴尔干的影响十分深远，正如作者所言，"曾经俄罗斯在巴尔干地区的影响力就像一把刺进奥斯曼帝国腹部的尖刀。现在，俄罗斯在巴尔干的影响就是一把刺向西方命脉的尖刀"，而亚德

---

① Norman Davies, *Europe: A History* (New York: Oxford University Press, 1996), p. 25.

② Ian Morris, *Why the West Rules—For Now: The Patterns of History, and What They Reveal About the Future* (New York: Farrar, Straus and Giroux, 2010), p. 41.

③ David Gress, *From Plato to NATO: The Idea of the West and Its Opponent* (New York: The Free Press, 1998), p. 1.

④ [美] 罗伯特·D.卡普兰：《亚得里亚海：文明的尽头》，第290页。

里亚海是记录这种复杂性的集大成者。① 作者指出，不同的政治身份特征和语言传统在这里融合重叠，巴尔干国家的未来走向很难判断。②

第八章中，在科孚岛，作者介绍了希腊科孚岛的重要战略位置和巴尔干国家的未来走向——加入欧盟。在此部分作者作出总结，认为欧盟具有世界主义和普世主义精神，这是不同民族生活在一个共同体制下所必须具备的，③ 因此加入欧盟是巴尔干国家的最佳选择。当然，"欧洲是一个大熔炉，处于巨大变化的开端，而中国也将一定程度上对欧洲产生影响"。④ 而对于欧洲的未来走向，作者认为，如果美国对欧洲的安全保障减弱，那么欧盟也会不可避免地萎缩。

国外媒体对《亚得里亚海：文明的尽头》给予了很高评价。《纽约书刊》认为"卡普兰是我们这个时代最重要的地缘政治思想家之一……在整个叙事过程中，散落着历史和地缘政治洞察力的瑰宝"；《华尔街日报》认为本书"对欧洲的过去和未来进行了优雅而层次分明的探索，是一个多方面的杰作"；《纽约时报》赞誉"本书对亚得里亚海迷人的地理和知识景观进行了精彩探索……卡普兰的画布涵盖了广阔的历史范围，但他努力将现代历史学术的成果带入其中。这在流行作家中是罕见的，值得称赞"。

三

纵观本书，笔者认为相比较其他相关著作，本书具有三个特点。

第一，深厚的文学功底、丰富的史料极大地拓宽了读者的视野。在卡普兰开始叙述其旅程之前，我们就已经从他那里了解了意大利作家伊塔洛·卡尔维诺的语录；从里米尼开始，卡普兰介绍了美国文学家埃兹拉·庞德及其作品；在拉文纳，我们看到了但丁；在威尼斯，卡普兰提到了德国作家托马斯·曼；在的里雅斯特，他谈到了爱尔兰作家詹姆斯·乔伊斯和意大利作家麦克迪奥·马格里斯；最后，卡普兰来到了科孚岛，在那里他谈到了诺贝尔文学奖得主希

---

① ［美］罗伯特·D. 卡普兰：《亚得里亚海：文明的尽头》，第 317 页。
② 同上，第 320 页。
③ 同上，第 383 页。
④ 同上，第 376 页。

腊诗人乔治·塞费里斯。

除了这些，卡普兰还提到了一些常被认为是"旅行作家"的作家。例如，在科孚岛，是劳伦斯·德雷尔；在威尼斯，是亨利·詹姆斯和玛丽·麦卡锡；在的里雅斯特，是理查德·弗朗西斯·伯顿爵士和简·莫里斯；在前南地区，他提到了丽贝卡·韦斯特（Rebecca West）和她1941年出版的《黑羊与灰鹰》（*Black Lamb and Grey Falcon*）一书。

另外，作者涉猎广泛，还运用了大量外文历史文献材料，体现了其深厚的历史学学术功底。本书外文原版书共368页，参考引用了250多本书，包括塞缪尔·亨廷顿的《文明的冲突与世界秩序的重建》[1]、乔治·霍尔姆斯主编的《牛津中世纪欧洲史》[2]、威廉·哈迪·麦克尼尔的《西方的兴起：人类共同体史》[3]、理查德·威廉·索森的《中世纪的形成》[4] 等，这些著作有助于拓展读者的学术视野。

第二，独特的写作思路与新颖的观点。在这本见解深刻的"游记"中，卡普兰将其敏锐的目光转向了亚得里亚海这个几个世纪以来一直是文化、贸易和思想交汇点的地区。作者通过一次亚得里亚海之旅，途经意大利、斯洛文尼亚、克罗地亚、黑山、阿尔巴尼亚和希腊，揭示了该地区正在发生的比大多数新闻报道所透露的多得多的事情。亚得里亚海经常被忽视，事实上，它面临我们这个时代的很多重大挑战，包括民粹主义政治的兴起、难民危机和能源资源控制权的争夺。随着俄美等大国争夺欧洲港口的主导地位，亚得里亚海地区将成为决定欧洲与世界其他地区关系的全球贸易中心之一。

作为记者，卡普兰探索了近30年来亚得里亚海地区的变化。他发现同时了解亚得里亚海的历史和现状，就能打开一扇窗户，看到整个欧洲的未来。他还发现了一个赤裸裸的事实：民粹主义时代只是一个副现象，它是民族主义时代走向终结的征兆。相反，随着东方和西方的差异在亚得里亚海国家内部相遇并发生碰撞，欧洲大陆正在回归现代早期的联盟。卡普兰将亚得里亚海的历

---

① Samuel P. Huntington, *The Clash of Civilizations and the Remaking of World Order* (New York: Simon & Schuster, 1996).

② George Holmes (eds.), *The Oxford History of Medieval Europe* (New York: Oxford University Press, 1988).

③ William H. McNeill, *The Rise of the West: A History of Human Community* (Chicago: University of Chicago Press, 1963).

④ R. W. Southern, *The Making of the Middle Ages* (New Haven: Yale University Press, 1953).

史、文学、艺术、建筑和时事融汇在一起，展示了这个存在于各种文明的交汇处的独特地区。

第三，作者在写作中也进行了一定的反思。卡普兰是一名自信的、有诗意的作家，他在写作本书时一如既往地努力追求使用谚语；但他也是一名善于反思的、严肃的政治学者，有时他在文学上的浪漫天赋让步于对读者理解程度的尊重。此外，本书既是一本回忆录和游记，又是一部政治分析作品。在《亚得里亚海：文明的尽头》中，卡普兰为他早先支持伊拉克战争而自责，称自己错误地认为这将推翻一个独裁政权。他也承认自己1993年的《巴尔干幽灵》中也出现过类似的错误，但他并没有纠结于《巴尔干幽灵》中存在的争议。不过，需要指出的是，卡普兰将镜头拉得更远，以便更好地进行反思。正如他在书中所写："旅行真正让人感到奇特和兴奋的地方，莫过于它对思想造成的冲击，因为最为深刻的旅程对人具有潜移默化的作用。"① "旅行的神奇之处就在于，当你贪婪地获取这样的知识时，隐秘的自我会被一层一层地揭示出来。因此，旅行必定会导向自我怀疑。"② "因为旅行是一种心灵的探寻，其范围无边无际，囊括各种各样的内心思索，也涉猎我们这个时代热切关注的论争和问题。"③

四

此外，本书在编排和翻译方面存在一些值得商榷的问题。

一方面，在阅读过程中，笔者发现本书在编排上不够合理。例如，作者极力展示自己深厚的文学功底，尤其是在前三章中使用了大量的文学性资料，包括很多关于艺术、考古学、建筑、三个城市的文学等方面的内容，淡化了对沿途地区地缘政治的分析。例如，作者对美国作家埃兹拉·庞德、意大利诗人但丁进行了长篇评述，似乎有些离题。作者还经常引用他几十年前读过的文学作品，虽然读者能从这些片段中学到一些东西，但这些作品很多与作者所旅行的地区无关。从第四章的里雅斯特之旅开始，作者才逐步将重点放在采访的主题上。此后的第五章到第八章才是一本典型的"卡普兰著作"，即介于游记与地

---

① ［美］罗伯特·D. 卡普兰：《亚得里亚海：文明的尽头》，第1页。
② 同上，第3页。
③ 同上，第2页。

缘政治学著作之间的作品。

　　另一方面，本书的中文版在翻译方面有一些值得探讨的问题。例如，本书原名为"Adriatic：A Concert of Civilizations at the End of the Modern Age"，直译为《亚德里亚海：现代末的一场文明音乐会》，而中文版封面上的英文书名却是"Adriatic：A Journey through Europe at the End of the Modern Age"，直译为《亚德里亚海：现代末的一次欧洲之旅》。原著副书名意为亚德里亚海是文明交汇处，这里奏响了文明的交响曲，译者将其译为"文明的尽头"，实际并不准确。此外，本书中文版的书名是《亚得里亚海：文明的尽头》，这在书脊（尽管书脊上主副书名的顺序也颠倒了）和版权页上都有体现，但其封面上却使用了"亚得里亚海""三千年""文明的尽头"等多个字样，其中"三千年"最为醒目，导致书名出现混乱，即在很多书评书介以及图书馆、书店、电商网站和媒体的相关介绍中，本书常见的书名是《亚得里亚海三千年》《文明的尽头：亚得里亚海三千年》《亚得里亚海三千年：文明的尽头》等，可谓"将错就错"。值得一提的是，本书译者之前还将卡普兰的名作《巴尔干幽灵：穿越历史之旅》［Robert D. Kaplan，*Balkan Ghosts：A Journey through History*（New York：St. Martin's Press，1993）］翻译为《巴尔干两千年：穿越历史的幽灵》，这或许可以解释《亚得里亚海：文明的尽头》的中文版封面上出现原著书名中没有的"A Journey through"和"三千年"等字样的问题。

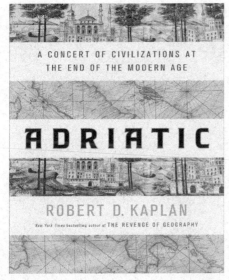

原著和中文版封面

再如，乔治·卡斯特里奥蒂·斯坎德培（Gjergj Kastrioti Skënderbeu）是阿尔巴尼亚历史上最伟大的民族英雄，"斯坎德培"是中国官媒新闻中的常见译法，但译者在本书中却将其翻译为"斯坎德贝格"。同样，阿尔巴尼亚被称为"山鹰之国"，2019年中信出版社还出版了丽贝卡·韦斯特的《黑羊与灰鹰》（*Black Lamb and Grey Falcon*）一书，但在《亚得里亚海：文明的尽头》中，译者将韦斯特此书翻译为《黑羊与灰隼》。本书译者是外语学院教授，这些翻译问题反映出译者本身对巴尔干的历史与文化不够熟悉，也显示出国内巴尔干研究的薄弱之处。

总体来说，作为一部跨学科的学术著作，《亚得里亚海：文明的尽头》不仅可以帮助我们了解亚得里亚海的千年历史，还能让我们更好地认识亚得里亚海沿岸国家所面对的地缘政治问题。无论是对旅行文学和巴尔干文化感兴趣的读者，还是从事政治学、历史学和区域国别研究的学者，相信读完此书后都会有所收获。

机构介绍

德国雷根斯堡大学东欧与东南欧研究院

涂冰玥

作者简介 涂冰玥，首都师范大学国别区域研究院科研秘书

德国雷根斯堡大学位于德国巴伐利亚自由州，在 2022 年世界大学排名中心（Center for World University Rankings，CWUR）发布的世界大学排名中名列第 389 位，在德国大学中排名第 31 位。雷根斯堡大学的东南欧研究主要集中在该校的东欧和东南欧研究院（Graduate School for East and Southeast European Studies），该研究院的东欧和东南欧研究师资力量雄厚，研究方向偏重东欧和东南欧历史，在培博士生数量较多。该研究院常年与本州内的慕尼黑大学保持紧密合作，同时与国内外多所顶尖高校和研究所有合作伙伴关系。

雷根斯堡大学东欧和东南欧研究院（以下简称"东欧和东南欧研究院"）成立于 2012 年，作为德国大学"卓越计划"的一部分，是慕尼黑大学和雷根斯堡大学的博士联合培养项目。自成立以来，研究院也一直与其他机构保持合作，共同致力于推进东欧和东南欧研究。虽然"卓越计划"于 2019 年结束，但两校的东欧和东南欧研究院作为独立实体继续保持着合作。东欧和东南欧研究院的资金来源于国家的大学拨款和巴伐利亚自由州科学与文化部的特别拨款。

东欧和东南欧研究院建构了一个跨学科研究和研究生培养的平台，涵盖了本校的哲学系、艺术史学系、历史和人文系、语言系、文学文化系和法律系。巴伐利亚州立图书馆、东方法律研究所（IOR）和莱布尼茨东欧和东南欧研究所（IOS）也是该研究院的合作伙伴。

一、师资力量

目前东欧和东南欧研究院共有 17 名教师,多数为教授,其研究领域既有东南欧历史,也有政治、经济和法律问题。

该院的主要教师列举如下。

乌尔夫·布伦鲍尔(Ulf Brunnbauer),研究院院长,研究方向为东南欧和东欧历史,具体为 19—20 世纪东南欧历史人类学和社会史(尤其关注移民史、家族史、穆斯林少数族群史、国家社会主义史),巴尔干地区的民族建构,东南欧史学史。

米尔娅·莱克(Mirja Lecke),研究院副院长,斯拉夫文学和文化教授,主要研究俄罗斯帝国时期与苏联解体后的文学(尤其是关于俄格、俄波和俄乌关系),敖德萨文学,俄罗斯犹太人和波兰犹太人文学,东欧人物自传和生平,启蒙时期和后共产主义时代的波兰文学。

沃尔克·德普卡特(Volker Depkat),从事美国研究,研究方向为从殖民时代至今的北美大陆史,近代以来的欧美关系史,传记与人物自传,跨大西洋视角下的视觉艺术和联邦制历史。

戈尔·杜伊辛格斯(Ger Duijzings),社会人类学教授,主要研究方向为东南欧的城市,战争、暴力与记忆,身份、宗教与政治。

比约恩·汉森(Björn Hansen),斯拉夫语文学教授,研究波兰语、俄语和塞尔维亚语/克罗地亚语的功能语法,语言类型学,斯拉夫语变化,语料库语言学和语义学。

吉多·豪斯曼(Guido Hausmann),东欧和东南欧历史学教授,莱布尼茨东欧和东南欧研究所(雷根斯堡)历史系主任,主要研究中东欧大学史和科学史,中东欧城市史,帝国与民族问题,记忆文化,中东欧环境史。

海克·卡尔格(Heike Karge),东欧和东南欧历史高级讲师,主要研究 19—20 世纪东南欧文化史和社会史,19—20 世纪的战争、暴力和记忆(尤其是记忆文化、战争记忆、创伤研究和过渡司法),身份认同与冲突。

二、研究概况

目前，研究院的研究集中在两大领域：一是民族志方法和研究伦理（Ethnographic Methods and Research Ethics），二是表征和叙事（Representation and Narrations），并据此成立了两个研究组。

（一）"民族志方法和研究伦理"研究组

该研究组提供了一个讨论平台，对研究院成员现行研究中的民族志方法、研究设计和研究伦理问题进行探讨，适合博士生、博士后以及其他对人类进行定性研究的研究人员。该研究组主要关注民族志田野调查、数字民族志或网络志（例如使用社交媒体的在线研究）、口述历史和基于各种（专家）访谈的研究。该研究组还对想参与近期辩论的历史学家开放，辩论围绕使用已故研究对象（如政治暴力受害者）的相关档案、可视化材料及其他材料的研究伦理展开。

每次组会中，成员们将探讨自己项目中关于研究设计和研究伦理的方法论问题和困境。为了反思这些问题，研究组成员将阅读和讨论与该主题相关的最新理论和方法论成果。

该研究组的组长是乌尔夫·布伦鲍尔、戈尔·杜伊辛格斯、沃尔哈·巴尔塔什（Volha Bartash）。

（二）"表征和叙事"研究组

该研究组汇集了来自历史、政治、语言和文化研究等多个学科的博士生和资深学者。研究组成员大多研究基于话语、知识和实践的不同形式的表征。该研究组的兴趣在于强调知识生产的潜在动力，并将其与当地的社会实践联系起来。这是区域研究的一项艰巨任务，因为研究者需要利用与当地相关的知识并成为不同知识空间之间的翻译者。与分类原则相关的知识表征是该领域研究的一个重要方面。通过共同阅读、讨论各种方法在不同学科中的适用性，以及介绍个人论文中的章节，研究组旨在加强跨学科交流。研究组认为，了解研究同一现象的不同方法可以为任何研究项目提供新的思路。

研究组组长为比约恩·汉森、沃尔克·德普卡特、吉多·豪斯曼。

三、组织架构

（一）全员大会

研究院的最高机构，每年召开一次，内容包括选举执行委员会，录取委员会成员、平等入学办公室职员，决定年度预算、研究院项目大纲等议题。

（二）执行委员会

研究院的主要机构，由院长、两名其他院系成员、平等入学办公室职员、博士研究生代表和作为顾问的行政管理院长组成，负责学院学术项目的规划和执行，以及组织博士研究生的导师选择和学术训练。

（三）录取委员会

主要负责从博士项目申请者中录取新生。目前成员包括戈尔·杜伊辛格斯、海克·卡尔格。

（四）学术咨询委员会

由国际学者组成，由全员大会选举产生，主要对学院的教学和研究发展作出指导。

四、合作关系

（一）访问学者项目

目前研究院仅有一名访问学者，研究者可申请雷根斯堡大学研究生院访问学者等项目和向德国学术交流中心（DAAD）、巴伐利亚中东南欧学术中心（BAYHOST）等机构申请资助，以便到研究院开展相关研究。

（二）合作伙伴

1. 慕尼黑大学

雷根斯堡大学与同在巴伐利亚州的慕尼黑大学保持着密切的合作关系，两校联合运营了"东欧研究英才硕士生项目"。通过该项目的校友会，东欧和东南欧研究院得以与市立教育机构取得联系，吸引学术圈以外人士的关注。

2. 其他大学

东欧和东南欧研究院依托雷根斯堡大学，与国外多所大学建立了合作关系。

该研究院的相关合作伙伴包括：巴贝什·博尧依大学（罗马尼亚）、中欧大学（匈牙利）、查理大学（捷克）、莫斯科国立大学（俄罗斯）、高等经济大学（俄罗斯）、罗兹大学（波兰）、弗罗茨瓦夫大学（波兰）、伦敦大学学院（英国）、阿尔伯塔大学（加拿大）、加州大学伯克利分校（美国）、科罗拉多大学（美国）、密歇根大学安娜堡分校（美国）、里耶卡大学（克罗地亚）、首都师范大学（中国）等。

3. 其他机构

东欧和东南欧研究院与国内外多家科研、经济、法律、文教机构保持合作关系，相关合作伙伴包括：巴伐利亚州立图书馆（慕尼黑，拥有东欧研究方面的独家馆藏）、捷克和斯洛伐克历史研究所（慕尼黑）、东南欧德国文化和历史研究所（慕尼黑）、高级历史研究所（慕尼黑）、东欧法律研究所（雷根斯堡）、莱布尼茨东欧和东南欧研究所（雷根斯堡）、艺术史中央研究所（慕尼黑，拥有东欧和东南欧艺术研究方面的独家馆藏）、德国东欧研究学会（柏林）、德国东欧经济委员会（柏林）、德国历史研究所（莫斯科）、德国历史研究所（华沙）、中东欧历史与文化研究中心（莱比锡）、赫尔德历史研究所（马尔堡）、慕尼黑和上巴伐利亚工商会、上普法尔茨工商会、东南欧协会（慕尼黑）、维利·勃兰特德国与欧洲研究中心（弗罗茨瓦夫）、莱布尼茨文学和文化研究中心（柏林）等。

五、博士培养

　　研究院的主要目标是培养优秀的博士研究人员并支持其研究。研究院提供博士奖学金、个人工位、研究设备使用权、灵活的科研技术训练和导师辅导。

　　研究院鼓励综合性的区域研究，即研究东欧和东南欧区域之间的互动与联系，而不是只将其理解为单独的个体。研究院还支持比较研究，即探究东欧和东南欧与其他地区的异同。因此，研究院还吸纳了其他区域（如北美）的研究专家。

　　目前研究院共有 26 名在读博士候选人、1 名博士访问生、1 名预备博士研究生、2 名博士后研究人员。

　　在课程选择上，研究院既保证学生选够必修课程，也给予学生一定自由度。培养过程包含学科交叉课程，并为学生配备一对一的导师指导。学生将在最后两学期专门进行论文写作。

（一）申请过程

　　入学要求：申请者必须具有硕士学位，除了英语和德语两门上课会用到的语言，还需要掌握研究对象国的语言。申请者需要选择两位院内教师作为导师。

（二）必修课程

1. 跨学科研讨课

　　研究院会邀请东欧和东南欧研究领域以及其他领域各个学科的知名学者做讲座，并与学生讨论他们当前的研究。研讨课每月一次，校内的本科生与研究生均可参加。

2. 理论与方法研讨课

　　课上讨论学生的研究领域和博士论文中的概念，还为学生提供跨学科研究的合作机会。除此之外，课上还包括针对博士生的面试技巧等内容。多数情况下，这门课由院内教师或博士后主持。

（三）选修课程

1. 求职支持

该课程主要教授学生未来求职需要的实用技能。

2. 学术写作培训

该课程旨在培训学生的学术写作能力。研究院会邀请教师、期刊编辑举行讲座，让学生了解同行评议过程，帮助博士生发表学术著作。

（四）研究组

1. "语言、知识和实践"研究组

该研究组汇集了来自语言学、历史学、政治学、民族学和文化研究等多个学科的博士生和资深学者，旨在将知识生产与社会实践联系起来。相关研究项目如："全国抵抗作为性别赋权的临时手段——科索沃危机之前、期间和之后的公共领域重塑（1988—1999）"。

2. "跨大西洋交往与比较"研究组

该研究组主要利用比较研究的视角探究东欧、中亚与拉美在后殖民和后帝国主义时代与大西洋的联系。相关研究项目如："空间关系下的身份与归属探究——克利夫兰和莱比锡的比较研究，1890—1930""谁定义民族国家?：波斯尼亚和智利的霸权结构、下层教育和破碎的社区"。

（五）其他项目

1. 年度研究生工作坊

研究院的博士生每年会组织举办研究生论坛，就相关主题展开研讨。

2. 暑期课程

研究院每年会同其合作伙伴联合举办为期一周的暑期学校，作为常规教学的补充。暑期课程包括讲座、研讨会和短期合作研究项目。该课程的开设地点每年不固定，参与者除了研究院的学生，还有部分合作学校、研究所的学生。

3. 论文章节工作坊

研究院的博士生在学习一年半后，需要提交其论文章节的草稿在论文章节工作坊上进行讨论。相关专业领域的教师会对其进行评议，其他学生也会参与讨论。这个工作坊相当于一个中期考核，用于后续奖学金资助的评估。

4. 国际交流

研究院鼓励学生在读期间到国外交流。通过与合作大学的博士生交换项目，学生可以出国学习两个学期。

六、出版物与学术活动

（一）"联结"（Schnittstellen）丛书

该丛书由德国历史学家马丁·舒尔茨·韦塞尔（Martin Schulze Wessel）和东欧和东南欧研究院院长乌尔夫·布伦鲍尔发起，2014 年开始出版。丛书汇编了研究院师生、其他学院教师的高质量论文，内容涵盖东欧和东南欧的历史、文学、文化、政治和社会组织。

（二）播客

该播客主要汇集研究院举办过的圆桌讨论和研讨会，网址为：https：//www.youtube.com/c/GraduateSchoolforEastandSoutheastEuropeanStudies。

（三）"记忆文化"（Erinnerungskulturen）博客

该博客主要发布有关东欧和东南欧历史记忆和历史政治的内容，网址为：https：//erinnerung.hypotheses.org/。

新书速递

新书推荐（十三本）

郝瑞萱

作者简介　郝瑞萱，贝尔格莱德大学历史系 2023 级博士研究生

一、《阿尔巴尼亚简史》（*A Concise History of Albania*）

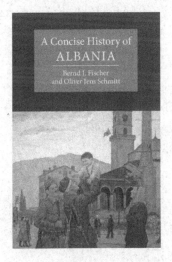

【出版社】Cambridge University Press
【ISBN】9781139084611
【出版时间】2022 年
【作者】Bernd J. Fischer, Oliver Jens Schmitt
【主要内容】本书在巴尔干地区及欧洲视角下讲述了阿尔巴尼亚及其人民的历史。作者分阶段介绍了阿尔巴尼亚从中世纪、奥斯曼帝国统治时期、现代民族国家建立时期、社会主义时期再到转型时期的历史，并在阿尔巴尼亚人起源、阿尔巴尼亚与其他巴尔干人民之间的关系等争议性问题上提出了新认识，挑战了传统观点。

本书是关于阿尔巴尼亚史的最新权威著作，从政治、社会、经济、文化各

方面分析了阿尔巴尼亚国家与现代民族建立与发展的过程，有利于我们更好地理解如今阿尔巴尼亚所处的环境及面临的挑战。

【目录】

二、《前南历史遗产的改造：与历史同步》（*Transforming Heritage in the Former Yugoslavia*：*Synchronous Pasts*）

【出版社】Palgrave Macmillan

【ISBN】9783030764005

【出版时间】2021 年

【编者】Gruia Bădescu, Britt Baillie and Francesco Mazzucchelli

【主要内容】在南斯拉夫战争的废墟上，历史被重塑，场所被赋予新的历史意义，一波新的"记忆化"开始占据叙事的高地。距武科瓦尔失陷、萨拉热窝之围已有三十年，离科索沃宣布独立也有十年，前南争端已经从军事冲突演变为历史叙事的斗争。前南地区既是多样性与多元文化的阵地，又被认为是极端民族主义与对立的土壤，它的双面性也呼应着欧洲整体的想象与叙事。

随着克罗地亚 2013 年成为欧盟成员国以及前南地区持续发生政治争议，关于南斯拉夫的创伤与记忆再次引起了世界的关注：原先属于南斯拉夫的巴尔干国家何时会在欧盟体系下重聚，尽管欧盟本身已深陷民粹主义、民族主义的泥潭并出现了区域碎片化的趋势？

本书阐释了历史遗产在前南地区冲突时期的角色与动态发展，研究已发生的历史在地方、地区、民族和超民族层面塑造或重塑身份认同中的作用。

【目录】

三、《血之海：南斯拉夫共产党游击运动军事史，1941—1945》（*Sea of Blood：A Military History of the Partisan Movement in Yugoslavia 1941‑45*）

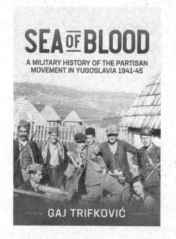

【出版社】Helion & Company

【ISBN】9781914059940

【出版时间】2022 年

【作者】Gaj Trifković

【主要内容】第二次世界大战中，南斯拉夫战场被认为是十分复杂、血腥的。其复杂性在于，二战期间这片土地上至少有 12 支军事力量互相为敌或暂时为盟，其间发生的战争又是具有多种性质的，既是解放战争，又是内战、革命战争；其血腥、残忍性，体现在因战争而直接损失的 100 万人口上。

本书研究了南斯拉夫共产党领导的"人民解放运动"（People's Liberation

Movement）的创建与发展，特别关注了其作战部队，即游击队（the Partisans）的军事行动。此外，书中还详细分析了轴心国尤其是德国的反游击军事行动。本书特点是使用了大量南斯拉夫的一手档案文件（包括一些贝尔格莱德档案机构的未刊档案及其他前南共和国的档案）和二手著作资料，全面展现了南共游击运动的整体历程。

【目录】

暂无

四、《20 世纪德国–巴尔干关系史》（*German–Balkan Entangled Histories in the Twentieth Century*）

【出版社】University of Pittsburgh Press

【ISBN】9780822966753

【出版时间】2021 年

【编者】Christopher A. Molnar, Mirna Zakic

【主要内容】本书综合了北美、欧洲学者关于 20 世纪上半叶德国在巴尔干地区势力扩张的历史及相关记忆的研究。本书内容分为两部分，围绕战争、帝国、移民、记忆四个相互关联的主题进行了阐释。第一部分是"巴尔干地区的帝国与战争"，分析了 20 世纪上半叶德国在东南欧势力扩张的经济和军事意义；第二部分"战后的余波与记忆"关注了第二次世界大战期间德国对巴尔干地区的强势侵占如何直接影响了德国–巴尔干关系史的书写。本书丰富了德国和巴尔干在两次世界大战、冷战乃至今天双方关系史的研究，既有学术意义，也有现实意义。

【目录】

五、《后南斯拉夫空间的边界与边境：以欧洲视角》 （*Boundaries and Borders in the Post-Yugoslav Space：A European Experience*）

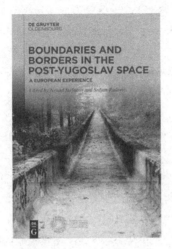

【出版社】De Gruyter Oldenbourg

【ISBN】9783110712766

【出版时间】2021 年

【编者】Nenad Stefanov，Srdjan Radović

【主要内容】南斯拉夫的解体意味着新边界的出现，凸显了正面临社会变化、危机与冲突的边境问题。如果从民粹主义话语下的种族同质有界空间来看待南斯拉夫战争期间的边境暴力冲突，该问题则更为严峻。南斯拉夫边界问题研究并不简单关乎巴尔干区域研究，其在更广泛意义上将有利于当今（欧洲）社会空间接界地带的变化。

【目录】

Day Slovenia

六、《后社会主义波黑的话语与情感：边缘的自我》（*Discourse and Affect in Postsocialist Bosnia and Herzegovina: Peripheral Selves*）

【出版社】Palgrave Macmillan

【ISBN】9783030802448

【出版时间】2021 年

【作者】Danijela Majstorović

【主要内容】本书通过对政治、经济和意识形态发展的自我反思性描述，考察了后社会主义时代波黑"边缘自我"（peripheral selves）的形成和破裂。通过世界体系和后殖民理论、历史和新唯物主义、话语和情感分析以及各种定性方法，作者分析了边缘主体与全球无产阶级化的、社会与个人运动中的抵抗行为的联系，在书中提及了前南时期的社会主义斗争、反殖民斗争，最近发生的关于社会正义、女权主义集体以及波黑工人和妇女的斗争。最后，作者分析了 2015 年以来第三波波黑移民在德国的生活，将其与波黑移民接待中心的非欧洲移民进行比较研究，并将劳动力与种族、边境斗争和市场作为这一特定背景下分析自我的新变量。

本书适合具有语言学、社会学、后南斯拉夫历史文化研究和人类学背景的读者。

【目录】

1. Introduction

2. Peripherality，Resistance，Solidarity

3. Decolonizing a Future in a European Periphery between Socialist Interruptions and the Postcolonial Present

4. From Discourse to Body and Back via Critical Materialism：Bringing Discourse and Affect Research Together

5. A Short History of a Mobilizable Postsocialist Body Politic：The Banja Luka Social Center

6. Justice for David，Justice for All of Us：A Story of Two Bodies

7. Our Migrating Laboring Bodies：When Periphery Moves to Center

8. Being in This Together：Of Quarantined，Global Southern and Global Eastern Bodies in Bosnia and Herzegovina

七、《昨日之战：1912—1913 年的巴尔干战争与现代军事冲突的出现》

(*The Wars of Yesterday*：*The Balkan Wars and the Emergence of Modern Military Conflict*，*1912–13*)

【出版社】Berghahn Books

【ISBN】9781785337741

【出版时间】2018 年

【编者】Katrin Boeckh，Sabine Rutar

【主要内容】1912—1913 年的两次巴尔干战争是 20 世纪早期最重要的国际冲突之一。希腊、保加利亚、塞尔维亚与黑山等国发动了对式微的奥斯曼帝国的战争，随即它们之间又爆发了战争。这几个国家都数次参与了 20 世纪的战争，引起地区政治局势紧张，甚至间接点燃了第一次世界大战的战火。本书联合了一批国外学者，采用了"新军事史"的社会与文化视野进行研究，重新审视了两次巴尔干战争，并特别关注了战士与平民的战时经历。

【目录】

List of Tables

Acknowledgements

Part Ⅰ Introductions

The Wars of Yesterday：The Balkan Wars and the Emergence of Modern Military Conflict，1912/13—An Introduction

1. "Modern Wars" and "Backward Societies"：The Balkan Wars in the History of Twentieth-Century European Warfare

Part Ⅱ Beyond the Balkans：Diplomatic and Geopolitical Aspects

2. Ottoman Diplomacy on the Origins of the Balkan Wars

3. Austria-Hungary，Germany and the Balkan Wars：A Diplomatic Struggle for Peace，Influence and Supremacy

4. Not Just a Prelude: The First Balkan War Crisis as the Catalyst of Final European War Preparations

Part Ⅲ Armies, Soldiers, Irregulars

5. The Ottoman Mobilization in the Balkan War: Failure and Reorganization

6. The Thracian Theatre of War 1912

7. Morale, Ideology and the Barbarization of Warfare among Greek Soldiers

8. A Forgotten Lesson: The Romanian Army between the Campaign in Bulgaria (1913) and the Tutrakan Debacle (1916)

9. Serbian Chetniks: Traditions of Irregular Warfare

Part Ⅳ Civilians, Wounded, Invalids

10. The Future Enemy's Soldiers-To-Be: Fear of War in Trieste, Austria-Hungary

11. The Plight of the Muslim Population in Salonica and Surrounding Areas

12. Cleansing the Nation: War-Related Demographic Changes in Macedonia

13. Jewish Philanthropy and Mutual Assistance between Ottomanism and Communal Identities

14. The Assistance of the British Red Cross to the Ottoman Empire

15. War Neurosis and Psychiatry in the Aftermath of the Balkan Wars

Conclusion: Bringing the Balkan Wars into Historiographic

Debates

Index

八、《关于巴尔干情报与外交史的新旧见解》（ *Old and New Insights on the History of Intelligence and Diplomacy in the Balkans* ）

Old and New Insights on
the History of Intelligence
and Diplomacy in
the Balkans

Edited by
Bogdan Teodor, Jordan Baev,
Matthew Crosston, and Mihaela Teodor

PETER LANG

【出版社】Peter Lang AG International Academic Publishers

【ISBN】9781433190759

【出版时间】2022 年

【编者】Bogdan Teodor, Jordan Baev, Matthew Crosston and Mihaela Teodor

【主要内容】本书探讨了巴尔干情报与外交活动操作层面的争议问题，且以巴尔干历史的视角进行研究，有利于读者更全面地了解情报与外交的意义。本书由来自 9 个欧洲国家多个学术机构的学者分别写就的 12 个章节组成，在阐述历史事件的同时，清晰地展现了这些未来可期的青年学者们（及其所代表的民族史学流派）所使用的新材料、新视野和新思路。由于篇幅所限，本书的逻辑范围自然是有限的，对巴尔干情报与外交史的书写本身也存在许多挑战，然而本书所展现的内容正如温斯顿·丘吉尔所说，"巴尔干地区产生的历史往往比它能消化的要多"。

【目录】

between Switzerland and Albania since 1970

11. "Weapons for the Republic of Macedonia": Intelligence at the Center of a War between State Institutions

12. Bulgarian Turks Influencing Bulgarian-Turkish Relations (1989-1990)

Notes on Contributors

Index

九、《当代塞尔维亚关于第二次世界大战的记忆政治：通敌、抵抗与报复》

(*The Politics of Memory of the Second World War in Contemporary Serbia: Collaboration, Resistance and Retribution*)

【出版社】Routledge

【ISBN】9781032239736

【出版时间】2021 年

【作者】Jelena Đureinović

【主要内容】自从斯洛博丹·米洛舍维奇政权在 2000 年被推翻后，塞尔维亚关于第二次世界大战的"记忆政治"在对二战期间及战后这段历史的理解与阐释方面经历了剧烈变化。切特尼克运动成为此时塞尔维亚的记忆政治中受到赞颂、传奇化的本土南斯拉夫军队的主体。本书分析了切特尼克运动的构成，将其认定为等同于游击运动（南斯拉夫共产党领导）的反法西斯民族运动，并通过并行辩护，否认了切特尼克运动的战时通敌活动和大规模暴行。本书采用较为全面的研究方法，与历时性研究视角、对当代塞尔维亚的深入分析相结合，阐明了塞二战记忆政治的叙事、行为人与实际操作之间的延续与割裂，并以民族志田野调查为基础，探索了记忆的多个层次及层次间的相互作用。本书的学术关键词为巴尔干现当代历史、记忆研究、社会学、公共历史、转型正义、人权、东南欧与东欧研究。

【目录】

十、《东南欧地区层面的第二次世界大战》（*Local Dimensions of the Second World War in Southeastern Europe*）

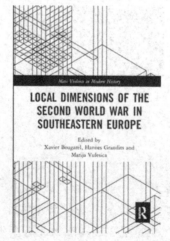

【出版社】Routledge

【ISBN】9780367671518

【出版时间】2020 年

【编者】Xavier Bougarel, Hannes Grandits and Marija Vulesica

【主要内容】本书研究了第二次世界大战在东南欧地区层面的冲突，关注了战时民族群体与宗教群体的重塑、"自上而下"和"自下而上"大规模暴力的发展变化以及地区层面的大屠杀。在研究方法上，本书挑战了东南欧地区关于二战的民族叙事与"自上而下"的政治-军事历史传统范式。

【目录】

Index

十一、《社会主义者在欧洲边缘的桃花源：想象乌托邦，19 世纪 70 年代—20 世纪 20 年代》（*The Lost World of Socialists at Europe's Margins：Imagining Utopia，1870s-1920s*）

【出版社】Bloomsbury Publishing
【ISBN】9781350150331
【出版时间】2020 年
【作者】Maria Todorova
【主要内容】本书致力于研究社会主义思想的"黄金时期"，即第二国际时期，主要研究了 19 世纪 70 年代到 20 世纪 20 年代建立社会主义乌托邦的选择与取舍。托多洛娃从比较中认为，边缘地区一般更能彰显某个现象的特点，并能避免地方特性而体现其本质主义概念。因此，本书超越了传统历史书写中对意识形态的强调，而从不同历史时间端的空间、代际、性别、思想与情感交叉与纠葛处出发来进行研究。

作者认为，保加利亚是东南欧地区社会主义运动最早发展且势头最强的国家，同时也与德国、苏联的社会民主派有着特殊关系。本书主要围绕保加利亚来分析东欧地区早期社会主义的社会文化历史，并基于丰富的人物传记资料（约 3500 份来自生活于 20 世纪的人的自传），展现了几代左派人士在思想的产生、接纳、传播与转变层面的相互影响。作者从日记、口述访谈、回忆录等4000 余份史料中发现主观性与记忆的交叉点，并在书中加以讨论。本书以宏观史学的方法研究史料，使其建成了一种"情感结构"。

【目录】

十二、《从人民到民族：一部东欧史》（*From Peoples into Nations：A History of Eastern Europe*）

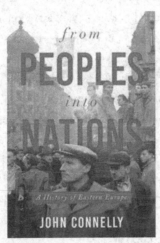

【出版社】Princeton University Press

【ISBN】9780691167121

【出版时间】2020 年

【作者】John Connelly

【主要内容】在18世纪80年代，哈布斯堡王朝皇帝约瑟夫二世曾下令规定德语是其领地的官方语言，试图以此在他广袤但不连续的领土上建立一个统一国家。但皇帝的举动遭到了反对，反而催化了治下匈牙利人、捷克人和其他臣民民族主义的出现——他们担心会失去自己的语言与文化。本书把18世纪晚期以来东欧各民族的历史联系起来，体现了各族人民对地区历史的共同认识。

【目录】

十三、《克罗地亚历史地理研究：领土变化与文化景观》（*The Historical Geography of Croatia：Territorial Change and Cultural Landscapes*）

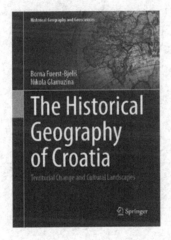

【出版社】Springer

【ISBN】9783030684327

【出版时间】2021 年

【作者】Borna Fuerst-Bjeliš, Nikola Glamuzina

【主要内容】本书全面且深入分析了克罗地亚的领土扩展与空间重要变化的历史过程，涉及从史前到当下长逾千年的时间范围。本书在原创性研究与丰富的文献研究基础上，充分使用了地图与图形，是全面介绍克罗地亚版图与文化景观的著作中少有的英语专著。本书兼具科学性与综合性的研究方法对研究克罗地亚和巴尔干地区历史与地理进程的学者与学生比较有用。

【目录】

征稿启事

《巴尔干研究》是首都师范大学文明区划研究中心创办的学术辑刊。本辑刊的宗旨是创立致力于推进中国巴尔干学发展的学术交流平台，促进中外巴尔干研究最新学术成果的传播，推动中外巴尔干研究机构、研究人员之间的学术对话。

本辑刊侧重从历史与现实的双重视角来解读巴尔干的方方面面，内容主要分为三大类，包含历史研究、热点追踪和信息传递。辑刊同时收录中英文稿件，每年一辑。每辑都围绕一个主题征稿，主题的设定围绕巴尔干地区关注的问题和外界聚焦巴尔干的领域。

本辑刊第四辑的主题是"大国关系下的巴尔干"，计划于 2023 年年底出版，现面向广大致力于巴尔干研究的中外学者、专家征文。要求如下：

一、请围绕主题写作，文字精练，每篇稿件字数在 8000—15000 字。

二、关于论文格式，中文稿件请参照《中华人民共和国新闻出版行业标准》的编辑技术规范。

三、为便于读者阅读，中文稿件请提供 300—500 字的中英文摘要，英文稿件请提供 1000 词的英文摘要，并都提供 3—5 个关键词。

四、请写明作者的真实姓名、性别、出生年、籍贯、单位、职务、职称、通信地址、邮编、联系电话、联系邮箱等信息。

第四辑的征稿截止日期为 2023 年 9 月 30 日。

收稿邮箱：civillized@163.com

联系地址：北京市西三环北路 105 号首都师范大学本部文明区划研究中心

邮编：100048

联系电话：010-68901620

联系人：李建军

首都师范大学文明区划研究中心
2022 年 12 月 1 日